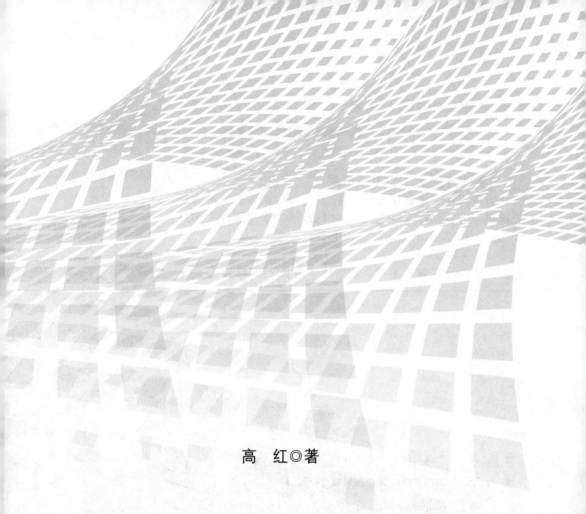

高 红◎著

UNDERSTANDING CHINA'S GOVERNMENT REFORM:
A PERSPECTIVE OF DEPARTMENTALIZATION,
INSTITUTIONALIZATION AND SYSTEMATIZATION

部门化、体制化与系统化
——理解中国政府改革的新视角

中国政法大学出版社

2024·北京

图书在版编目（CIP）数据

部门化、体制化与系统化：理解中国政府改革的新视角 / 高红著. -- 北京：中国政法大学出版社，2024.7. -- ISBN 978-7-5764-1649-7

Ⅰ. D630.1

中国国家版本馆 CIP 数据核字第 2024L6W140 号

出 版 者	中国政法大学出版社
地　　址	北京市海淀区西土城路 25 号
邮　　箱	fadapress@163.com
网　　址	http://www.cuplpress.com (网络实名：中国政法大学出版社)
电　　话	010-58908524(第六编辑部) 58908334(邮购部)
承　　印	固安华明印业有限公司
开　　本	720mm×960mm　1/16
印　　张	13.25
字　　数	220 千字
版　　次	2024 年 7 月第 1 版
印　　次	2024 年 7 月第 1 次印刷
印　　数	1~1500 册
定　　价	69.00 元

自改革开放以来，中国已经推行了 9 轮较为集中的国务院机构、行政管理体制、党和国家机构改革。这些改革或从机构调整入手，偏好减量的改革工具，注重机构的裁撤、合并；或以职能转变为中心，将优化职能作为改革的着眼点与突破口，追求政府职能的精简整合与高效运行。实践中，机构改革与职能转变的关系存在多种形式，两者或同步出现在改革方案和改革实践之中，或是机构改革先行以推动职能转变，或是职能转变在先再成立机构确保职能转变得以实现。如何理解机构改革与职能转变在政府改革中或前后或同时的实践呢？之所以要研究该问题，主要是考虑到：一是机构改革相比职能转变更具操作性，如何通过机构改革来实现职能转变是值得进一步廓清的问题；二是机构改革与职能转变在逻辑上的应然关系是一种什么状态，如何在改革中尽量按照应然的良性状态进行更具系统性、整体性的顶层设计，是党和国家机构改革中都需要面对的问题。

围绕于此，我国学者已从政治学、行政学、管理学等角度展开了诸多研究，"以职能转变为中心"推动政府改革基本是我国学者的共识。既有研究成果围绕着"以职能转变为中心"，形成了三种论断：一是以职能转变为主、以机构改革为辅的主辅关系说，二是以机构改革推动政府职能转变的目的—手段关系说，三是职能转变从属于机构改革的从属关系说。之所以会出现不同的表述，原因在于学者们对机构改革内涵和外延的处理不同。虽然政府职能转变的重要性一直被强调，但是现有研究在讨论职能转变之时，或是以宏大原则的变化为切入点来阐明职能的变化，或者以机构的变动情况来论证职能的变动；虽然这两种做法都可以在一定程度上体现出职能的变化情况，但是宏大原则难以精准反映政府职能设置与履行，用机构变动来代表政府职能的变化又容易陷入重复论证的困境。

为了更为全面地理解中国政府改革，本书引入部门化—体制化—系统化的组织视角与职能层次论，构建了一个更为全面的分析框架，尝试分析一个组织如何通过机构变革与职能转变来回应外部环境的变化。以此理论框架为关照发现，我国自改革开放之后至十九大之前的 7 次政府改革（1982/1988/1993/1998/2003/2008/2013）思路也逐步明朗化，政府改革以机构改革为突破口，呈现出明显的"职能导向的部门化"改革特征，即以"部门"作为政府改革的最小单元，也是职能承载与职能实现的最小单位。整体而言，政府遵循整合与精简并存的"减量"改革逻辑，以回应外部经济社会环境的变迁，服务于我国社会主义建设不同阶段的任务。

　　党的十九大以来，中国的政治经济社会技术环境都发生了新变化，外部环境的变动需要政府职能体系变动予以回应。一方面，政府职能生产与职能精简并存，带来了职能范围的边界调整；另一方面，在职能体系内部，有的职能在强化、有的职能在弱化，相应的职能运行方式也受到现代信息技术和治理技术的影响而不断更新。在此过程中，中国分别于 2018 年和 2023 年开展了两次集中的党和国家机构改革。其一，从机构改革的内容上看，机构改革的范围扩大，从政府走向了党政军群的整体改革，围绕着特定的领域，相互关联、协同共进。其二，从机构改革的形式上看，撤销、新建、重新组建、合并设立、合署办公、改名、性质调整等多样化的改革措施在两次机构改革中都被不同程度地使用，体现了党和国家机构改革形式的多样性与连续性。其三，就机构改革涉及到的机构数量来看，两次改革经历了从全面改革再到重点领域深化改革的趋势。

　　从党和国家机构改革实践来看，机构改革不再局限于政府内部部门化的改革思路，更多地依据体制化与系统化的原则进行改革。在此过程中，机构改革与职能转变实现了系统化整合；而这种系统化整合之所以能够实现，关键在于党的领导为政府改革提供了强大动力，无限责任的政党强化了政府责任。政党、政府和全国人民代表大会（以下简称"人大"）、中国人民政治协商会议全国委员会（以下简称"全国政协"）、事业单位等的整体性机构改革，提高了对职能转变回应的及时性与完整性。于是，自上而下的机构改革兼顾了职能转变自下而上的需求回应，并以人民满意统筹政治价值与管理价值，实现了机构与职能的系统化整合。在党的领导的前提下，系统化以国家治理的内容为基础，遵循相似事项整理为同一事项的基本原则，并结合国家重大发展战略，建构"自然资源""应急管理""退役军人事务""农业农村"等治理事项，形成政府职能与组织机构的重新排列组合。

纵观我国政府改革的全过程，机构改革呈现出了典型的周期性特征：大规模的机构改革基本上都发生在政府换届之际，以每五年为一个改革周期。政府职能转变不同于机构改革，政府职能所需要回应的社会经济事务本身是处在不断变动之中的，一旦党和国家机构所处的外部环境发生变化，政府便需要调适职能以适应外部经济社会的新特征。考虑到机构改革的自上而下主动设计特征与职能转变的自下而上回应特征，本书初步地得出结论：机构改革与职能转变是设计与演变共存的关系。周期性设计的机构改革不断回应长期性的、演变的职能转变，并不断达成两者之间的均衡，在设计与演化中，共同促进改革整体目标的实现。在这种情况之下，当政府职能需要回应社会事务的变动，而机构改革却需要等待确定的周期才能启动，机构改革与职能转变的矛盾便会出现。因此，中国机构改革与职能转变始终在平衡机构改革的周期性与职能转变的长期性之间的关系，如何通过机构改革不断缩短两者之间的时间差、提高机构改革与职能转变之间的一一对应关系，是优化两者关系的核心。基于此，政府改革的关键一是在于如何通过职能体系快速回应外部环境的变动，提高职能转变的即时回应性；二是在于缩短机构改革与职能转变之间的时间差，提高机构改革的前瞻性，及时体现职能转变的结果，并依据科学的机构设置，提高职能配置的有效性，提高职能运行效率。

在本书写作中，我得到了诸多帮助。这种帮助既包括极具建设性的专业方面的建议，也包括身体力行的资料收集、整理、表格制作等。感谢中国政法大学的石亚军教授、潘小娟教授、吕芳教授、王冬芳副教授、任弢副教授、汪佩洁老师、段佳利老师、李凯林老师、檀阳博士，以及首都经济贸易大学谭溪老师、山东政法学院程广鑫老师、清华大学王雨辰博士后、中国人民大学在读博士杨斌在论证、写作、修改的所有环节对我不厌其烦地倾心帮助和情感支持；也感谢我的学生张欣然、蔡云匣、洪雨、向恒溢在资料收集、图表制作中的支持。如果没有你们，也就没有这本书，再次感谢！

高　红

2024 年 3 月 15 日

目 录

图目录

如何理解中国政府改革？

自改革开放以来，中国已经推行了 9 轮较为集中的国务院机构、行政管理体制和党和国家机构改革。[1]这些改革或从机构调整入手，偏好减量的改革工具，注重机构的裁撤、合并；或以职能转变为中心，将优化职能作为改革的着眼点与突破口，追求政府职能的精简整合与高效运行。实践中，机构改革与职能转变的关系存在多种形式，两者或同步出现在改革方案和改革实践之中，或是机构先行以推动职能转变，或是职能转变在先再成立机构确保职能转变得以实现。如何理解机构改革与职能转变在政府改革中或前后或同时的实践呢？之所以关注该问题，主要是考虑到：一是机构改革相比职能转变更具操作性，如何通过机构改革来实现职能转变是值得进一步廓清的问题；二是机构改革与职能转变在逻辑上的应然关系是一种什么状态，如何在改革中尽量按照应然的良性状态进行更具系统性、整体性的顶层设计，是党和国家机构改革需要面对的重要实践问题和理论问题。

一、政府改革以职能转变为中心

政府改革是一个常说常新的话题，但是"以职能转变为中心"推动政府改革基本已形成了我国学者的共识。既有研究成果围绕着"以职能转变为中心"形成了三种论断：一是以职能转变为主、以机构改革为辅的主辅关系说，

---

〔1〕　需要指出的是，1988 年以前的改革主要为政府机构调整，而党的十九大又将行政管理体制改革延展至国家机构改革，机构改革的外延一直在发生变化。在后续的论述中，因为文献处在不同阶段，故而会出现政府改革、行政体制改革、党和国家机构改革等不同的表述。

二是以机构改革推动政府职能转变的目的—手段关系说，三是以及职能转变从属于机构改革的从属关系说。在这些理论中，无论是将职能转变看作政府改革中的主要内容，还是将其视为政府改革的重要目标，都将职能转变认作了政府改革中的中心任务。

（一）主辅关系：以政府职能转变为核心

在政府改革研究中，主辅关系说关注的是机构改革与职能转变孰主孰辅的问题；其潜在的假定是机构改革与职能转变被认为是改革的两种不同方式，且两者在改革不同阶段的重要性有所区别。在两者孰主孰辅的关系讨论中，比较普遍的观点是"机构改革固然重要，但更为关键的是职能转变"[1]，因为单单通过机构改革并不能实现改革的最终目的，"以职能转变为核心的机构改革才是'化学反应'，与表面上机构撤并的物理反应相比，其更能达到反映需求、真正达到精兵简政的效果。"[2]进一步讲，政府改革如果不切实从转变政府职能入手，则只能治标而无法治本，可能永远无法摆脱迭陷"精简—膨胀—再精简—再膨胀"怪圈的局面。[3]

机构改革与职能转变的主辅关系虽被广泛接受，但国内学者对主辅关系在不同改革阶段的适用性并未达成一致意见。例如，张毅提出，我国政府自改革开放之后，便是在精简的基础上，以转变政府职能、提高行政效率为主。[4]但有学者不认同该观点，并提出改革开放后的第一次政府改革即1982年改革并未关注到政府职能转变这一问题，故而未曾从职能转变入手来调整机构设置，而是"以精简政府机构数量和干部数量为目标"[5]。为此，不以职能转变为目的的机构改革，"结果影响了政府的工作，很快又不得不恢复很多机构"。[6]即便如此，"以政府职能转变为核心"的提出，预示着改革思路从机

〔1〕 许耀桐、许达锋：《大城市政府机构改革和职能转变探讨》，载《上海行政学院学报》2013年第4期。

〔2〕 蓝煜昕：《地方政府机构改革轨迹、阶段性特征及其下一步》，载《改革》2013年第9期。

〔3〕 黄仁宗：《论我国政府机构改革"怪圈"的成因》，载《探索》2001年第5期。

〔4〕 张毅：《从国务院机构改革看我国政治发展》，载《理论界》2013年第12期。

〔5〕 谢志强：《从我国政府机构改革历程看国家治理体系现代化》，载《国家治理》2021年第C4期。

〔6〕 毛寿龙：《2013年机构改革的逻辑和未来预期》，载《行政论坛》2013年第3期。

构层面向职能层面拓展，对此后深化行政管理体制改革产生了深刻影响。[1]因此，到了 1988 年，职能转变才成为历次政府改革中的核心和关键。[2]

党的十八大也被看作是以政府职能转变为主导进行机构改革的分水岭。以石亚军教授为代表，他认为，我国行政体制改革以党的十八大为分界线，之前的政府改革主要以机构改革为主，侧重机构的裁撤与合并；此后，政府改革从精简机构转向科学配置职能，将职能转变作为改革的重中之重，这在中央陆续颁布的改革纲领性文件中都有所体现。[3]具体而言，2013 年通过的《国务院机构改革和职能转变方案》，第一次赋予了"职能转变"在改革纲领性文件中的标题价值，并在正文中用一半以上的篇幅部署了职能转变的 10 项任务。之后，《关于地方政府职能转变和机构改革的意见》颁发，在我国行政体制改革史上，首次将央地政府统筹改革进行整体部署，凸显了在过程、层级中一以贯之的智识和勇气。[4]至此，政府职能转变作为行政管理体制改革的鲜明主题，被置于了"牵一发而动全局"的位序。此后，无论是围绕着政府与市场关系处理的行政审批制度改革，还是"放管服"的改革举措，都显示出转变职能在机构改革中的关键性意义。实践中，随着以政府职能转变为核心的"放管服"改革的逐步推进，以梳理政府权力和责任为目的的清单制改革（权力清单、责任清单、权责清单）及以廓清政府和市场关系为目的的行政审批制度改革等改革措施得到持续推进，这些改革无不着眼于如何更好地配置和优化政府职能。

（二）目的-手段关系：以机构改革推动政府职能转变

虽然有学者认为机构改革与职能转变在不同阶段呈现出了线性主辅关系，但亦有国内学者不认同这种观点。因为在实践中，职能转变其实是一项具有复杂性、系统性、综合性的改革工程，它不同于机构精简、裁汰冗员这些只

---

〔1〕　吕志奎：《从职能带动到体系驱动：中国政府机构改革的"三次跃迁"》，载《学术研究》2019 年第 11 期。

〔2〕　周志忍、徐艳晴：《基于变革管理视角对三十年来机构改革的审视》，载《中国社会科学》2014 年第 7 期。

〔3〕　石亚军：《转变政府职能须防止因形式主义和官僚主义转而不变》，载《中国行政管理》2013 年第 12 期。

〔4〕　石亚军、高红：《地方政府以职能转变为核心的内涵式改革》，载魏礼群主编：《中国行政体制改革报告（2014—2015）No.4——行政审批制度与地方治理创新》，社会科学文献出版社 2015 年版。

涉及政府内部可视性较强的数量化增减，而是要在调整政府与市场、企业、社会间的互动关系中，不断推进行政管理体制（党和国家机构）的完善与革新。[1]因此，职能转变包含的内容更为丰富，机构改革只是达成职能转变这一目标的手段而已。[2]以周志忍教授和王浦劬教授为代表的目的—手段关系论者认为，无论处在改革的哪一阶段，职能转变都是行政管理体制改革的根本目标或终极目标，而机构改革只是实现职能转变的一种手段。换言之，不同阶段的机构改革最终都是服务于政府职能的转变[3]，这是机构改革最为显著的特点，也是两者关系的真实体现。

机构作为职能的组织载体，如若要实现政府职能转变，必须要调整机构设置（structural changes）与主体间关系（relational changes）。[4]周志忍教授指出，机构精简只是政府改革的"中间产品"，"最终产品"是政府的资源配置、行政能力、工作效率、管理水平，等等，前者只是后者的"毛坯"或过渡阶段。[5]与此一致，王浦劬教授也提出，如若要推进职能转变，政府机构调整是与精简事项、优化编制、理顺职责、优化流程等并列的、具有操作性的手段或工具，因为"推进、深化和加快我国政府职能的转变，可以从调整和优化政府管理的事项范围、层面和内容切入，可以从优化组合政府机构、编制、职位和部门着手，也可以从优化设置构建政府的运行流程入手。"[6]由此可见，所有的机构改革做法最终都必须服务于政府职能的根本转变。

机构设置既是职能实现的载体，又可以透视出职能的运行重心。但是，政府改革的目标并不能通过单纯的精简机构就实现，"它涉及到政府行政模式的改革与重建，其实质是对行政权配置和运行方式的调整和革新。"[7]一方

---

〔1〕 刘祺、许耀桐：《改革开放以来政府机构改革的历程和启示》，载《海南大学学报（人文社会科学版）》2017年第5期。

〔2〕 何艳玲教授统计发现，在前六次行政体制改革中，国务院中各类组织改名、合并、撤销、新增、复设发生频次多达648次。参见何艳玲、李丹：《机构改革的限度及原因分析》，载《政治学研究》2014年第3期。

〔3〕 何颖：《中国政府机构改革30年回顾与反思》，载《中国行政管理》2008年第12期。

〔4〕 Patricia W. Ingraham, B. Guy Peters, "The Conundrum of Reform: A Comparative Analysis", *Review of Public Personnel Administration*, Vol. 8, 1988, No. 3, pp. 3~16.

〔5〕 周志忍：《机构变动：正确处理"形似"与"神似"的关系》，载《中国行政管理》2003年第4期。

〔6〕 王浦劬：《论转变政府职能的若干理论问题》，载《国家行政学院学报》2015年第1期。

〔7〕 赵肖筠、张建康：《行政权的定位与政府机构改革》，载《中国法学》1999年第2期。

面，我国政府不断探索机构改革的新方式，仍然是为了更好地履行职能。有学者对我国历次机构改革的目标进行梳理之后发现，"机构改革的根本目标是按照社会主义市场经济的要求转变政府职能"[1]。例如，2004 年以后，我国开始了服务型政府建设，地方政府先后探索出了以浙江舟山为代表的网格化结构、以"省管县"为代表的扁平化结构、以浙江杭州富阳专委会为代表的矩阵结构以及以广东佛山顺德"党政联动"大部制为代表的党政合一结构，等等。[2]这些新组织形式的出现，"无疑是为了更好地履行政府功能，提高政府的工作效率"。[3]另一方面，机构的数量可以反映出政府的职能重心，机构设置的数量与体量往往能够显示特定职能的被重视程度。何艳玲教授在分析国务院 1949 年到 2007 年的机构变迁数据时指出，社会事务类组织与执法监督类组织的数量都不同程度得以增加，"社会事务类组织意味着政府对公共事务的管理与特定公共服务的供给，执法监督类组织则意味着政府社会规制性的增强，二者的增长都反映了政府面向社会时的职能再定位。"[4]

虽然机构改革是职能转变的实现方式，但两者在实践中却极易发生目标置换现象，即本应当作手段的机构改革却成为一轮又一轮改革的目标。之所以会出现这种偏离，是因为"在强大的'出成绩'压力下，机构改革往往特别倾向于对减量改革工具的偏好，如裁撤、合并、改名等，这些都是历次机构改革方案的关键词。"[5]因此，单纯依靠组织机构之间的物理作用，并不能实现政府职能的有效整合；加之囿于部门利益、路径依赖的限制，我国的机构改革始终未能有效突破"精简—膨胀—再精简—再膨胀"的怪圈。在应然层面，政府机构改革只是推动实现职能转变的一种必要方式。如若要切实推进职能根本性转变，必须要以职能转变的要求为参考系来调整机构的设置，"如果在政府没有实现职能转变的情况下，即政府管了不该管或管不好的事，

〔1〕　刘祺、许耀桐：《改革开放以来政府机构改革的历程和启示》，载《海南大学学报（人文社会科学版）》2017 年第 5 期。

〔2〕　石亚军主编：《破题政府职能转变——内涵式政府改革新路径实证研究》，中国政法大学出版社 2016 年版，第 170~249 页。

〔3〕　竺乾威：《地方政府的组织创新：形式、问题与前景》，载《复旦学报（社会科学版）》2015 年第 4 期。

〔4〕　何艳玲：《中国国务院（政务院）机构变迁逻辑——基于 1949-2007 年间的数据分析》，载《公共行政评论》2008 年第 1 期。

〔5〕　何艳玲、李丹：《机构改革的限度及原因分析》，载《政治学研究》2014 年第 3 期。

即使推进了机构改革，如实现了机构的合并、拆分或调整，最终还会导致改革的回潮。"[1]因此，机构改革不能仅仅追求机构精简与合并带来的国务院组成部门的数量减少，而应将其视为推动职能转变的必要手段，并以此评判机构改革的效果。

（三）从属关系：职能转变是机构改革的关键

既有学者强调政府职能转变的系统性与复杂性，也有一些学者扩展机构改革的内涵和外延，将机构改革理解为一个包含了组织结构调整、职能配置与人员编制变化的复合概念；而职能转变只是机构改革的一个组成部分，同时也是最为关键的部分："职能是诸要素中最基本的……只有以职能为中心，机构才能恰当地确定它的工作制度、结构和人员。"[2]在职能转变从属于机构改革的关系研究中，机构改革不再仅仅指代组织结构的变化，而是一个包含了结构与职能以及人员配备、机制调整等内容的复合概念。"政府机构改革主要包括政府职能转变和政府机构优化设置两个方面，两者又是彼此依存、不可分割的。"[3]周志忍教授认为机构改革实际上包含三层含义：狭义的机构改革仅指机构精简或结构优化；广义的机构改革是 7 轮行政管理体制改革的统称；而中观意义上的机构改革既涉及职能转变、机构设置改革、人员编制精简（1988~1998 年 3 轮改革），又涉及机构和人员编制精简（1982），还指代职能转变和机构结构调整（2003~2008）。[4]无疑，中观意义上的机构改革与广义的机构改革都将职能转变作为其组成部分。与此一致，竺乾威教授提出，致力于实现国家治理现代化的机构改革必须从结构和流程两个方面进行。其中，结构涉及的是组织机构内部的排列组合问题；而流程则主要针对的是权力关系如何运作，并解决如何提高政府效率的技术问题。[5]

在我国历次国家机构改革实践中，职能转变与机构改革之间的从属关系都有所体现。具体来说，"政府职能转变"在 1988 年机构改革中被首次提出

〔1〕 陈天祥、何荟茹：《从机构改革历程透视地方政府职能转变的轨迹——基于广东省 1983-2014 年的实证分析》，载《理论与改革》2016 年第 1 期。

〔2〕 林海平：《政府机构改革要以转变职能为中心》，载《理论研究》1995 年第 2 期。

〔3〕 陈国权：《论政府能力的有限性与政府机构改革》，载《求索》1999 年第 4 期。

〔4〕 周志忍、徐艳晴：《基于变革管理视角对三十年来机构改革的审视》，载《中国社会科学》2014 年第 7 期。

〔5〕 竺乾威：《国家治理现代化与机构改革》，载《学术界》2016 年第 11 期。

之后，便一直是国务院机构改革方案中的重要组成内容；且政府在历次改革中都提出了职能转变的具体要求。党的十三大报告也第一次明确指出，机构改革必须抓住转变职能这个关键。此后，1993 年的机构改革继续明确要求政府职能转变，1998 年的机构改革也提出要"按照社会主义市场经济要求转变政府职能"，之后更是如此，职能转变甚至逐步取代机构调整的重要位置，成为历次机构改革的最为重要的内容。同期的学术研究在诊断机构改革中存在的"机构庞大、人员臃肿、政企不分"〔1〕等"痼疾"之时，也多提出机构改革之所以未取得预期效果，在于原有机制已逐渐失去作用，旧有的政府职能需要进行重大而有效的创新。〔2〕实际上，职能转变在机构改革中的重要地位逐步加强，到了 2008 年，机构改革中的"职能逻辑在很大程度上取代了组织逻辑，成为指导改革的重要理念。"〔3〕

宏观意义上的机构改革以大部制最具代表性，这是一种典型的通过机构改革来推动职能转变的方式，〔4〕也是自党的十七大以来政府机构改革的重要内容或重要方式〔5〕。大部制改革旨在改变以往政府部门林立、职能交叉的状况，终结部门之间协调困难、政出多门和互相扯皮的问题；它以机构改革的形式出现，根据"合并同类项"的原则，将工作性质和职能相近的部门合并为一个"较大"的部门。〔6〕这种机构改革方式，蕴含着机构重构与职能转变的双重内容；且虽然合并机构更具可见度，但是其内部职能设置与运作管理却更为重要。在大部制改革的过程中，机构的合并和重组只是改革的第一步，

---

〔1〕　江泽民：《高举邓小平理论伟大旗帜，把建设有中国特色社会主义事业全面推向二十一世纪——江泽民在中国共产党第十五次全国代表大会上的报告（1997 年 9 月 12 日）》，载中央政府门户网站，https://www.gov.cn/govweb/test/2008-07/11/content_ 1042080. htm，最后访问时间：2024 年 3 月 1 日。

〔2〕　孙晋、邓联繁、吴宁：《对政府机构改革之深层次探讨》，载《武汉大学学报（人文社会科学版）》2000 年第 4 期。

〔3〕　孙涛、张怡梦：《从转变政府职能到绩效导向的服务型政府——基于改革开放以来机构改革文本的分析》，载《南开学报（哲学社会科学版）》2018 年第 6 期。

〔4〕　张翔：《从体制改革到机制调整："大部门体制"深度推进的应然逻辑》，载《上海行政学院学报》2012 年第 2 期。

〔5〕　党的十七大报告指出，"加大机构整合力度，探索实行职能有机统一的大部门体制"。参见胡锦涛：《高举中国特色社会主义伟大旗帜 为夺取全面建设小康社会新胜利而奋斗——在中国共产党第十七次全国代表大会上的报告（2007 年 10 月 15 日）》，载《人民日报》2007 年 10 月 25 日，第 1 版。

〔6〕　竺乾威：《地方政府大部制改革：组织结构角度的分析》，载《中国行政管理》2014 年第 4 期。

其更强调"职能的有机统一和综合管理"〔1〕,通过对职能的整合与流程的再造,实现职能内部设置与运行的双重优化。换言之,从大部制改革的实践中可以发现,机构改革并不单单意味着组织调整,其内部职能的重新配置与转变才是机构改革的核心内涵和必然要求;甚至在某种程度上,机构改革的成功与否,可以在职能转变能否彻底实现中找到合理的解释。

二、党和国家机构改革背景下政府改革研究的新特征

党的十九大以来,深化机构改革与职能转变的部署,蕴含着新时代党和政府机构改革承前启后的崭新视域和意境。与此前改革相比,深化机构改革与职能转变具有一些新的特点:第一,机构改革的外延从行政体制扩展到了政治领域,机构改革的对象从政府内部延伸到了政党组织、司法系统、事业单位等,国家所有的公共机构都被统筹纳入改革之中,这是此轮改革与以往历次改革最显著的不同之处。第二,党和国家机构改革呈现出从渐进调适到大开大合的阶段性特征。〔2〕不同于之前改革所遵循的调适逻辑,2018 年和2023 年的机构改革是在整体性变革的基础之上对所有类型的公共机构进行的一次大范围调整;在全面加强党的领导的前提之下,坚持以问题为导向,对关乎国家治理现代化建设的领域进行了大范围调整和系统性重构。第三,政府职能转变所涉及的政府、政党和市场、社会的关系,以及中央与地方的关系都得以重新调整,以期实现公共管理权力和职责在党政机构以及各类机构之间的统筹设置。在党和国家机构改革的背景下,政府改革被置于一个更为宏观的视域中重新解读。

(一)政府改革服务于国家治理现代化

在党和国家机构改革的背景下,国家治理体系与治理能力现代化被看作是政府改革的最终归宿,而党和国家组织结构的设计、政府职能的转变都必须围绕着国家治理现代化的目标来进行。因此,有学者提出,无法与党和国

---

〔1〕 石亚军、施正文:《探索推行大部制改革的几点思考》,载《中国行政管理》2008 年第 2期。

〔2〕 刘帮成:《新一轮党和国家机构改革的鲜明特点与深层逻辑》,载《中国党政干部论坛》2023 年第 8 期。

家机构改革实现联动的政府机构改革是职能导向的适应性改革[1]，即政府机构改革仅以实现职能转变为目标。但到了党和国家机构改革的新阶段，政府机构改革的诸多举措就不再单单是职能导向的，而是致力于实现国家治理现代化。

国家治理现代化的实现，需要在党的领导之下，政府通过职能的根本转变，积极主动地为经济增长、社会良治创造条件，在"多领域实现历史性变革、系统性重塑、整体性重构"[2]。党的领导是统领政府改革的关键性力量，这也是党和国家机构改革最不同于之前改革的关键所在。一方面，全面加强党的领导对党和国家机构改革提出了新的要求，通过整合之前"按系统分头设计、各自推进，相互缺乏关联"[3]的组织机构，打通原本职责交叉、运行不畅的职能体系，实现党政关系在组织机构和职能体系中的双重融合。[4]另一方面，党和国家机构改革必须服务于全面加强党的领导这一根本性目标，将党的领导贯穿在"深化改革、依法治国、经济、农业农村、纪检监察、组织、宣传思想文化、国家安全、政法、统战、民族宗教、教育、科技、网信、外交、审计等16项重大工作"[5]之中。围绕于此，党和国家机构通过改革，构建起一套更为完备、科学、高效的组织体系与职能体系，既能服务于党的全面领导落到实处[6]，也能最终服务于党领导国家事业发展的新要求。

整体而言，在党和国家机构改革的背景下，政府改革研究中有一些初步具有共识性的结论。一是，机构改革不仅仅是为了政府职能转变，而是最终服务于国家治理体系与治理能力现代化。在此过程中，机构改革或是职能转

〔1〕　黄小勇：《机构改革的历程及其内在逻辑》，载《行政管理改革》2018年第5期。

〔2〕　习近平：《高举中国特色社会主义伟大旗帜　为全面建设社会主义现代化国家而团结奋斗——在中国共产党第二十次全国代表大会上的报告（2022年10月16日）》，载《人民日报》2022年10月26日，第1版。

〔3〕　石亚军、霍沛：《深化党和国家机构改革促进党内法规制度建设》，载《政法论坛》2019年第4期。

〔4〕　陈鹏：《改革开放四十年来我国机构改革道路的探索和完善》，载《浙江社会科学》2018年第4期。

〔5〕　石亚军：《深化党和国家机构改革是一场彰显四个着力的深刻变革》，载《中国行政管理》2018年第5期。

〔6〕　张博：《论党的全面领导与党和国家机构改革的关系》，载《当代世界与社会主义》2020年第1期。

变的抓手，或是与党和国家机构改革并行的改革举措，根本目的在于"建构一个现代化的国家治理体系"〔1〕。二是，政府改革必须基于全面加强党的领导这一根本原则，这是政府改革的根本前提。党的领导不仅仅体现为政治领导，还要通过"统筹党政机构设置""加强党政机构职能统筹"〔2〕，强化党对机构改革的全面领导。党的全面领导反映在政府职能转变上，便是政府不能仅仅依据政府与市场、社会的动态关系来限定其职能边界以及职能的内部结构，而是要在建设人民满意的服务型政府的同时，综合考虑新型党政关系对政府职能体系提出的新要求。

（二）机构改革与职能转变的内涵被重塑

《中共中央关于深化党和国家机构改革的决定》的审议通过，标志着我国的行政体制改革步入了党和国家机构改革时代。自此，2018年的党和国家机构改革便区别于此前的国务院机构改革与行政管理体制改革。此外，"党和国家机构"这一概念不单单意味着机构类型的增多，它实际上包含了"四大体系"〔3〕，党、政、军、群四大机构和"八大领域"。〔4〕由此可见，相较于周志忍教授所定义的机构改革概念的三个层次，党和国家机构改革的内涵还要更为丰富。这种丰富性不仅体现在涉及改革的组织类型从一元的行政主体扩展到党政军群多元主体，还内含了四类机构改革的职能体系、体制机制优化等内容，更是需要考虑如何全面加强党的领导使之贯穿党和国家机构改革的全过程和全方位。

具体到政府职能，它指的是"政府对国家政治、经济和社会公共事务进行管理时应承担的职责和所具有的功能，是政府存在的价值和基础。"〔5〕学理

〔1〕 李君如：《正确认识坚持党的全面领导与深化党和国家机构改革的关系》，载《中国党政干部论坛》2018年第5期。

〔2〕 唐皇凤、梁新芳：《党的领导制度体系：构成要素、逻辑结构和优化路径》，载《新疆师范大学学报（哲学社会科学版）》2020年第4期。

〔3〕 "四大体系"指的是总揽全局、协调各方的党的领导体系，职责明确、依法行政的政府治理体系，中国特色、世界一流的武装力量体系，联系广泛、服务群众的群团工作体系。参见许耀桐：《党和国家机构改革：若干重要概念术语解析》，载《上海行政学院学报》2018年第5期。

〔4〕 "八大领域"指的是"深化党中央机构改革、深化全国人大机构改革、深化国务机构改革、深化全国政协机构改革、深化行政执法体制改革、深化跨军地改革、深化群团组织改革、深化地方机构改革"。参见许耀桐：《党和国家机构改革：若干重要概念术语解析》，载《上海行政学院学报》2018年第5期。

〔5〕 赵立波：《统筹型大部制改革：党政协同与优化高效》，载《行政论坛》2018年第3期。

上对政府职能的内涵认知较为一致的是政府职能应包括政府的功能和职责两个层次。[1]当涉及到如何确定政府职能的边界之时，通常的做法是"将政府作为与市场和社会并行的主体，讨论政府的角色分工与职能边界。"[2]在通过政府与市场、社会的关系确定政府职能总量之后，便深入到政府内部观察职能的内容、结构以及职能重心、职能行使方式等。因此，在确定政府职能内涵的基础上，政府职能转变可以理解为对政府权力的调整，它涉及职能定位、职能重心和职能行使方式等多方面的转变。[3]与此一致，黄庆杰教授将政府职能转变总结为"政府职能总量的调适变化""政府职能结构的调整"与"政府职能实现手段的变化"[4]三个方面的内容。

现阶段，政府职能转变的内涵也有了些许的变化。实际上，"从历史发展规律来看，政府职能转变是一个动态变化的过程"[5]，它需要依据外部环境与政府治理目标及时作出调整。作为政府职能转变的逻辑起点，政府职能总量的确定要依据政府与市场和社会在横向上的边界划分来完成。但是长期以来，由于没有正确划分政府、市场、社会的边界，我国政府除了履行其管理经济社会发展的职责，还担当着市场主要投资主体、社会主要建设主体的角色，以运动员和裁判员的双重身份既参与经营又审批经营，参与了原本就应该属于市场主体和社会主体自主决定的事项，使得市场经济规律、社会发展规律在经济建设和社会发展中的引导和规范作用被弱化。[6]为了解决行政惯性所导致的政府对市场主体与社会主体的替代性插手以及行政权力对市场主体与社会主体权力的置入式插手，必须按照政府与市场、政府与社会、政府与政党三条路线进行职能的重新梳理与剥离。

---

〔1〕　王浦劬：《论转变政府职能的若干理论问题》，载《国家行政学院学报》2015年第1期。

〔2〕　包国宪、周豪：《从转变政府职能到优化政府职责体系：中国行政体制改革的视角转换与分析框架》，载《理论探讨》2022年第2期。

〔3〕　竺乾威：《政府职能的三次转变：以权力为中心的改革回归》，载《江苏行政学院学报》2017年第6期。

〔4〕　黄庆杰：《20世纪90年代以来政府职能转变述评》，载《北京行政学院学报》2003年第1期。

〔5〕　薛澜、李宇环：《走向国家治理现代化的政府职能转变：系统思维与改革取向》，载《政治学研究》2014年第5期。

〔6〕　石亚军、高红：《政府在转变职能中向市场和社会转移的究竟应该是什么》，载《中国行政管理》2015年第4期。

政府职能转变的内涵伴随着机构改革的深入而不断变化。在国家治理体系和治理能力现代化的背景之下，政府职能转变中所涉及到的总量问题，既需要依据"让市场在资源配置中起决定性作用"的原则加以确立，也需要遵循其他原则实现彻底转变：一是全面加强党的领导，二是建设以人民满意为中心的服务型政府中对社会治理与公共服务职能的强调。在确定政府职能的总量边界之后，政府职能转变还需要关注政府的职能结构、职能确立的依据、职能的运行方式等内容。也即是说，政府职能转变所涉及到的政府职能总量、职能结构、职能重心、职能运行方式都或多或少出现了变化，需要结合党和国家机构改革的新背景而被重新认识；政府职能转变的新要求也会体现在党和国家机构改革的内容上，于是，两者之间的关系也会相应发生变化。

三、对现有研究的评述

围绕着改革开放以来 9 轮机构改革的实践经验，结合两者关系的应然判断，我国学者围绕着"以职能转变为中心"提出了以职能转变为主、以机构改革为辅的主辅关系论，以机构改革推动政府职能转变的目的—手段关系论，以及职能转变从属于机构改革的从属关系论三种对关系形态的论断。之所以基于相同的改革实践会得出不同的结论，部分原因在于学者们对机构改革内涵的理解不同，不同的论断选择了不同范畴中的机构改革。参照周志忍教授对"机构改革"三重含义的研究，主辅关系论与目的—手段关系论中的机构改革显然使用了狭义概念，将机构改革限定在机构精简或结构优化；从属关系论中的机构改革则是中观意义上的概念，它不仅包含了组织层面的变动，还包含着职能转变的内容。[1]正是因为对概念内涵与外延认定的不同，使得既有研究得出了不同的结论，但是这些结论都接受了政府改革必须"以职能转变为中心"的基本认识。整体而言，现有研究虽存在一些缺憾，但也为后续研究提供了诸多有益的参考。

（一）既有研究的缺憾

通过对现有研究的梳理发现，已有研究还存在一些不足：一是虽然政府职能转变的重要性一直被强调，但是现有研究在讨论职能转变之时，或是以

---

〔1〕 周志忍、徐艳晴：《基于变革管理视角对三十年来机构改革的审视》，载《中国社会科学》2014 年第 7 期。

宏大原则的变化为切入点来阐明职能的变化，或者以机构的变动情况来论证职能的变动。这两种做法都可以在一定程度上体现出政府职能的变化情况，但是宏大原则难以精准反映政府职能设置与履行，用机构变动来代表政府职能的变化又容易陷入重复论证的困境。二是既有研究更多采用线性分析视角考察政府改革中的机构改革和职能转变，学者们要么从机构改革情况推断职能转变的效果，要么从职能转变情况推断机构改革的成效。但在实践中，机构改革与职能转变既可能是同时展开的，也可能是先后进行的，更有可能是交叉反复的；机构改革既可能是职能转变的终点，也可能是下一轮职能转变的起点。如果不将二者置于更长的时间链条中加以细致考察，我们可能无法理解政府改革的复杂性，更无法在国家治理体系与治理能力现代化的发展框架中对政府改革进行重新的解读。三是，现有研究对政府机构改革、党和国家机构改革、政府职能转变、国家治理现代化、全面加强党的领导之间的关系缺乏更为系统的阐释，尤其是缺乏在政治体制改革语境中重新审视解读我国政府改革的相关研究。

（二）既有研究奠定的基础

既有研究为理解党和国家机构改革提供了较为全面的视角，关注到了政府改革中机构变动与职能转变之间的复杂动态关系。一方面，从机构改革过程中的职能定位转变来看，我国政府职能转变在机构改革中经历了一个从无到有、从粗放到精细、从单一化到体系化的变化过程[1]。另一方面，从职能转变的改革重心来看，职能转变改革重心经历了由形式到内涵、由政治到经济再到服务、由政府主导到市场主导的发展过程[2]。围绕着改革开放以来近40年的政府改革实践，学者们丰富的研究视角、研究方法与研究结论为本课题提供了极大的参考价值。

第一，对政府改革中的两大要素——机构改革与职能转变的研究，必须在概念统一的基础之上进行。如何界定"机构改革"的概念会直接影响到对二者关系的判断，因此，必须在同一概念之下考察两者在不同阶段的关系。

---

〔1〕 吕志奎：《从职能带动到体系驱动：中国政府机构改革的"三次跃迁"》，载《学术研究》2019 年第 11 期。

〔2〕 竺乾威：《政府职能的三次转变：以权力为中心的改革回归》，载《江苏行政学院学报》2017 年第 6 期。

现阶段，机构改革与职能转变的内涵都发生了较大的变化，无论是机构改革的外延还是职能转变的内容，都需要在重新界定两者概念的基础上做进一步探索，并展开与现有研究之间的对话，丰富我国政府改革的相关研究成果。需要说明的是，职能转变与机构改革既相互分离又互相关联。[1]虽然本书试图解构政府改革中的机构改革与职能转变，但绝不能人为地将两者割裂，忽略两者之间的内在关联。之所以要深入研究机构改革与职能转变的关系，是为了在逻辑上尽量廓清基于设计的机构改革与职能转变的意义，同时进一步思考如何在国家治理现代化的背景下实现两者之间并行推进的良性互动关系。

第二，思考机构改革与职能转变的实然关系与应然关系。机构改革与职能转变在改革实践中呈现的关系，可能存在与理论中的关系不一致的情况。理论层面上，职能转变与机构改革是政府改革的两个组成部分[2]；其中，职能是机构设置的依据，机构是职能的载体。[3]引入国家治理现代化作为目标，则对两者之间关系更为贴切的描述应当是：基于国家治理现代化的远景目标，重新设计政府职能体系，进而围绕着如何实现职能转变来进行机构改革，这是国家治理现代化进路中机构改革与职能转变的新型理想关系。如果在职能转变之前便成立机构，机构可能会鉴于部门利益或组织惰性等问题阻碍职能转变的持续推进；[4]而对于已有的组织机构来说，如果职能转变未落到实处，即便是进行了机构的精简与调适，也极容易重新陷入机构改革怪圈。基于此，机构改革需要对政府职能进行分解、确认、重组[5]，并据此完成机构的重组。而对于政府职能转变而言，政府职能必须基于社会的发展得以新增或者取消。[6]因此，机构改革能否成功关键取决于政府的职能定位，必须政府职能转变在先，机构改革在后。[7]但是，这两者的关系在实践中可能并非如此，

〔1〕 潘小娟、吕芳：《改革开放以来中国行政体制改革发展趋势研究》，载《国家行政学院学报》2011年第5期。
〔2〕 毛寿龙：《中国政府改革的过去与未来》，载《江苏行政学院学报》2009年第2期。
〔3〕 宋世明：《中国行政体制改革70年回顾与反思》，载《行政管理改革》2019年第9期。
〔4〕 石亚军、施正文：《我国行政管理体制改革中的"部门利益"问题》，载《中国行政管理》2011年第5期。
〔5〕 张尚仁、郑楚宣：《政府机构改革的理性思考》，载《国家行政学院学报》2000年第4期。
〔6〕 史记：《政府规模理念与我国政府机构改革》，载《国家行政学院学报》2001年第3期。
〔7〕 陈天祥、何荟茹：《从机构改革历程透视地方政府职能转变的轨迹——基于广东省1983-2014年的实证分析》，载《理论与改革》2016年第1期。

因此在后续的研究中必须区分是基于改革实践进行总结，还是基于价值导向进行理论建构与探索，这是两条不同的研究进路。

四、问题重申与研究意义

我国的政府改革一直是个"进行中"的问题，组织结构的变动、职能的转变没有终点。诚如前所述，政府改革或从机构调整入手，或以职能转变为中心，两者始终是政府改革的必要手段，机构改革与职能转变的统一是一个不断发展的矛盾运动过程。如何理解我国的政府改革，尤其是机构变动与职能转变之间的关系——基于设计的机构改革，到底是推动还是回应职能转变的手段——需要在理论层面上进一步廓清。一方面，从机构改革的周期性和设计性、职能转变的回应性和持续性两个特征出发，归纳出政府改革遵循的深层次逻辑，并在该逻辑框架中重新解读机构改革与职能转变之间的主辅关系论、目的—手段关系论、从属关系论，并发现这些关系仅是设计与演变过程中此二者呈现出的表现形式，而非两者关系的本质。另一方面，引入政治体制改革的内容，挖掘我国政治体制变革之于行政体制改革的重要意义，总结党和国家机构改革中"协同优化高效"以及"历史性变革、系统性重塑、整体性重构"的中国经验。本研究试图从政治发展的角度来考量机构改革的价值与意义，提出机构改革与职能转变不仅要追求更高效率的管理学目标，更要从政治属性考虑其政治理论价值的观点。

需要说明的是，本书是从狭义角度界定机构改革的内涵，将机构改革限定在"组织机构设置的情况"[1]。机构设置既包括组织机构的变动情况，也包括组织机构内设机构的变动情况；职能转变则主要考察政府的职能总量、职能设置的依据、职能的结构、职能的重心以及职能的履行方式等内容[2]，并最终在描述性的基础之上探寻政府改革的规律，从而为落实新时代以来关于全面深化机构改革的战略部署提供建议。之所以如此处理，是基于如下考虑：一是，如若将机构改革处理为一个宽泛意义上的概念，那么被包含的一

---

〔1〕 2013 年改革方案中机构改革与职能转变并列，意味着机构改革概念完全等同于机构设置改革。参见周志忍、徐艳晴：《基于变革管理视角对三十年来机构改革的审视》，载《中国社会科学》2014 年第 7 期。

〔2〕 黄庆杰：《20 世纪 90 年代以来政府职能转变述评》，载《北京行政学院学报》2003 年第 1 期。

方（职能转变）很难获得主体性的价值，而且也难以将作为一个组成部分的职能转变的结果与机构改革的结果相区分；二是，强调两者的主体价值，才能更好地回答组织机构变动对政府职能转变的深层次影响，进而探讨这种影响产生的作用机制。

◆ 第一章 ◆

重回组织视角解释政府改革

早在 2004 年，毛寿龙教授便系统总结了我国政府改革所遵循的三种逻辑，分别是关注效率提高和结构优化的组织逻辑，意在优化政府与市场、企业、事业单位和社会组织等关系的职能逻辑，与协调政府改革与政治体系间关系的政治逻辑。[1] 由此可见，政府改革从来不是沿着单一向度的路径向前演进，它是一个需要同时处理不同逻辑的复杂过程。换言之，机构改革绝不仅仅体现为机构数量的增减调适，而是要综合考虑效率与公平、公正等价值的平衡和机构中的职能配置情况，还包含着行政体制与政治体系之间的关系等内容。纵观我国历次机构改革，之所以存在差异，只是因为政府改革在不同的时期各有侧重，这种侧重既可能是体现在侧重某一种改革逻辑，也可能体现在侧重某一种改革逻辑中的哪种价值、哪种内容，等等。除此之外，鉴于我国机构改革已经从政府改革步入党和国家机构改革阶段，改革过程关涉不同性质的组织类型，为避免过度关注组织类型之间的性质差异，本研究尝试采用组织视角来分析政府改革，从更为一般的意义出发来讨论机构改革问题。[2]

一、组织视角：部门化、体制化与系统化

机构改革研究已经形成了多元叙事的格局。一些研究认为，机构改革中

---

〔1〕 毛寿龙：《中国政府体制改革的过去与未来》，载《江苏行政学院学报》2004 年第 2 期。

〔2〕 李文钊：《党和国家机构改革的新逻辑——从实验主义治理到设计主义治理》，载《教学与研究》2019 年第 2 期。

的职能逻辑已经在很大程度上取代了组织逻辑[1]，因此，为了更好地解读改革实践，从政府职能及其转变入手才更能考察机构改革的效果。还有一些研究关注机构改革中的运行机制调整，因为"机构改革具有高度可见性、阶段性和突击性等特征，运作管理的改进却是一个长期的过程。"[2]故如果要分析机构改革，便需要深入到组织内部去考察需要长期理顺的运行管理问题，运行管理的效果是机构改革效果的重要评价标准。亦有学者关注机构改革的价值取向，并提出我国的机构改革的价值取向先后呈现出"适应市场（高效政府）、稳定社会（服务型政府）与人民满意（人民满意的服务型政府）"的演变路径。[3]此外，在国家治理现代化的背景下，有学者提出如果要解读中国的机构改革，必须关注反复出现在党和国家的重大改革文件之中的"理顺关系"，这是理解国家治理体系以及体系中各要素之间的关系的基本切入点，可以拓展我们对于国家治理结构的认识与研究。[4]

机构改革的多元叙事提供了分析改革实践的丰富视角，扩展了我们对机构改革的认知，即机构改革不仅包括组织机构的调整，也包含了职能的配置、人员的配备、组织间关系的重新调整，还涉及到机构改革所遵循的价值导向等内容。但是，如果过于关注职能、价值、规范组织间的制度"关系"，我们有可能会忽略掉组织变革本身的内容。机构改革意味着组织结构重组[5]，一旦我们无法在事实层面梳理清楚机构变革的基本内容，那么围绕着机构改革所展开的研究便极容易陷入混乱之中。因此，在党和国家机构改革的背景下，需要在事实层面上对组织的外部调整和内部调整加以厘清，进而回到组织理论的一般原理中分析党和国家机构改革的做法、遵循的原则并进而探寻机构变迁的可能规律。其中，组织理论中的部门化与体制化可以从微观和中观层面分析组织内部的调整，系统化则可以从宏观层面上解读党和国家机构变革的整体性治理与所处的外部情境变迁。

　　[1]　孙涛、张怡梦：《从转变政府职能到绩效导向的服务型政府——基于改革开放以来机构改革文本的分析》，载《南开学报（哲学社会科学版）》2018年第6期。

　　[2]　周志忍：《深化行政改革需要深入思考的三个问题》，载《中国行政管理》2010年第1期。

　　[3]　何艳玲：《中国行政体制改革的价值显现》，载《中国社会科学》2020年第2期。

　　[4]　何艳玲：《理顺关系与国家治理结构的塑造》，载《中国社会科学》2018年第2期。

　　[5]　Robert W. Keidel, "Rethinking Organizational Design", *Academy of Management Executive*, Vol. 8, 1994, No. 4, pp. 12~28.

（一）部门化：机构改革与设置的确立方式

在管理学一般原理中，如果一个组织的规模较为庞大，为了更好地进行组织管理，便需要设计组织的结构形式（organizational structure）。组织结构形式包括组织规模、管理层次和部门结构三个方面的问题。就部门结构而言，主要包括纵向上的层级化和横向上的部门化（departmentalization）。实际上，横向上的部门结构就是一种水平方向的分工形式，它关注的是如何在同一级组织机关中确定工作部门的问题。当前，部门化的方式主要包括以下几种：（1）职能部门化（functional departmentalization），是根据业务活动的相似性来设立部门，最为常见的做法是将组织划分为财务部门、人力资源部门、生产部门、销售部门等。（2）产品部门化（product departmentalization），是组织根据产品来设立管理部门。组织把同一产品的生产或销售工作，集中在相同的部门组织中进行，于是围绕着一个产品的生产和销售便出现了专门的管理部门。这些专门的管理部门是对职能部门化的补充，它出现于组织生产规模扩大之时。（3）区域部门化（geographical departmentalization），是根据地理因素来设立管理部门，把不同地区的经营业务和职责较为整体地划分给不同部门。[1]除了以上三种传统的部门化方式，伴随着组织规模的扩大和组织内部管理的需要，又出现了两种新的部门化方式：（4）顾客部门化（customer departmentalization），是依据产品的顾客类型进行划分，较为常见的是将同一产品的顾客划分为零售商、经销商和参与政府购买服务。针对不同类型的顾客，组织便设计不同的部门来供应产品。（5）流程部门化（process departmentalization），是依据事项的流程划分进行的部门设置，它只能适用于特定产品的生产和销售过程。

将部门化引入对机构改革的研究之中，主要是基于如下考虑：第一，就政府改革而言，政府机构的变动本身便涉及部门如何设置的问题。第二，如果将党和国家机构整体化处理为一个治理主体，引入部门化理论，可以从更为宏观的层面上观察党和国家机构如何进行了部门的重新整合；在此视角下，所有的机构变革都可以被理解为"部门化"的过程，因为任何一个机构都从属于党和国家机构这一整体性的治理主体；作为党和国家机构的组成部门，

---

〔1〕周三多等编著：《管理学——原理与方法》，复旦大学出版社 2018 年版，第 212～215 页。

这些部门之间如何被撤销、重新组建、组建、合并等，便是在对部门进行的重新设置。第三，党和国家机构改革过程中所涉及到的成立新机构、合并现有机构、取消已有机构、党政合署办公等内容，都是在一个大型的国家治理的组织中进行的内部横向部门的重新划分。

部门化作为组织结构划分的表征，既可以从部门化的原则出发来观测现有部门设计的基本思路，也可以借由组织结构的变化透视我国机构改革中部门化原则的保留与变迁，通过比较之前时期部门设置的原则进而归纳部门化原则中的"变"与"不变"。因此，部门化理论可以提供一个更为一般性的分析视角，来弥合党和国家机构改革中过于强调组织差异性的分析思路。需要指出的是，部门化提供的是一个基本的理论工具，主要分析的是政府机构改革以及国家层面的党和国家机构的变动。例如，自然资源部的组建可以理解为一个"新机构的组建"，但是，如果将政府组织或是党和国家机构视为一个治理主体，自然资源部便是这一个主体中的新的"部门"，它涉及到的是国家层面的横向的部门划分。

（二）从部门化到"体制化"

2017 年 10 月 18 日，习近平总书记在党的十九大报告中提出，全面深化改革，"坚决破除一切不合时宜的思想观念和体制机制弊端"[1]。到了 2023 年，《党和国家机构改革方案》中直接将"体制"和"机制"放在一起考虑，提出深化机构改革要实现"体制机制上更加完善"的要求。[2] 由此来看，党和国家机构的改革不仅关注组织内部的部门如何设计，还需要从关注组织中的部门如何设置，走向更为宏观的"体制思维"，关注党和国家机构改革的"系统性、整体性、协同性"[3]。"体制改革"已经广泛出现在我国的党和国家机构改革实践之中，有学者系统梳理了我国推动体制改革的内容，主要包

〔1〕 习近平：《决胜全面建成小康社会 夺取新时代中国特色社会主义伟大胜利——在中国共产党第十九次全国代表大会上的报告（2017 年 10 月 18 日）》，载《人民日报》2017 年 10 月 28 日，第 5 版。

〔2〕 高小平：《我国行政管理制度创新的重大实践——对 2023 年机构改革的行政学分析》，载《行政管理改革》2023 年第 5 期。

〔3〕 习近平：《决胜全面建成小康社会 夺取新时代中国特色社会主义伟大胜利——在中国共产党第十九次全国代表大会上的报告（2017 年 10 月 18 日）》，载《人民日报》2017 年 10 月 28 日，第 5 版。

括"依法治国体制、司法体制、外事体制、社会治理体制、生态环境督察体制、国家安全体制、纪检监察体制、国防和军队体制"[1]和"行政管理体制"[2]，等等；学者们围绕着优化纪检监察体制[3]、综合行政执法体制[4]、市场监管体制[5]等展开了丰富的研究。这些研究多从整体性政府等视角，分析如何解决行政管理中的多头执法、碎片化管理、效率低下等问题。

"体制化"指的是机构改革着眼于特定领域，而非特定的部门来推行组织变革，也就是说，组织改革已经不再局限于一个组织内部的横向部门如何设置的问题，而是围绕着特定业务而进行的跨部门的系统性整合。"体制化"与"部门化"既有联系又有区别。联系在于：如果将机构改革置于国家治理体系的语境之中，并将党和国家机构视为一个整体化的治理主体（组织）的话，党和国家机构改革实质上就是如何划分这个组织的内部部门的问题；而"体制化"也是设置部门的一种方式，或者说是划分部门的一种原则。在一定程度上，"体制化"也可以被理解为"基于职能的大部门化"。而两者的区别在于：第一，部门化的侧重点在于"如何设置部门"，而"体制化"更关注组织中不同部门之间的关系，即这些基于不同原则设置完成的部门如何实现整体性治理。第二，部门化更为关注专业化问题，"体制化"则旨在解决整体性的问题，侧重于如何整合基于专业化设计的部门，从而弥合整体性治理与专业化管理之间的张力[6]。

引入"体制化"的概念来解读机构改革，主要是基于如下考虑：第一，体制改革是我国党和国家机构改革中的重要内容，它涵盖了依法治国体制、司法体制、纪检监察体制等在内共计约十项体制改革。第二，"体制化"是实现整体性治理的基本前提，是破除组织中因专业化分工导致的部门林立、协

---

[1]　高小平：《深化机构改革的"立"与"破"》，载《人民论坛》2019 年第 31 期。

[2]　高小平：《我国行政管理制度创新的重大实践——对 2023 年机构改革的行政学分析》，载《行政管理改革》2023 年第 5 期。

[3]　马怀德：《国家监察体制改革的重要意义和主要任务》，载《国家行政学院学报》2016 年第 6 期。

[4]　丁煌、方堃：《基于整体性治理的综合行政执法体制改革研究》，载《领导科学论坛》2016 年第 1 期。

[5]　金国坤：《组织法视角下的市场监管体制改革研究》，载《行政法学研究》2017 年第 1 期。

[6]　高小平：《中国式现代化公共管理创新的重大探索——对 2023 年机构改革的理论分析》，载《学海》2023 年第 3 期。

调不足的重要方式。一旦我们需要关注作为整体的党和国家机构，便要注意它作为一个庞大的组织机构内部的分工和配合问题。在逻辑上，部门化是对党和国家的组织机构进行"切割"的一种重要方式，而"体制化"则是致力于将部门实现整体性治理的"桥梁"。换言之，如何将政府职能划分为不同内容，并将这些内容进行整体化的梳理与重构，以实现基于特定事项的整体性治理，是"体制化"所关注和试图解决的内容。第三，"体制化"可以提供更为宏观的分析视角，帮助我们解读中国当前的党政关系，以补充基于科层制研究中的微观组织视角。[1]

（三）从"体制化"到系统化

斯科特（William G. Scott）是第一个将系统思维引入组织研究的学者。他提出，传统组织被视为一个完成任务的工具，现代组织理论却将组织看作一个系统，这个系统包含了彼此独立且相互依存的众多变量，可以尝试从一般的系统理论中寻找分析框架。[2]在斯科特的研究中，并非用"系统"指代组织所处的复杂环境，而是将组织视为一个包含多种变量的系统。之后，卡茨和凯恩（Katz and Kahn）提出"开放系统"的概念，他们认为组织不仅是一个整体性的系统，还是一个开放的系统，并与组织所处的环境进行互动："组织要生存就必须与环境进行物质与能量的交流，组织的任何决策都将对环境产生影响，同时环境对组织决策的反馈也会影响组织，因为组织必须不断地适应处于变化中的环境"[3]。之后，组织作为一个整体的系统，与其所处环境之间的互动关系得到学者们的普遍关注。

但是，组织是全部对外开放的吗？汤普森（Thompson）给出了答案：并非如此。汤普森认为组织可以分为制度、管理和技术三个层次。其中，制度层次的开放程度最高，因为制度是组织与外部环境互动最为频繁的领域；而技术层次开放程度最低，因为组织的技术需要得到严密保护；管理层次则居于制度层次与技术层次之间。[4]由此来看，组织研究已经从回答组织"是否

〔1〕 陈丽君、童雪明：《科层制、整体性治理与地方政府治理模式变革》，载《政治学研究》2021年第1期。

〔2〕 William G. Scott, "Organization Theory：An Overview and An Appraisal", *Journal of The Academy of Management*, Vol. 4, 1986, No. 1, pp. 7~26.

〔3〕 田凯等：《组织理论：公共的视角》，北京大学出版社2020年版，第96页。

〔4〕 James D. Thompson, *Organizations in Action*, New York：McGraw-Hill, Inc., 1967, pp. 1~33.

开放"，发展为回答组织开放什么内容和开放到什么程度的问题。无论如何，组织的开放性以及组织与外部环境的互动已经发展成为系统学派组织理论的基本前提。但需要注意的是，系统本身也具有层次之分，这取决于研究中对组织的界定。在党和国家机构改革中，如果立足于行政体制改革，政府所处的政治、经济、社会乃至国际环境便是形塑它变革的外部系统；如果着眼于党和国家机构改变，那么它所处的国家治理体系便是它的外部系统。其中的区别在于，包含政党在内的外部政治环境既可能是组织本身，也可能是形塑改革的外部环境。

如前所述，部门化关注的是行政体制的内部关系；而"体制化"虽然将视野从行政体制扩展至党和国家机构，但仍然关注党和国家机构的组成部门之间如何实现协调和配合，它提供的仍然是一个"组织内"的分析视角。就党和国家机构而言，其角色设定不仅仅取决于它内部的结构如何设置，而是必须将其置于"整个国家的宏观权力体系"[1]和经济社会乃至国际环境中去考量。系统理论提供了两个研究机构改革的视角：一是整体性视角，政府组织、党和国家机构都可以被视为一个整体性的系统被统筹考虑；二是着眼于组织外部环境的"组织外"视角，以此分析系统与系统之间的关系，通过分析外部环境为组织提供了何种资源、激励或者约束，以及对组织行为的影响，可以帮助我们以更宏观的视角去探究政府机构改革在党和国家机构改革中的独特性，以及党和国家机构改革在推进国家治理体系和治理现代化进程中的作用。系统理论还关注组织这一系统与其他组织系统之间的关系，以及组织系统内部之间的关系，这为党和国家机构改革提供了中观研究的视角，便于从横向截面探析政府与政党组织与其他组织之间的互动关系，以及党政机构内部不同部门（internal parts）的设立和演变过程。

二、基于组织视角的分析框架与解释力

"部门化—体制化—系统化"提供了分析党和国家机构改革的组织视角。其中，部门化与体制化关注组织内部的变革，而系统化则将组织视为一个整体性的开放系统，旨在考察政府与党和国家机构、党和国家机构与外界系统

---

[1] 吕芳：《回顾与反思：中国行政体制改革 40 年》，载《中央社会主义学院学报》2019 年第 5 期。

之间的互动。一方面，部门化是体制化和系统化的前提。一个组织需要首先依据特定原则完成部门化的设置，并在此基础之上进行体制化改革，以便实现部门之间的整体化运作；系统化则将视角从组织内部转移到组织之外，观察完成了部门化和体制化的组织如何与外部的系统进行互动。另一方面，系统化也有可能是部门化与体制化的前提，即任何组织的变革都不可能脱离其所在的系统，系统供给组织所需要的特定资源，并实现对组织目标的塑造，于是，组织便可以基于特定的目标进行部门化与体制化变革。因此，需要在变动的现实中，进一步梳理部门化、体制化与系统化之间的关系。

（一）基于组织视角的分析框架

"政府职能只有在一定的组织机构中才能得到行使"〔1〕，机构是职能的载体，职能是机构的内容，两者缺一不可。机构改革的组织视角为我们提供了静态的分析路径，那么究竟如何观察党和国家机构改革中的职能转变呢？政府职能的层次论为我们提供了理论观照，将政府职能进行分解，提供了宏观与中观的双重视角。〔2〕其中，宏观视角可以帮助我们理解在系统论中所确立的组织需要配备何种政府功能；中观视角则深入组织内部观察政府的具体职责，即为了实现政府的功能，需要将功能分解为何种具体的、操作性的职责，这些职责的在组织内部的位序又是如何，以及这种职责设置是否能够实现机构改革的任务，具体见下图 1-1。整体而言，基于组织理论与职能层次的分析框架，作为机构改革三个层次的部门化、体制化与系统化，和作为职能转变的政府职责与政府功能形成了 A1 和 B1 两种应然层面的逻辑关系。

---

〔1〕 高小平：《我国行政管理制度创新的重大实践——对 2023 年机构改革的行政学分析》，载《行政管理改革》2023 年第 5 期。

〔2〕 朱光磊、于丹：《建设服务型政府是转变政府职能的新阶段——对中国政府转变职能过程的回顾与展望》，载《政治学研究》2008 年第 6 期。

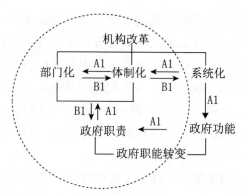

图 1-1　基于组织理论与职能层次的分析框架

第一，机构改革包含了三个层次的内容：部门化、体制化与系统化。在机构改革中，三者之间的逻辑关系包括两种类型：一是"系统化决定体制化，体制化决定部门化"的 A1 关系。一个组织首先需要在与系统的互动之上完成组织的系统重构，之后深入到组织内部完成组织的体制化并进一步分解为部门化，这是一条从组织外部逐步深入到组织内部、由粗略到细致的机构设置思路。二是"部门化之上的体制化，体制化之外的系统化"的 B1 关系。组织需要首先完成部门化，在部门化的基础之上对机构和职能进行整合，实现体制化，同时以开放的状态来回应系统的变化，这是一种由微观向宏观的、由内至外的机构改革思路。[1]无论是哪种改革路径，机构改革都需要关注的内容主要包括：组织所处外部环境的变动、外部环境对组织提出的要求，部门化的原则及其变动，体制化的现实表现，以及从部门化到体制化的变化过程是否真实存在。

第二，政府职能包含两项内容：宏观的政府功能与中观的政府职责。宏观的政府功能并非变动不居的，它也处在相对缓慢的变动之中，是政府职能中较为稳定的部分，需要基于政府与市场和社会的关系、政府与政党的关系、公平与效率的关系等加以确定。中观层面的政府职责是一项极为重要的内容，它关注政府内部的职责设置及实现职责的机构与各职责位次关系等内容。政

---

〔1〕　需要指出的是，这两种改革思路之间并不互斥，外部系统的影响可能直接会体现在部门化上，而体制化也可能并不会反映在部门化上，这在改革实践中并不鲜见。因此，该分析框架是一个理想的机构改革与职能转变的关系，无论改革实践遵循哪一种逻辑，或者是同时采用两种逻辑，都会在机构、职能、环境中达成一种较为良性的治理状态。

府的功能会伴随着宏观原则的变化而改变，政府与市场关系的变化、公平和效率关系的变化、政府与政党的关系变化等也都会在一定程度上影响到政府的功能，进而影响到政府内部的职责设置。宏观的政府功能与中观的政府职责之间的关系非常密切，政府的职责是政府的功能决定的，即图中所示的政府职责与政府功能之间的 A1 关系。政府负担什么样的功能，便需要配置何种的职责，任何政府的职责都是为了践行特定的功能而设计的，政府的职责要有益于政府功能的最终实现。

第三，机构改革与职能转变的关系可以作出如下假设：一是"系统化—（政府功能）—体制化—部门化—政府职能"的 A1 关系。一个开放的组织系统必须要回应"动态的、瞬息万变的和难以预料的"[1]外部系统。随着外部系统的变动，组织需要具备足够的能力来动态调整组织的目标。一旦组织的目标进行了调整，相应的组织功能也必然发生变化。于是，基于特定的目标，组织可以确定自身的功能，而为了实现组织的功能，组织需要进一步完成内部的组织变革与职能配备，这带来的结果便是政府需要对内部的机构进行变革。变革的方式便是重新设计横向的部门，并对这些部门进行整合以实现整体性治理。二是"部门化—体制化—系统化—政府职能—机构内部变革"的 B1 关系。组织在设计之初，需要首先完成部门的设置，进而在部门化的基础之上，对部门进行整合，实现体制化变革，并以开放的状态来回应系统的变化。这是一个从微观逐步走向宏观的思路，它离不开组织的设计型变革，组织内部的部门化既可以是为了实现体制化，也可能是直接为了回应外部环境的新诉求；而系统化的诉求反过来继续影响政府的功能。

需要说明的是，这是一个整合性的框架，是按照不同要素之间的可能逻辑关系进行的梳理。实际上，机构改革与职能转变过程中的各个要素可能会被梳理出不同的先后关系、并列关系，甚至是包含关系，这些关系都需要借助于党和国家机构改革的实践来进行验证。换言之，该理论框架所提供的并非是一个已经得到证明的答案，而是提供了一个观测我国机构改革与职能转变新实践的框架。这个框架的基本特点是要素较为齐全、内容较为丰富，它既参考了相关的理论研究结果，又未完全采纳现有理论的所有判断；而是在

---

[1] 陈振明：《党和国家机构改革与国家治理现代化——机构改革的演化、动因与效果》，载《行政论坛》2023 年第 5 期。

整合组织理论与职能层次论的基础上，既从静态的组织架构出发，在内容层面上综合分析了机构改革与职能转变的丰富内容，又关注到了外部系统变化对组织目标、组织功能的重新塑造，提供了一个较为全面解读机构改革与职能转变的新理论框架。

（二）分析框架的契合度与解释力

周志忍教授曾经选择了一个微观视角，讨论政府职能转变的成效与机构改革之间的因果关系，并发现：虽然职能转变成效不错，但职能转变的成效与机构改革之间的因果关系却难以确立。纵观影响政府职能转变的重大举措，往往与机构改革存在着时间上的错位。之所以出现这种结果，部分原因在于机构改革方案中有关职能转变的举措都非常笼统、抽象、原则，对实践的指导和约束力非常有限，加之机构改革的覆盖面非常有限，通过机构改革来实现政府职能的根本转变往往显得有些力不从心。[1]因此，为了更好地解释政府改革的规律性特征，本研究尝试建构了一个更为兼顾宏观层面与中观层面的分析框架，将组织视角中的机构变革与职能转变的不同层次进行整合，并从组织内部与组织外部着手，尝试分析组织如何通过机构变革与职能转变来回应外部系统的变化。

第一，该分析框架提供了一个更为全面的视角。就政府改革而言，如果过于强调职能转变的核心地位，忽略掉机构改革与职能转变之间的真实关系，则很难准确把握中国政府改革的基本规律。机构改革与职能转变都是党和国家机构改革中最为重要的内容，脱离了任何一方去谈另一方都无甚意义。然而，现有的研究看似是在分析两者的关系，实质上往往是在通过说明一方的重要性来反证另一方的重要意义。比如说，在研究职能转变之时，既有研究往往会优先说明"职能转变是机构改革的核心"，抑或"职能转变是机构改革的最终目的"，来说明职能转变非常重要，而不是切实去论证两者之间的这种"以之为核心的关系"或者目的—手段意义的真实意涵。[2]这便需要重新审视机构改革与职能转变之间的关系，同时避免陷入重复论证的窠臼。从组织视角并结合职能层次论，可以从组织内部与组织外部、中观到宏观的不同层

---

〔1〕　周志忍：《机构改革的回顾与展望》，载《公共管理与政策评论》2018年第5期。

〔2〕　石亚军：《当前推进政府职能根本转变亟需解决的若干深层问题》，载《中国行政管理》2015年第6期。

面来全面审视机构改革、职能转变以及两者之间的关系。

第二，组织视角可以提供理解组织这一主体的多元层次。党和国家机构便是组织维度中的主体，对这一主体的理解包含两个层次：一是着眼于政府，二是从党和国家机构入手。就政府而言，我们需要立足于政府本身，来观察"党""军""群"等组织如何与政府的组织实现联动，而这些组织又是如何影响到政府职能与政府机构。二是从党和国家机构入手，将国家治理体系视为外部的系统，以分析党和国家机构如何完成了内部组织的重构以及职能的重新配置，以此来回应外部系统对机构改革与职能转变提出的新要求。虽然第一层次并非本课题的重点，但是可以一定程度上与此前的行政体制改革的经验与研究进行对话，从而在同一个主体概念中进行纵向的历史梳理。

第三，将整体性治理与系统论相结合，能够关注到组织外部要素的影响。一方面，该理论框架将整体性政府的理论扩展至整体性治理，不仅关注到了政府内部的组织重构与职能整合，而且关注到了党和国家机构之间系统性的跨组织整合。另一方面，系统理论的引入，可以提供解读组织所处环境的外部视角。通过分析外部环境为组织提供了何种资源、激励或者约束，以及外部环境对组织行为的影响，可以帮助我们以更为宏观的视角，探究党和国家机构改革在政治系统内乃至社会中发挥的作用，并且将机构改革与职能转变置于"服务于国家重大发展战略"的分析框架之中，这恰恰是系统性理论提出的基本要求。除此之外，系统理论还关注组织这一系统与其他组织系统之间的关系，以及组织系统内部之间的关系，这为党和国家机构的改革提供了中观研究的视角。深入组织内容、探讨不同形式的组织变革与职能转变的对应关系，既兼顾了机构改革与职能转变关系的全面性，又从部分解构了机构与职能以深入分析两者内部之间的关系。

◆ 第二章 ◆

职能导向的部门化：中国政府改革的阶段性特征

自改革开放至十九大之前，我国政府（行政管理体制）改革走过了 40 个年头。总体上看，经过 7 次机构改革，我国政府的机构设置与职能配置都得到了一定程度的优化。政府改革的思路也逐步明朗化，改革更具主动性，政府会根据外部经济、社会、国际环境主动、适时调整不同阶段的改革目标。整体而言，我国政府改革经历的是一个制度优化、制度调适与制度发展的过程。[1]所谓制度优化，指的是在不变革根本制度的前提下，对制度实施主体和实施过程进行理性优化，通过机构改革、人员调整等方式，提高制度的运行效率和效果，这是我国 1993 年之前改革的基本特点。

制度调适与制度优化不同，它不是在现有制度框架下考虑如何让制度执行得更高效，而是要改变现有制度框架中不适应经济社会发展的内容。政府试图变革的已经是制度本身，而制度变革必然会带来机构与职能的大范围调整。实践中，市场经济体制的确立过程，便是对我国基于计划经济建立起来的制度体系的调适。1992 年之后，我国政府依据市场经济体制建立的要求，着力转变政府职能，机构改革也同步进行。其间，政府既要组建新的宏观调控部门、强化宏观管理职能，又要大规模取消之前负责微观业务管理的经济部门，组织的撤销组建同时发生，这个阶段发生在 20 世纪 90 年代。

到了 21 世纪，我国开始进入制度发展阶段，通过对现有的、围绕着市场经济体系建立的一套制度进行发展，强化政府的社会管理职能和公共服务职

---

〔1〕 高小平、陈宝胜：《改革开放以来政府机构改革的理性历程——基于政府机构改革阶段性特征的研究》，载《学海》2018 年第 3 期。

能，解决市场经济发展中出现的环境污染、贫富差距、分配不均等一系列社会问题。制度通过自我发展，解决社会问题，提高制度的自洽性和运行效果。为了更好地理解中国政府改革的基本逻辑，总结中国政府改革的基本经验，指出中国政府改革的基本问题[1]，本书归纳了我国改革开放之后 7 轮政府改革的基本特征，可以为我国进一步优化政府改革指明一定的方向。

一、1982 年机构改革：精简机构与人员

政府机构改革都是在特定的背景下推进的。1982 年政府机构改革相关的背景包含：一方面，1978 年底我国揭开了改革开放和现代化建设的序幕，与之相匹配，行政管理体制也进入以改革为基本特征的发展时期；[2]另一方面，1981 年年底国务院机构数量达到新中国成立以来的最高峰，国务院的部、委、直属机构高达 100 个，[3]尽管这与恢复和重建文革时期受到损害的行政体系、适应改革开放的建设有关[4]，但如此庞大的行政组织体系，已经严重影响了政府的行政效率。在此背景下，1982 年 1 月 13 日，邓小平发表《精简机构是一场革命》重要讲话。[5]根据邓小平的讲话精神，中央确定了对国务院机构改革的原则性意见，比如："机构设置要从适应社会主义现代化建设新时期的特点和工作需要出发，……重叠的机构一律撤销，业务相近的一律合并。……条件已具备独立进行经济活动的则改为经济实体，不再作为政府工作部门"[6]。

本次机构改革的突出特点为精简机构与人员。改革的主要内容为[7]：一是改革领导体制。设立国务委员，副总理的人数由 13 人减为 2 人，以此解决副职过多的问题。二是裁并工作部门。为了适应工作重心向经济建设转移的情

〔1〕 李文钊、毛寿龙：《中国政府改革：基本逻辑与发展趋势》，载《管理世界》2010 年第 8 期。

〔2〕 王军主编：《中国行政管理概论》，中国城市出版社 2003 年版，第 95 页。

〔3〕 高小平、孙彦军：《服务·责任·法治·廉洁：服务型政府建设的目标、规律、机制和评价标准》，载《新视野》2009 年第 4 期。

〔4〕 中国行政管理学会编：《新中国行政管理简史（1949-2000）》，人民出版社 2002 年版，第 393 页。

〔5〕 讲话中指出，精简机构是对体制的革命。目前党和国家的组织机构臃肿重叠、职责不清，许多人员不称职、不负责，工作效率不高，如不改革是得不到人民赞同。

〔6〕 中国行政管理学会编：《新中国行政管理简史（1949-2000）》，人民出版社 2002 年版，第 393 页。

〔7〕 需要说明的是，为了凸显主题，本报告只梳理与本课题相关的机构改革与职能转变中的改革内容。实际上，改革的内容要远远多于本报告呈现的内容。

况，对国务院组成部门进行大量裁撤与合并，以克服官僚主义、提高办事效率。[1]经过改革，国务院工作组织机构由 99 个被裁并为 59 个（见图 2-1），其中部委由 52 个被裁并为 42 个、直属机构由 42 个被裁并为 15 个、办事机构由 5 个被裁并为 2 个。三是精干领导班子。改革前，部委领导班子规模庞大，甚至出现了一个部的副部长就高达 26 个的情况；改革后，部委的正副职配备为 3~5 人，司局级的正副职配备为 2~3 人，大幅缩减了领导班子规模。四是紧缩编制。除却精简班子成员，其他的编制内成员也被大幅削减。"经统计，国务院各组成部门共核减 1/4，总计核减 1.27 万人。核减后的人员，只定编不定人"。[2]

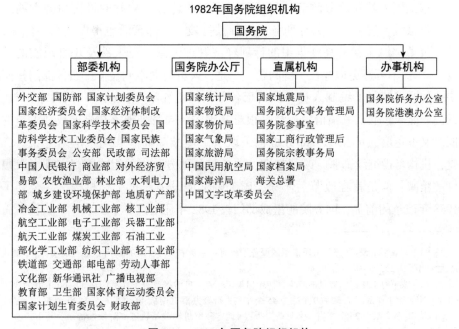

图 2-1　1982 年国务院组织机构

---

　　[1]　改革中，国务院将农业机械工业部、国家仪器仪表工业总局、第一机械工业部、国家机械设备成套总局合并，设立机械工业部；将国家经委、国家农委、国家能源委、国务院财贸小组、国家建委、国家机械委和国家标准总局、国家医药总局、国家计量总局、国家建筑材料工业总局和专利局合并，设立国家经济委员会。参见中国行政管理学会编：《新中国行政管理简史（1949-2000）》，人民出版社 2002 年版，第 394 页。

　　[2]　中国行政管理学会编：《新中国行政管理简史（1949-2000）》，人民出版社 2002 年版，第 395 页。

同期，地方政府也进行了机构改革：一是配备领导班子。按照精干原则，地方政府对省级、厅级、局级等各级别的领导职数"作出具体的限定，严禁超编。个别地区确因工作需要，可酌情增加 1~2 人"〔1〕。二是精简机构。减少省、自治区政府，市政府，行署办事机构，县政府的工作部门的数量，较少的幅度从 25% 到 50% 不等。〔2〕三是紧缩人员编制。地方政府根据本地区情况紧缩人员编制，中央政府设定编制数量的大致区间，地方政府则按照一定的比例进行缩减。〔3〕四是地、市合并，实行市领导县体制，破除长期以来城乡二元管理体制带来的城乡分割的问题，发挥经济比较发达的城市对周围农村的带动作用。〔4〕

　　这次国务院和地方政府较好地完成了改革任务，臃肿的机构和庞大的组织人员被大幅度精简、领导职务终身制被打破、干部素质也得以提高。然而，这次改革"既未触动高度集中的计划经济管理体制，也未涉及政府职能的转变"〔5〕，不可避免地存在一些问题：一是，人员精简不到位。虽然各部门按照中央的要求精简了编制人员，但由于各部门的工作事项未减少、权力未下放、部门职能未转变，大幅精简人员是很难实现的。同时，国家在要求裁减人员的同时又下达增人的指令，部分机构采取了"虚减"而"实增"应对之策。二是，机构增设继续膨胀。改革初期，国务院和地方政府的组成部门实现了大幅度的精减；但是就在改革后不久，国务院又增设了一批工作机构，甚至到了 1988 年改革的前夕，国务院的组成部门较 1982 年还增设了十多个。〔6〕机构精简

　　〔1〕 石亚军主编：《建设人民满意的服务型政府——新中国行政改革 70 年沉思与展望》，中国政法大学出版社 2022 年版，第 36 页。

　　〔2〕 改革对工作部门数量的减少直接作出规定，省、自治区政府工作部门从 50~60 个减为 30~40 个；市政府工作部门从 50~60 个减为 45 个左右；行署办事机构从 40 个左右减为 30 个左右；县政府部门从 40 多个减为 25 个左右。参见蓝煜昕：《地方政府机构改革轨迹、阶段性特征及其下一步》，载《改革》2013 年第 9 期。

　　〔3〕 地方政府的编制一般为 3000~5000 人，人口特多、经济文化事业发达的省可以多于 5000 人，反之少于 3000 人。改革后，省（自治区、直辖市）党政机关工作人员由 18 万人减至 12 余万人，精减了 30%；地（市）、县机关工作人员则精简了 20%。

　　〔4〕 王英津：《市管县体制的利弊分析及改革思路》，载《理论学刊》2005 年第 2 期。

　　〔5〕 颜德如、李过：《改革开放以来机构改革的经验塑造、逻辑演进及其展望》，载《理论探讨》2021 年第 3 期。

　　〔6〕 据统计，1987 年国务院工作部门已达到 72 个，其中部委 45 个，直属机构 22 个，办事机构 4 个和国务院办公厅，而且，还在各部门内还增设了若干司局和处室。参见中国行政管理学会编：《新中国行政管理简史（1949-2000）》，人民出版社 2002 年版，第 396~397 页。

并未形成长效的、制度化的成果，此后每一次机构改革之后都伴随着一次机构膨胀的反弹，[1]这不仅是此次机构改革的难点，也贯穿了我国机构改革的始终。

1982 年机构改革本质上属于"外延式改革"，它着眼于机构的数量变化，更多在"撤销、合并、调整、增加或恢复一些机构和人员编制上做文章"[2]，并未触及到包括行政权力的边界、行政权力的纵向结构与横向结构等在内的行政权力的配置问题。这种改革方式无法解决行政机构存在的积弊，改革之风一过，问题就会卷土重来，甚至会愈演愈烈。实际上，在不涉及职能转变的前提下，政府机构即便被裁撤，也会因履行职能的需要而恢复重设。现实中行政机构之所以臃肿庞大，与政府职能定位不准、不到位有着密切关系。在这种情况下，转变改革思路，从政府职能转变入手，推进"内涵式改革"，成为有力破解机构改革难题的新思路。

二、1988 年机构改革：首次以职能转变为中心

1988 年的政府机构改革产生于特定的经济和政治背景之下。1984 年 10 月，党的十二届三中全会首次提出社会主义经济是公有制基础上的有计划的商品经济的论断，[3]"商品经济"第一次被写进党的决议，这为 1988 年的政府机构改革提供了宏观的经济背景。甚至在某种程度上可以说，行政管理体制改革的直接动力源于与市场经济体制的矛盾和不适应。[4]自此，我国开启了长达四十余年的政府改革，来解决其与市场经济体制不相适应的机构与职能。1987 年，党的十三大系统提出了政治体制改革的蓝图。[5]其中，"进一步下放权力"和"改革政府工作机构"，加之十三大报告中提出的"这次机构改革必须抓住转变职能这个关键"，下放权力、改革机构、以转变职能为中心共同构成了 1988 年的政府机构改革的政治背景。

---

〔1〕 毛寿龙：《中国政府改革的过去与未来》，载《江苏行政学院学报》2009 年第 2 期。

〔2〕 沈亚平主编：《转型社会中的系统变革：中国行政发展 30 年》，天津人民出版社 2008 年版，第 134 页。

〔3〕 新华社：《中共中央关于经济体制改革的决定》，载中央政府门户网站，https://www.gov.cn/test/2008-06/26/content_ 1028140. htm，最后访问时间：2024 年 3 月 1 日。

〔4〕 青锋：《行政管理体制改革新思维》，法律出版社 2008 年版，第 78~80 页。

〔5〕 政治体制改革蓝图的七个方面为：一是实行党政分开；二是进一步下放权力；三是改革政府工作机构；四是改革干部人事制度；五是建立社会协商对话制度；六是完善社会主义民主政治的若干制度；七是加强社会主义法制建设。

实际上，在此次机构改革前，经过 1982 年国务院机构改革被缩减的国务院部门，在数量上已重新反超 1982 年改革前的情况。"以转变职能为关键"的提出，旨在有效解决政府组织庞大、官僚主义、人浮于事、工作效率低下等问题。政府职能是政府行政管理职责与功能作用的统一，它涉及的是"政府应该管什么""管到什么程度""怎样去管"等基本问题。〔1〕政府职能是政府机构设置及权力配置的基础，〔2〕没有科学、合理的职能，政府机构就不可能有科学合理的结构、功能、制度、人员队伍、工作任务和发展目标。其时，我国政府的职能体系是参照苏联高度集中的计划经济体制建立起来的，这种职能体系的典型特征在于"政治统治职能太强、社会管理职能太弱，微观管理的功能太强、宏观管理功能太弱。而且，政企政事不分，管了许多不该管、管不好也管不了的事。此外，职能分解过细，交叉重复严重，以至于部门之间的推诿扯皮问题时常产生"〔3〕。基于此，围绕着转变职能这一中心，政府机构改革理应遵循如下原则：一是未承担政府职能的机构改撤、职能交叉者进行合并、职能不清者予以调整；二是承担重要职能的机构则须增设、扩大或加强。

基于此，本次机构改革以转变政府职能为关键，旨在逐步建立具有中国特色的功能齐全、结构合理、运转协调、灵活高效的行政管理体系〔4〕。其典型做法如下：第一，进行政府职能重组。基本做法是围绕着政府职能这一关键，对部门的业务进行梳理，并在此基础上合并业务相同或相近的部门；对于不涉及机构调整的部门，也要按照改革的要求推动部门的职能转变。〔5〕第二，着重改革经济管理部门。〔6〕变革以往不适应商品经济的政府管理体制，

〔1〕 金太军主编：《政府职能梳理与重构》，广东人民出版社 2002 年版，第 5 页。

〔2〕 王湘军：《大部门内部机构设置和权力结构研究》，载《中共中央党校学报》2014 年第 3 期。

〔3〕 颜廷锐等著：《中国行政体制改革问题报告》，中国发展出版社 2004 年版，第 75 页。

〔4〕 宋平：《关于国务院机构改革方案的说明——1988 年 3 月 28 日在第七届全国人民代表大会第一次会议上》，载中国改革信息库，http://www.reformdata.org/1988/0328/14445.shtml，最后访问时间：2024 年 3 月 1 日。

〔5〕 具体做法包括：把业务相同或相近的部门予以撤并，其业务由一个部门承担；综合部门一般不设对口专业机构，行业管理工作由主管部门承担。对于新组建的部门，要搞好定职能、定机构、定人员的工作；对于撤销的部门，要采取妥善的过渡措施，保证其工作的连续性；对于政法、文教、社会事务等部门，不做大的变动，但都要按改革的要求，转变职能、下放权力、调整内部结构、精简富余人员。参见中国行政管理学会编：《新中国行政管理简史（1949-2000）》，人民出版社 2002 年版，第 401 页。

〔6〕 黄小勇：《机构改革的历程及其内在逻辑》，载《行政管理改革》2018 年第 5 期。

以更好地适应经济体制改革和发展社会主义商品经济的需要。一方面，按照"政企分开"的要求，合并裁减专业管理部门和综合管理内部的专业机构，使政府对企业由直接管理为主转变到间接管理为主；另一方面，组建适应商品经济发展需要的经济管理部门。例如，将原本属于国家经济委员会的"质量管理职能"并入新组建的国家技术监督局，整体负责商品经济发展中的质量管理、计量管理等工作，强化市场监督工作。[1]第三，首次通过"三定"的方式进行政府机构改革。"三定"是定职能、定机构、定编制的统称，是对各单位各部门职能配备、内设机构、人员编制、领导职数的具体规定。其实施既是政府机构改革制度化、规范化的体现，更将以"转变政府职能"推动"政府机构改革"落到了实处。经改革，国务院机构总数减为68个，直属机构和非常设机构、部委内司局、编制人员都出现了不同程度的缩减，见图2-2。[2]

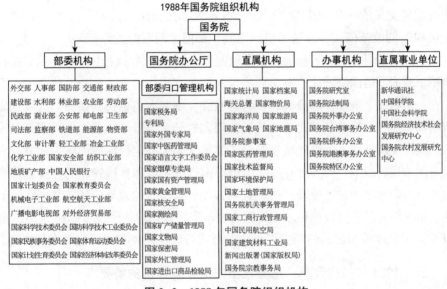

图2-2 1988年国务院组织机构

---

〔1〕 中国行政管理学会编：《新中国行政管理简史（1949-2000）》，人民出版社2002年版，第402页。

〔2〕 改革后，国务院部委由原有的45个减为41个，直属机构从22个减为19个，非常设机构从75个减到44个，部委内司局机构减少20%。在编制人员裁减方面，国务院66个部、委、局中，32个国务院部门共减少1.5万多人，30个部门共增加5300人，增减相抵，改革后的国务院人员编制比原来减少了9700多人。参见《全国两会文件学习问答·2008》编写组编著：《全国两会文件学习问答·2008》，人民出版社2008年版，第222页。

此次机构改革与 1982 年改革相比，具有一些显著的区别。一是，第一次提出机构改革与转变政府职能相结合的改革思路。转变政府职能既是机构改革的目标，又为机构改革提供了具体路径。在机构改革中，明确政府哪些职能应保留、哪些职能应取消、哪些职能应加强、哪些职能应弱化，将政府的直接管理转变为间接管理、微观管理转变为宏观管理、以行政手段为主转变为以经济手段和法律手段为主，使政府真正做到只管该管的事情，而放弃那些不该管、管不了也管不好的事情，围绕于此，调整政府机构的设置情况。二是，推行"三定"方案。区别于以往的机构改革，本次改革第一次以制度的形式明确国务院组成部门的职能、机构、编制，厘定了职能归属，调整了部门内设机构，精简了部门人员的编制。三是，通过职能分析，组建"大部"。本次机构改革从矛盾最突出的综合部门和专业经济管理机构着手，合并了两个最大的综合部门——国家计划委员会和国家经济委员会，改变了二者职责重复交叉的问题。基于"职能"组建大部的方法，改变了过去"就机构论机构"的改革模式，厘清了机构之间、部门之间职能边界。[1]

职能转变是实现政府职能体系合理配置的根本途径。通过 1988 年政府机构改革，政府职能围绕着社会主义商品经济的确立得以转变，政企、政事的关系也在一定程度上理顺；部分政府机构被裁并，编制人员也得到精简。与以往历次精简整编和机构改革相比，这是一次很大的转变与进步。然而，改革开始不久，我国经济就转入了治理整顿时期，改革受到了一定程度的影响；地方政府没有同步进行改革，国务院有些部门仍沿用行政命令和直接管理的方式施以管理，政府职能转变进展缓慢。[2]因此可以说，这次机构改革的任务并未得到彻底实施，但是其主要设想在之后的机构改革实践中却得到了逐步的实施。[3]可以说，本次改革为之后的国务院机构改革或行政体制改革指明了基本的方向。

三、1993 年机构改革：适应社会主义市场经济的需要

由于职能转变的不彻底性，政府原有职能在被保留的同时，一些新的职

---

〔1〕 沈亚平主编：《转型社会中的系统变革：中国行政发展 30 年》，天津人民出版社 2008 年版，第 137~138 页。

〔2〕 辛传海主编：《中国行政体制改革概论》，中国商务出版社 2006 年版，第 40 页。

〔3〕 沈亚平主编：《转型社会中的系统变革：中国行政发展 30 年》，天津人民出版社 2008 年版，第 138 页。

能又被增加，政府职能出现"转轨性膨胀"。在 1993 年机构改革前，国务院机构数量（含部委归口管理机构）高达 86 个。在地方，因为我国不同层级政府在纵向间的职责同构，[1]地方政府组成部门与中央基本保持一致，数量亦是高居不下。[2]如此庞大的组织体系难免存在部门职责交叉、关系混乱、工作效率低下等问题，这为本轮机构改革提供了动因。此外，经济领域的发展状况也是国家机构改革的重要原因。如果说过去的经济体制改革一直是"摸着石头过河"，那么 1992 年终于"摸"到了这块"石头"。1992 年 10 月，党的十四大确立了建设社会主义市场经济体制的改革目标。[3]是时，政府对社会经济的管理还未摆脱高度集中的计划经济方式，将行政管理模式套用到对经济领域的管理，把对国有经济的管理等同于对市场经济的管理，妨碍了社会主义市场经济的建立，[4]这为 1993 年的行政管理体制改革提供了经济背景。与此同时，由于经济转型带来的社会变革的多元性，行政管理体制改革亦不能忽略对社会的积极回应，社会领域的政府职能也需要进行转变。[5]

1993 年 3 月，第八届全国人大第一次会议通过了《国务院机构改革方案》，指出改革的核心任务是建立起有中国特色的、适应社会主义市场经济体制的行政管理体制。[6]本次改革是第一次适应市场经济、面向市场经济的政府机构改革，对综合经济部门、专业经济部门、社会管理部门、直属机构、办事机构和非常设机构提出了不同的改革要求。[7]一是改革综合经济部门。

---

〔1〕 朱光磊、张志红：《"职责同构"批判》，载《北京大学学报（哲学社会科学版）》2005 年第 1 期。

〔2〕 有学者统计，当时省级政府机构约有 70 多个、市级政府部门约有 65 个、县级政府部门约有 45 个。参见刘祺、许耀桐：《改革开放以来政府机构改革的历程和启示》，载《海南大学学报（人文社会科学版）》2017 年第 5 期。

〔3〕 参见江泽民：《加快改革开放和现代化建设步伐 夺取有中国特色社会主义事业的更大胜利——江泽民在中国共产党第十四次全国代表大会上的报告（1992 年 10 月 12 日）》，载中央政府门户网站，https://www.gov.cn/test/2008-07/04/content_ 1035850. htm，最后访问时间：2024 年 3 月 1 日。

〔4〕 乌杰主编：《中国政府与机构改革》，国家行政学院出版社 1998 年版，第 407 页。

〔5〕 刘晓峰：《我国行政改革的回顾与展望》，载《甘肃理论学刊》2007 年第 4 期。

〔6〕 罗干：《关于国务院机构改革方案的说明——1993 年 3 月 16 日在第八届全国人民代表大会第一次会议上》，载中国改革信息库，http://www.reformdata.org/1993/0316/10970.shtml，最后访问时间：2024 年 3 月 1 日。

〔7〕 罗干：《关于国务院机构改革方案的说明——1993 年 3 月 16 日在第八届全国人民代表大会第一次会议上》，载中国改革信息库，http://www.reformdata.org/1993/0316/10970.shtml，最后访问时间：2024 年 3 月 1 日。

保留国家计划委员会、财政部、中国人民银行等现有的综合经济部门，组建国家经济贸易委员会。二是改革专业经济部门。依据专业经济部门的管理事项，将其分为三类：不负担政府职能的部门，直接改为经济实体；负担部分行业的协调、规范、调节等职能的，改为行业总会，保留行业管理职能；还有一部分专业经济部门直接保留或组建为新的行政部门，主要负责对行业进行规划、协调、服务和监督。[1]经过改革，国务院原有的18个专业经济部门撤销7个，新组建5个。三是改革国务院直属机构、办事机构。将直属机构、办事机构以"并入部委成为国家局""并入部委成为职能局""保留"三种形式对其进行改革。但无论是哪种形式，都要严格按照中央的要求进行大幅度的精简。四是重点清理非常设机构。将非常设机构改为国务院议事协调机构和临时机构，改革后，国务院非常设机构由85个减为26个。经过本轮改革，国务院组成部门、直属机构、办事机构等的设置情况见图2-3，机构成员精简达到20%。[2]

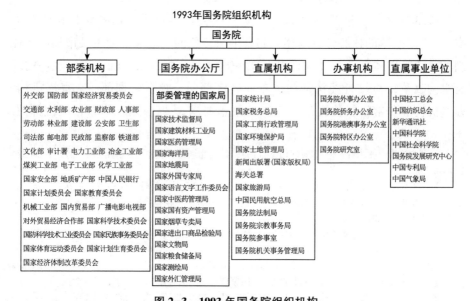

图 2-3　1993 年国务院组织机构

---

〔1〕　汪玉凯等：《中国行政体制改革 30 年回顾与展望》，人民出版社 2008 年版，第 50 页。

〔2〕　具体而言，改革后国务院设置 41 个组成部门（含办公厅）、18 个直属机构和办事机构，共设置 59 个机构，比改革前减少 27 个。参见乌杰主编：《中国政府与机构改革》，国家行政学院出版社 1998 年版，第 1113 页。

　　本轮机构改革的重点是要按照建立社会主义市场经济体制的要求，转变政府职能、调整政府的职能定位，加强宏观调控职能、减少对政府对微观事务的直接管理。[1]围绕政府职能转变这一重点，我国采取了渐进稳妥的改革措施，"以尽量小的代价和震动来拆除计划经济体制下形成的政府机构框架，同时逐步培育适应市场经济体制机构的新萌芽。"[2]本轮改革呈现出以下特点：第一，首次从行政管理体制改革的高度推进机构改革。党的十四大报告首次提出"进行行政管理体制和机构改革"，这就意味着这一阶段的改革将由"改革旧机构"转向"建立新体制"。[3]因此，在这一新阶段，转变政府职能的内涵要求政府从整体上实现体制创新，要从改革政府的管理模式、管理职能、管理机构、管理方法、运行机制和人员素质等方面全面着力。[4]实际上，如果改革不触动行政管理体制，而是"就机构减机构""就编制减编制"，将很难维持政府机构改革的效果。第二，明确提出转变政府的经济管理职能的根本途径是政企分开。政府管理经济的职能，主要是依靠政府制定和执行宏观政策、培育市场体系、监督国有资产的使用、运用经济手段和法律手段管理国民经济等方式实现，而不应该直接干预企业的生产经营活动。为了实现政企分开，政府在转变经济管理职能之时应做到：一方面，政府与国有企业要把所有权和经营权分开，落实企业的经营自主权；中央政府各部门和地方政府不得截留属于国有企业的权力，使国有企业真正可以做到自主经营、自负盈亏。另一方面，大力培育和发展市场，坚决打破政府对市场的束缚，建立市场规范，保护公平竞争。第三，理顺关系。理顺关系既要理顺政府部门与部门之间的关系，减少职责交叉；也要理顺中央和地方的关系，通过"必要的集中"与"适当的分散"发挥中央、地方两个积极性；还要理顺垂直管理、双重领导部门与地方各级政府之间的关系，能下放的尽量下放，对于不能下放的权力也要加强党委、上级政府的监督。第四，"三定"方案的运用趋向科学化。1993年的机构改革仍通过"三定"方案推动，通过细致分解各部门的职能，明确哪些职能是可以取消和转交给企事业单位承担的、哪些职能

---

　　〔1〕　汪玉凯等：《中国行政体制改革30年回顾与展望》，人民出版社2008年版，第49~50页。

　　〔2〕　左然、左源：《40年来我国机构改革的经验和启示》，载《中国行政管理》2018年第9期。

　　〔3〕　李文彬：《我国行政管理体制改革的理论进展与路径选择——一个综述》，载《经济与管理评论》2015年第3期。

　　〔4〕　乌杰主编：《中国政府与机构改革》，国家行政学院出版社1998年版，第424~425页。

是应该属于政府本职工作并需要强化的，从而合理配置政府的职能。[1]

依照"先中央后地方"的原则，此次改革计划用 3 年时间完成省和省以下的机构改革。[2]与中央政府的改革基本一致，地方政府改革的内容也包括了弱化微观管理职能、理顺关系、精简机构和人员、核定编制等。[3]整体而言，本轮机构改革是对 1988 年机构改革的延续，是第一次适应市场经济、面向市场经济的政府机构改革。[4]根据政企分开原则，政府职能转变取得了重要进展，机构改革服务于职能转变的特征得到了重要体现。但由于市场经济的蓝图并未成型，改革思路并未摆脱计划经济的束缚，以致于改革仍然围绕"行政性分权"的思路进行，并未打破计划经济体制下机构臃肿、条块分割、部门利益冲突的格局。[5]如何进一步推进职能转变，建立适应市场经济的政府管理体制仍然是我国政府改革的方向。

四、1998 年机构改革：对政企不分的组织进行彻底改革

党的十四大以来，社会主义市场经济快速发展，"一方面，市场经济需要一套具有专门职能的国家机构来提供必要的公共产品；另一方面，市场经济要求企业、事业单位作为经济活动的主体按照市场经济原则参与市场经济运转。"[6]然而与之相配套的行政管理体制和政治体制还停留在与计划经济相适应的阶段，与社会主义市场经济建设的要求相差甚远。1998 年的机构改革，是在世纪之交党和政府审时度势作出的一项重大抉择。[7]本轮改革政府面临的外部情势包括：其一，政府机构庞大，常设机构及内设机构过多，各级财

---

〔1〕 沈亚平主编：《转型社会中的系统变革：中国行政发展 30 年》，天津人民出版社 2008 年版，第 139~140 页。

〔2〕 王军主编：《中国行政管理概论》，中国城市出版社 2003 年版，第 97 页。

〔3〕 有学者统计，此次地方政府改革后，全国省、自治区机关人员编制总数精简 20%，直辖市机关人员编制总数精简 15%。参见夏海：《政府的自我革命——中国政府机构改革研究》，中国法制出版社 2004 年版，第 42 页。

〔4〕 中国行政管理学会编：《新中国行政管理简史（1949-2000）》，人民出版社 2002 年版，第 495 页。

〔5〕 辛传海主编：《中国行政体制改革概论》，中国商务出版社 2006 年版，第 40 页。

〔6〕 李强：《从现代国家构建的视角看行政管理体制改革》，载《中共中央党校学报》2008 年第 3 期。

〔7〕 张国庆：《1998 年中国政府机构改革的若干理论问题——大背景、新特点、主要难点、前提条件》，载《中国行政管理》1998 年第 12 期。

政不堪重负。在这一时期，我国的"行政经费占国家财政总支出的9%，加上各类事业单位经费的支出，已经占到37%"。[1]其二，部门之间、上下级政府之间的关系不顺。例如，在外资管理上，国家计划委员会和对外贸易经济合作部、财政部、中国人民银行各管一段；在市场管理上，国家计划委员会、国家经济贸易委员会、国内贸易部都设有"市场司"，对内贸易与对外贸易常常"同室操戈"。其三，政企不分。虽然1993年的政府机构改革已经着力推动政企分开，但囿于计划经济体制的影响，很多"翻牌公司"出现，政企分开仍没有落实到位。这就导致政府对国有企业生产经营介入过多，继续沿用以往过度运用行政手段的方式来管理经济和社会。其四，国有企业生产和经营陷入困境。[2]国有企业的亏损数额巨大，有统计资料显示，仅就"第八个五年计划"期间，国家财政支付的企业亏损就高达2060亿元。[3]相当一部分国有企业丧失了发展活力，甚至丧失了基本的生存能力。其五，国际市场发展和科技竞争对我国政府效能提出更高的要求。伴随着全球市场的建立，我国的政府效能与企业发展都面临着激烈的竞争，政府需要不断提高效能以培育更为壮大的企业，提高国际竞争力。1996年，"我国政府干预经济的竞争力在世界上排名第24位"[4]，这与其他发达国家还有不小的差距。其六，改革的条件日渐成熟。改革开放进行了20年，政府机构改革也就进行了20年。尽管政府机构依然未走出"简胀""分合""收放"的循环，但是经过市场经济的探索，党和政府以及民众已经看到旧的计划经济体制正逐步被新的社会主义市场经济体制替代，而这恰恰需要政府通过机构改革与职能转变予以回应。

1998年3月，第九届全国人大第一次会议审议通过《国务院机构改革方案》。[5]次年1月，中共中央、国务院印发《关于地方政府机构改革的意见》用以指导地方政府机构改革。具体而言，此次机构改革要达到的目标是"建

---

〔1〕　乌杰主编：《中国政府与机构改革》，国家行政学院出版社1998年版，第812页。

〔2〕　《关于国务院机构改革方案的说明》，载《人民日报》1998年3月7日，第1版。

〔3〕　张国庆：《1998年中国政府机构改革的若干理论问题——大背景、新特点、主要难点、前提条件》，载《中国行政管理》1998年第12期。

〔4〕　乌杰主编：《中国政府与机构改革》，国家行政学院出版社1998年版，第813页。

〔5〕　本刊编辑部：《改革以来我国历次政府机构改革回顾》，载《重庆行政（公共论坛）》2013年第1期。

立办事高效、运转协调、行为规范的政府行政管理体系，……逐步建立适应社会主义市场经济体制的有中国特色的政府行政管理体制"[1]。实际上，本轮改革具有"过渡"性质，其直接目的仅是为了解决当前经济社会发展中的突出矛盾。[2]正如机构改革方案中提出的"既积极又稳妥"的方针，"积极"指主动迈向市场经济体制，"稳妥"指给予改革一定的缓冲期以克服惯性。这样的制度设计是理性抉择的结果，它既考虑到了社会主义市场经济转型的需要，同时也考虑到了社会的承受能力。在"过渡"性质下，政府职能是一个"冲突与融合的统一体"，既包含部分计划经济体制下的政府职能，还包含部分市场经济体制下的政府职能。改革中需要综合考虑政府职能体系的复杂性，积极稳妥地推进政府职能的有效转变。

在此轮改革中，国务院机构改革具有以下特点：第一，明确规定政府职能转变的方向，即要把政府职能转变到宏观调控、社会管理、公共服务三个方面上来。[3]尽管之前的改革也提出过政府职能转变，但是从未聚焦在具体方向上。从这个意义上，此次机构改革在政府职能转变方面实现了重要突破。第二，专业经济管理部门裁并幅度大。专业经济管理部门是优化政企关系的交汇点，为了实行政企分开，切实转变政府职能，政府不再直接管理企业。为了把企业推向市场，这次改革撤销了包括化学工业部、煤炭工业部、机械工业部等在内的众多机构，将政府从直接管理中脱离出来。[4]第三，国务院组成部门精简幅度大。组成部门调整的基本原则是"加强宏观经济调控部门，减少专业经济部门，适当调整社会服务部门，加强执法监管部门"[5]。第四，国务院编制精简幅度大。此次改革按照精简、统一、效能的原则，实行精兵简政。国务院部门"三定"方案显示，1998 年国家部委的行政编制平均精简

〔1〕 参见中央政府门户网站：《1998 年国务院机构改革》，载中央政府门户网站，https://www. gov. cn/test/2009-01/16/content_ 1207000. htm，最后访问时间：2024 年 3 月 2 日。
〔2〕《关于国务院机构改革方案的说明》，载《人民日报》1998 年 3 月 7 日，第 1 版。
〔3〕 顾丽梅、刘文富：《论市场经济中政府行为的缺陷与对策》，载《学术探索》1999 年第 5 期。
〔4〕 张国庆：《1998 年中国政府机构改革的若干理论问题——大背景、新特点、主要难点、前提条件》，载《中国行政管理》1998 年第 12 期。
〔5〕 汪玉凯等：《中国行政体制改革 30 年回顾与展望》，人民出版社 2008 年版，第 52~53 页。

47.5%，[1]这一比例在国务院历次改革中也是减幅最高的。[2]经过此次改革，国务院组成部门由 40 个减少至 29 个（见图 2-4）。统计发现，1982 年改革国务院组成部门减少了 19%，1988 年改革国务院组成部门减少了 9%，1993 年改革国务院组成部门减少 2%，而 1998 年改革国务院组成部门减少 28%。由此可见，这次改革的精简幅度是 1982 年以来部门减幅比例最高的一次。

图 2-4　1998 年国务院组织机构

　　国务院机构改革后，各级地方政府的机构改革也相继推进，旨在呼应中央的要求，破除部门、地区、行业之间的分割和封锁，建立适应社会主义市场经济发展的政府管理体制。中央对地方政府机构改革的要求并未采取"一刀切"的方式，而是主张各级地方政府结合地域特点、经济与社会发展水平、人力资源状况采取因地制宜的改革策略。[3]需要指出的是，中央对县、乡两

　　[1]　连怡：《1998 年国务院机构改革的情况》，载中国机构编制网，https://www.scopsr.gov.cn/zlzx/jgyg/201811/t20181120_326527.html，最后访问时间：2024 年 3 月 2 日。

　　[2]　张国庆：《1998 年中国政府机构改革的若干理论问题——大背景、新特点、主要难点、前提条件》，载《中国行政管理》1998 年第 12 期。

　　[3]　王靖：《三十年政府机构改革的反思》，载《党政论坛》2008 年第 11 期。

级政府的改革只提了原则性要求，具体机构的设置由省一级政府根据改革的原则及实际情况自行确定。简要来说，地方政府机构改革与中央政府也基本一致，主要包括：第一，转变政府职能，实行政企分开。政府机关不再办经济实体，解除国有企业与政府主管部门的隶属关系。第二，调整政府机构设置。撤销工业、商业、物资管理部门，加强发展计划、经济贸易、财政部门和执法监督部门，减少政府微观管理职能，强化政府的宏观调控职能。第三，继续精简人员编制。改革后，省级政府机关人员编制精简一半左右，市、县和乡政府行政编制的精简比例平均为20%。[1]

本轮改革对政府职能的科学定位，是对政府职能转变的重大突破，其意义主要体现在如下方面：其一，组织机构设置及职能配置更加合理。为了强化政府的宏观调控职能，其将部分综合经济部门调整为宏观调控部门，并组建更为适应市场经济体制的行业管理部门，通过组建劳动和社会保障部等方式强化政府的公共职能。[2]由此可见，此次政府机构改革是围绕着政府宏观调控、社会管理、公共服务职能的优化和强化而开展的。其二，政府部门分工得到有效调整。在机构改革的同时，本轮改革调整了部门的管理事项，依照相同或相近的原则将职能进行了调整。据统计，"按照权责一致的原则，在部门之间划转了100多项职能"[3]。其三，政企分开实现一定突破。本轮改革撤销了几乎所有的工业专业经济部门，很大程度上消解了政企不分的组织基础，[4]为中国经济发展进入快车道打下基础。其四，政府职能从中央政府下放到地方政府。中央政府将各部门管理的如"重要生产资料经营资格审批职能""华侨捐助物资审批职能"[5]等部分审批权和具体事务性的工作共100项职能下放给地方政府，提高了地方政府的自主性。

尽管本轮机构改革带有"过渡"性质，但是不可否认，它是一次涉及面极广、力度极大的改革。一方面，它坚持政府职能转变的目标定位——宏观

---

〔1〕 夏海：《政府的自我革命——中国政府机构改革研究》，中国法制出版社2004年版，第45页。

〔2〕 参见中央政府门户网站：《1998年国务院机构改革》，载中央政府门户网站，https://www.gov.cn/test/2009-01/16/content_1207000.htm，最后访问时间：2024年3月2日。

〔3〕 王澜明：《改革开放以来我国六次集中的行政管理体制改革的回顾与思考》，载《中国行政管理》2009年第10期。

〔4〕 宋世明：《中国行政体制改革70年回顾与反思》，载《行政管理改革》2019年第9期。

〔5〕 辛传海主编：《中国行政体制改革概论》，中国商务出版社2006年版，第40~41页。

调控、社会管理、公共服务，为市场经济体制的建立和优化提供了组织基础。另一方面，从改革的实际效果来看，它撤销了几乎所有的工业专业经济部门，政企不分的组织基础在很大程度上被消解，政府与市场的关系得以进一步厘清，政府职能转变取得历史性进步。[1]正由于此，政府机构设置基本摆脱了"精简—膨胀—再精简—再膨胀"的循环，机构膨胀的现象在1998年政府机构改革之后鲜有发生。[2]当然，随着社会主义市场经济的深度发展，处于"过渡"状态的政府机构进行新一轮改革是必然的，这是市场经济发展的内在要求，也是党和政府主动适应新的经济社会发展的自我调适。

五、2003年机构改革：关注市场监管与社会管理职能

行政管理体制是一个逐渐完善的过程。当政府机构不适应经济形势或社会形势时，政府机构将以改革的方式予以回应。2003年机构改革前，我国的政治、经济、社会、国际形势发生了重要变化。第一，加入世界贸易组织（以下简称"世贸组织"）要求我国改变政府的行为规则。加入世贸组织预示着我国需要全面开放市场，这与计划经济体制所依赖的政府干预市场截然不同。因此，需要对我国的市场经济体制进行深刻变革，进一步转变政府的经济建设职能。第二，SARS事件倒逼政府转变职能。SARS事件的突然出现，暴露了我国政府在社会管理和公共服务上的短板，倒逼政府调整职能重心，强化社会管理和公共服务职能。第三，单一所有制成为制约国有企业发展的障碍，国有企业难以有效建立现代企业管理制度。公有制经济体承担了过多的政策性业务，限制了非公有制经济体的发展空间。为了激发市场的活力，政府必须深化国有资产管理体制改革，发展混合所有制经济。[3]第四，宏观管理部门的职责混乱。以国家经济贸易委员会为例，它不仅负有制定行业政策、监督经济运行等宏观职能，同时还承担国有企业的行政审批、企业管理等多项具体职能，它的职责也与国家计划委员会存在交叉重叠。这种情况在我国政府中并不鲜见，需要政府调整部门之间的职责设置，优化政府职能的

---

〔1〕　何颖：《中国政府机构改革30年回顾与反思》，载《中国行政管理》2008年第12期。

〔2〕　蒋硕亮：《论政府机构改革与职能转变的中国经验：政府与市场关系视角》，载《上海商学院学报》2023年第6期。

〔3〕　郭菊娥、袁忆、张旭：《改革开放40年政府职能转变的演进过程》，载《西安交通大学学报（社会科学版）》2018年第6期。

运行机制。第五，经济发展过程中积累的社会矛盾日趋增多。尤其是社会中的生产安全、食品药品安全、贪污腐败等问题增多，需要政府强化社会管理职能、公共服务职能，同时强化政府内部的权力约束机制，提高政府公信力，提高民众对政府的满意度。

根据党的十六大提出的"深化行政管理体制改革"的任务，[1]中共中央、国务院制定了《国务院机构改革方案》（2003年）。该方案明确了本轮改革的指导思想，即按照完善社会主义市场经济体制和推进政治体制改革的要求，进一步转变政府职能，合理设置机构，完善行政管理体制。[2]与1998年的国务院机构改革相比，本轮机构改革并不着意大规模地裁并机构和人员，而是注重进一步转变政府职能、理顺管理关系、加强宏观调控和社会管理，主要集中在"国有资产管理体制、宏观调控体系、金融监管体制、流通管理体制、食品安全和安全生产监管体制、计划生育"等领域。[3]改革后，国务院办公厅、组成部门、直属特设机构和直属机构、办事机构等的分布情况，见图2-5。

在《国务院机构改革方案》（2003年）的基础上，中共中央、国务院印发《关于地方政府机构改革的意见》（2003年），推动地方政府开展机构改革。同国务院机构改革一致，地方政府机构改革也源于其"不适应性"，改革势在必行。其一，地方机构设置与职能配置不适应加入世贸组织的新形势。地方实行内外贸分割、国内外市场分割和进出口配额分割的管理体制，与统一和开放的现代市场体系的要求极不匹配。其二，机构林立，人员臃肿，行

〔1〕 江泽民：《全面建设小康社会，开创中国特色社会主义事业新局面——江泽民在中国共产党第十六次全国代表大会上的报告（2002年11月8日）》，载中央政府门户网站，https://www.gov.cn/test/2008-08/01/content_1061490.htm，最后访问时间：2024年3月2日。

〔2〕 王忠禹：《关于国务院机构改革方案的说明——2003年3月6日在第十届全国人民代表大会第一次会议上》，载《中华人民共和国全国人民代表大会常务委员会公报》2003年第2期。

〔3〕 改革具体如下：第一，深化国有资产管理体制改革，整合国家经济贸易委员会、中央企业工作委员会、财政部关于国有资产管理的职能，设立国务院国有资产监督管理委员会，用以监督中央所属企业的国有资产。第二，完善宏观调控体系，将国家发展计划委员会改组为国家发展和改革委员会，安排国家重大建设项目，综合协调各方面的改革工作。第三，健全金融监管体制，设立中国银行业监督管理委员会，中国人民银行不再承担金融监管职能。第四，继续推进流通管理体制改革，整合内贸管理、进出口计划、外经贸管理职能，组建商务部。第五，加强食品安全和安全生产监管体制建设，在国家药品监督管理局基础上组建国家食品药品监督管理局，对食品、保健品、化妆品的安全进行综合监督。第六，将国家计划生育委员会更名为国家人口和计划生育委员会。第七，不再保留国家经济贸易委员会、对外贸易经济合作部。参见汪玉凯等：《中国行政体制改革30年回顾与展望》，人民出版社2008年版，第56页。

政成本过高，社会负担过重。调查显示，有些县下设的局、委、办，加上党政办事机构、

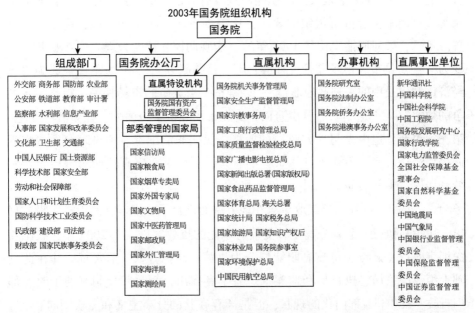

图 2-5　2003 年国务院组织机构

人大、政协及工会、共青团和妇联等半官方机构的总数高达 50 个以上，人数多达上千人。乡镇政府亦是如此，人员超编，办公经费数量巨大。其三，食品安全问题、腐败问题频发。在这种形势下，地方政府紧紧抓住转变政府职能这个关键，完善地方政府机构设置，改进地方政府管理方式，降低地方行政成本。在具体的改革内容方面，地方政府改革与国务院的改革具有"同构性"，也主要集中在国有资产管理体制改革、流通管理体制改革、食品安全和安全生产监管体制改革等方面。[1]

　　这一轮中央到地方的机构改革历时 3 年完成。从整体上看，此次改革具有三个方面的特点：第一，回应我国加入世贸组织对政府治理提出的新要求。世贸组织的规则对所有的成员国有效，一个国家只要加入了世贸组织，便要

---

〔1〕　黄海霞：《地方政府机构改革改什么》，载《瞭望》2003 年第 29 期。

接受世贸组织的基本法律规则。[1]是时，我国的市场经济体制刚建立不久，世贸组织所要求的"消除贸易壁垒、降低关税和市场准入"，每一项都与政府管理有关。[2]而无论是政府的职能还是政府对市场的干预、政府与企业的关系等，都尚不符合世贸组织的要求，这需要政府切实转变职能，优化机构设置。第二，政府职能定位从1998年的"宏观调控、社会管理、公共服务"转变为"经济调节、市场监管、社会管理、公共服务"，"市场监管"成为市场经济体制建设中的一项政府职能，"以维护公平竞争的市场秩序、提高市场竞争的效率"。[3]这是政府首次直面自身在市场经济中扮演的"监督者"角色。第三，重新界定中央与地方政府的职能，优化职能配置。中央政府负责宏观调控、经济决策，不介入具体事务的管理；省以下政府直接面对基层企业和城乡居民，主要负责执行中央和上级的决策，搞好社会管理、提供公共服务[4]。第四，行政三分制改革只在地方层面进行了探索。党的十六大报告提出，决策、执行、监督分离是转变政府职能的重要突破。[5]2003年，我国在深圳市实行了试点，将政府职能划分为决策权、执行权、监督权，并在此基础上组建决策局、执行局和监察局。有学者指出，行政三分制有助于改变部门行政专权和利益部门化的现状，但是"存在新的分离主义和专权倾向"[6]，要充分考虑决策与执行分离的限度，即便行政三分制符合我国的政治现实，但"在实际运行和推广方面还存在各种困难和障碍。"[7]

相比于1998年以量变为主的政府机构改革，2003年这一轮行政体制改革更加注重"质"字，它最为显著的特点便是通过体制机制变革，回应了世贸

〔1〕 彭向刚：《中国"入世"后政府的职能转变及行为调整》，载《吉林大学社会科学学报》2003年第4期。

〔2〕 徐家良：《WTO与政府：外在变量的作用——中国政府加入世贸组织后的变化》，载《政治学研究》2002年第1期。

〔3〕 戈世平：《转变政府职能 加强市场监管》，载《国家行政学院学报》2002年第A1期。

〔4〕 刘素华、杜钢建：《切实推进行政管理体制改革 新一轮政府机构改革的背景和特点》，载《中国党政干部论坛》2003年第4期。

〔5〕 江泽民：《全面建设小康社会，开创中国特色社会主义事业新局面——江泽民在中国共产党第十六次全国代表大会上的报告（2002年11月8日）》，载中央政府门户网站，https://www.gov.cn/test/2008-08/01/content_1061490.htm，最后访问时间：2024年3月2日。

〔6〕 刘圣中：《决策与执行的分合限度：行政三分制分析》，载《中国行政管理》2003年第6期。

〔7〕 胡冰：《行政三分制：制度背景分析》，载《湖北社会科学》2004年第7期。

组织对我国政府治理提出的新要求。自此以后，市场监管职能在政府的整个职能体系中的位置变得越来越重要。有学者指出，"此前的中国行政体制改革是为了解决不该管、管不好、管不了的问题；此后，重点转向政府该管的事必须管到位"[1]。本轮改革在坚持稳定性的前提下，抓住当前行政管理体制中的突出矛盾和重点问题，因地制宜推进政府职能转变与整合，为促进改革开放和现代化建设提供了组织保障。

六、2008 年机构改革：以科学发展观为指导建设服务型政府

在这一时期，我国的行政管理体制基本适应经济与社会发展的要求，[2]但面对新形势、新任务还是表现出一些不适应性。这种不适应主要表现为：第一，党的十七大报告提出要"建设服务型政府"，这一目标已上升为国家意志。然而现实之中，公众的公共服务需求与公共服务供给之间仍存在着不平衡，政府仍需要强化公共服务职能，并将其作为政府的核心职能来建设服务型政府。第二，经历多轮机构改革，我国政府的职能转变依然未到位。实际上，政府历次改革中的"不到位"并没有根本性的差异，依然表现为"管理型政府"对微观经济活动干预过多，社会管理和公共服务职能难以满足社会的需求。[3]第三，由美国次贷危机引发的全球性金融危机导致大部分地区经济萧条，这呼唤政府强化宏观调控能力，防止系统性金融风险。整体而言，与改革开放以来前 5 次改革相比，这次政府机构改革肩负着"建设服务型政府"和"加强宏观调控"的双重目标，是一场关系小康社会建设和和谐社会建设的关键性改革。[4]

党的十七大首次提出"建设服务型政府"[5]，这为本轮机构改革提供了根本目标。此后，党的十七届二中全会指出政府职能转变中"对微观经济运

〔1〕　宋世明：《中国行政体制改革 70 年回顾与反思》，载《行政管理改革》2019 年第 9 期。
〔2〕　陈炎兵：《2008 年政府机构改革的特点与运行机制探析》，载《党的文献》2008 年第 3 期。
〔3〕　华建敏：《关于国务院机构改革方案的说明——2008 年 3 月 11 日在第十一届全国人民代表大会第一次会议上》，载《中华人民共和国全国人民代表大会常务委员会公报》2008 年第 3 期。
〔4〕　陈炎兵：《2008 年政府机构改革的特点与运行机制探析》，载《党的文献》2008 年第 3 期。
〔5〕　胡锦涛：《高举中国特色社会主义伟大旗帜 为夺取全面建设小康社会新胜利而奋斗——在中国共产党第十七次全国代表大会上的报告（2007 年 10 月 15 日）》，载《人民日报》2007 年 10 月 25 日，第 1 版。

行干预过多，社会管理和公共服务仍比较薄弱"[1]的现实问题，并确立了深化行政体制改革的指导思想、基本原则及改革的目标任务。[2]2008年3月，《国务院机构改革方案》（2008年）审议通过。《关于国务院机构改革方案的说明》（2008年）提出，到2020年建立起"比较完善的中国特色社会主义行政管理体制"。[3]为了完成这一目标，本轮改革设定的任务是，围绕转变政府职能和理顺部门职责关系，着力优化组织结构，规范机构设置，完善运行机制，探索实行职能有机统一的大部门体制，合理配置宏观调控部门，重点加强社会管理和公共服务部门[4]。同年中共中央、国务院下发《关于地方政府机构改革的意见》。

本次国务院机构改革路径包括合理配置、组建、整合并组建、调整四类。一是合理配置政府的宏观调控职能，关涉的部门包括国家发展和改革委员会、财政部、中国人民银行。二是组建国家能源局、工业和信息化部、环境保护部、住房和城乡建设部，保障国家安全、推动新型工业化发展、切实保护环境、优化公共服务，在安全、发展、服务、环境保护四条进路上全面优化政府的职能。三是在整合不同部门职责的基础上，组建交通运输部、人力资源和社会保障部，强化行业管理，优化公共服务职能。四是调整国家食品药品监督管理局的管理部门。[5]改革后，国务院组织机构见图2-6。在地方，各地政府积极探索大部制改革。具体做法上，各地基本与国务院相同，组建了工业与信息化、交通运输、卫生与食品药品监管、人力资源和社会保障等大部门；有些地方政府还因地制宜，在其他职能相近的领域进行机构整合，设立大农业、大水务、大交通等大部门。[6]按照中央的部

---

〔1〕 唐亚林：《改革开放30年政府机构改革的基本经验及深刻教训》，载《探索与争鸣》2008年第12期。

〔2〕 谭桔华：《建国60年来政府机构改革的基本经验及启示》，载《湖南行政学院学报》2009年第5期。

〔3〕 华建敏：《关于国务院机构改革方案的说明——2008年3月11日在第十一届全国人民代表大会第一次会议上》，载《中华人民共和国全国人民代表大会常务委员会公报》2008年第3期。

〔4〕 华建敏：《关于国务院机构改革方案的说明——2008年3月11日在第十一届全国人民代表大会第一次会议上》，载《中华人民共和国全国人民代表大会常务委员会公报》2008年第3期。

〔5〕 华建敏：《关于国务院机构改革方案的说明——2008年3月11日在第十一届全国人民代表大会第一次会议上》，载《中华人民共和国全国人民代表大会常务委员会公报》2008年第3期。

〔6〕 沈荣华、曹胜：《政府治理现代化》，浙江大学出版社2015年版，第173页。

署，各地政府从省级到市县级逐步展开机构改革，到 2009 年年底，地方政府机构改革基本完成。

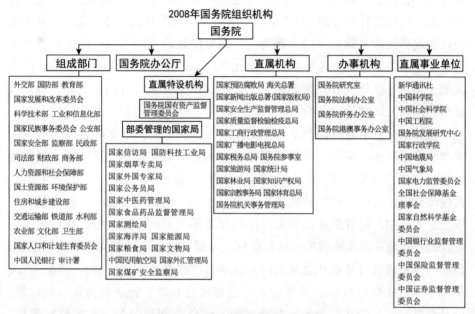

图 2-6　2008 年国务院组织机构

　　纵观本轮机构改革，其有四个鲜明的特点。第一，以"建设服务型政府"为首要目标。服务型政府是我国在政府职能定位上的一大突破。虽然 1988 年的政府机构改革就提出了"转变政府职能"的改革思路，确立了"以职能确定机构"的改革方法，但政府职能到底怎么转、转变的力度有多大，在历次改革中均有不同的着力点。整体来看，之前的改革还未将政府的职能与服务型政府建立起紧密关联。第二，探索有机统一的"大部门制"。围绕职能转变和理顺职责关系两个重点，我国政府将职能交叉重叠或相似相近的部门加以整合，采用"合并同类型"的方式压缩机构。[1]第三，强化"三定"方案的强制性与规范性。在此前的改革中，"三定"方案只是政府内部的工作规划，其强制性、规范性都不够。2008 年改革将"三定"方案视为有法律效力的规

---

〔1〕　陈炎兵：《2008 年政府机构改革的特点与运行机制探析》，载《党的文献》2008 年第 3 期。

范性文件，较之以前增加了改革的正式性、稳定性和规范性。[1]第四，强化社会管理职能和公共服务职能。[2]着眼于保障和改善民生，政府把更多的资源投入到公共服务领域，顺应服务型政府建设的要求，使我国的行政管理体制更加适应经济社会发展[3]。第五，改革呈现出明显的问题导向。此次国务院机构改革所涉及到的部门，都是关乎当时阶段的重要部门。不管是在国际竞争中追求能源安全，还是在信息化社会中如何推动新型工业化以推动国家发展，抑或是强化政府食品药品安全监管和社会保障等方面的职能，都回应了当时国家发展和治理之所需。

整体而言，本轮机构改革精简力度较小，相应的，改革后各级政府规模变动幅度也较小。但是，本轮改革在转变政府职能、推行大部门制、强化社会管理和公共服务方面迈出重要步伐，契合了当时经济社会发展阶段的要求，且使政府机构改革呈现出新的创新面向。当然，我们不可忽视本轮改革只是阶段性的产物，随着经济社会发展依然会暴露出新的不适应性，从而倒逼其以新的方式或手段实现政府治理的螺旋式发展。以当下的眼光评估此轮改革，我们可以发现它与经济社会发展的不适应性主要体现在以下方面：第一，改革并未涵盖社会对改革的全部需求。随着社会发展，公众对公共基础设施、公共教育、公共卫生、就业、社会保障、应急管理等服务的需求愈加强烈，公众渴望更好的生活、更良好的社会和更多的获得感。第二，机构改革的配套改革滞后，并未形成系统性改革。与职能转变相关的人事制度、财税制度、行政审批制度改革滞后，与政府职能转变的衔接不够；而且只依靠政府的自我改革，改革的效果会难以避免地出现反复。第三，改革侧重表层的机构调整。一旦机构改革忽视了深层权力结构、运行机制、文化重塑的改革，"大部门"便难以实现一体化运作。第四，对大部门制的实现方式认识不够。从2008年的实践来看，政府将机构整合作为实现职能有机统一的唯一途径。实际上，技术手段的支撑、资源平台的整合也可以成为实现职能有机统一的方式。[4]

---

〔1〕 杨军：《"三定"直指部委利益》，载《南风窗》2008年第20期。

〔2〕 青锋、张水海：《我国政府职能转变的历史演进及法制特点》，载《行政法学研究》2013年第4期。

〔3〕 高小平、刘一弘：《1998年、2008年两次国务院机构改革"三定"规定比较研究——基于政府职能转变的视角》，载《江苏社会科学》2008年第6期。

〔4〕 黄小勇：《中国行政体制改革研究》，中共中央党校出版社2013年版，第71~72页。

七、2013 年机构改革：继续以职能转变为中心

国务院经过改革开放之后的 6 轮机构改革，已经"形成了基本适应社会主义市场经济体制的组织架构和职能体系"[1]。然而，伴随着我国迈向全面建成小康社会的决定性阶段，政府所处的外部环境发生深刻变化，这需要政府在机构、职能、运行机制等方面进行改革。一方面，党的十八大明确提出建设职能科学、结构优化、廉洁高效、人民满意的服务型政府，这需要政府在职能配置、结构设置、运行机制、价值导向等全方位对标新的要求进行调整。而实践中，无论是政府职能的运行，还是政府机构的设置，都存在突出问题，集中表现在"职能越位、缺位问题依然突出，对微观经济事务干预过多过细；职责交叉、权责脱节等现象依然较多，行政效能不够高；机构设置不够合理，一些领域机构重叠、人浮于事问题依然存在"。[2]另一方面，加快完善社会主义市场经济体制建设，对政府职能转变提出了新的要求。这便需要改革我国长期存在的政企不分、政事不分、政社不分的问题，避免政府对市场和社会的过多不当干预，提高市场在资源配置中的作用。整体而言，此次机构改革的幅度不大，但是调整的都是较为关键的领域，其逻辑在于"在小幅度调整机构的基础上，进行职能转变的改革，然后再推进机构改革。"[3]

按照党的十八大提出的"深化行政体制改革"的总体思路，2013 年 3 月审议通过的《国务院机构改革和职能转变方案》提出，"重点围绕转变职能和理顺职责关系，稳步推进大部门制改革"。[4]此次机构改革积极回应了社会上的改革呼声，选择一些突出问题和社会关心的热点问题作为改革的优先项和切入点，重点涉及铁路运输、卫生和计划生育、食品药品监督管理、新闻出版和广播电视电影、能源等多个部门。[5]具体而言，本次国务院机构改革路

---

〔1〕 参见新华社：《中央编办负责人就国务院机构改革和职能转变答问》，载中央政府门户网站，https://www.gov.cn/2013lh/content_2351334.htm，最后访问时间：2024 年 3 月 14 日。

〔2〕 参见新华社：《中央编办负责人就国务院机构改革和职能转变答问》，载中央政府门户网站，https://www.gov.cn/2013lh/content_2351334.htm，最后访问时间：2024 年 3 月 14 日。

〔3〕 毛寿龙：《2013 年机构改革的逻辑和未来预期》，载《行政论坛》2013 年第 3 期。

〔4〕 参见新华社：《国务院机构改革和职能转变方案》，载《人民日报》2013 年 3 月 15 日，第 5 版。

〔5〕 6 个部门重新制定了"三定"规定并调整了职责，共取消了 58 项职责，下放了 20 项职责，整合了 8 项职责，加强了 23 项职责。

径包括撤销、组建和重新组建三条路径。一是撤销了铁道部，实行铁路政企分开。二是将部分职责相关、相近的机构进行了合并，组建国家卫生和计划生育委员会、国家食品药品监督管理总局、国家新闻出版广电总局，整合并加强国家在卫生和计划生育、食品药品、新闻出版和广播电影电视等领域的管理职能。三是对部分机构进行了重组，以整合其他机构的相近职能，重新组建国家海洋局、国家能源局，整合国家在海洋管理和能源管理中的公共管理能力。[1]经过改革，国务院正部级机构减少4个，其中组成部门减少2个，副部级机构增减相抵数量不变。改革后，除国务院办公厅外，国务院设置组成部门25个，国务院机构总数达到了改革开放以来的最低点，见图2-7。此外，2013年之后，国务院陆续组建了多个议事协调机构，这些机构中既有负责推进改革的职能转变协调小组，也有涉及海洋、制造业、农民工、行业协会商会等业务领域的机构，[2]协同推进政府在相关领域的改革任务的落实。

在地方层面，2013年8月，中共中央政治局召开会议，审议通过了《关于地方政府职能转变和机构改革的意见》。会议指出，地方政府职能转变和机构改革是贯彻落实党的十八大精神的重要举措，要围绕建立中国特色社会主义行政体制目标，与国务院机构改革和职能转变相衔接，适应社会主义市场经济发展需要。[3]在具体做法上，地方政府围绕着政府职能转变这一核心任务，开展了广泛的实践探索，采取了权力清单、负面清单、行政审批流程标准化、加强事中事后监管、商事登记制度改革等普遍性做法，也有部分地区结合自身实际，推行财政资金专项使用清单、权责清单等具有典型性的改革。在机构改革方面，地方政府与国务院机构改革相衔接，整合组建了地方层面的卫生和计划生育、食品药品监管、新闻出版广电等部门。与此同时，

---

〔1〕 在整合中国海监、公安部边防海警、农业部中国渔政、海关总署海上缉私警察等机构的职责的基础上，重新组建了国家海洋局，以解决海上执法力量分散、重复检查、重复建设，执法效能不高，维权能力不足等问题，更好地维护国家海洋权益；将原国家能源局和国家电力监管委员会的职责整合，重新组建了国家能源局，以更好地拟定并组织实施能源发展战略、规划和政策，统筹能源监督管理。

〔2〕 新组建的国务院议事协调机构包括国家海洋委员会、国务院农民工工作领导小组、国务院油气输送管道安全隐患整改工作领导小组、国务院推进职能转变协调小组、国家制造强国建设领导小组、行业协会商会与行政机关脱钩联合工作组。

〔3〕 高小平：《地方政府大部制要迈更大步伐》，载人民网，http://www.people.com.cn/24hour/n/2013/1030/c25408-23369804.html，最后访问时间：2024年3月14日。

以 2015 年颁布的《关于完善审计制度若干重大问题的框架意见》《关于实行审计全覆盖的实施意见》和 2016 年通过的《中共中央办公厅、国务院办公厅关于省以下环保机构监测监察执法垂直管理制度改革试点工作的指导意见》为契机，地方政府正式开启了审计与环境垂直管理体制改革的进程。还有一些地方政府从实际工作出发，在更大范围、更多领域综合设置机构，特别是在市场监管、农业农村管理、交通运输、城市规划建设和市政管理等领域，加大机构和职责整合力度。[1]

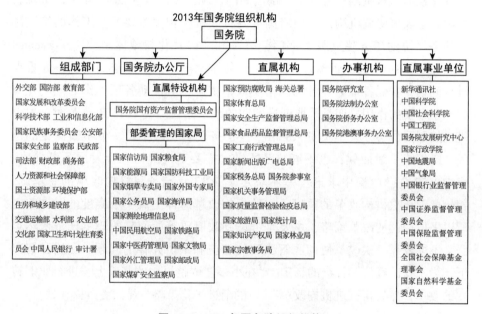

图 2-7　2013 年国务院组织机构

纵观本轮机构改革，其有四个鲜明的特点。一是以政府职能转变为中心。这一在 1988 年就被提出的关乎行政体制改革核心的话题，被正位到了牵一发动全局的位序。例如，2013 年《国务院机构改革和职能转变方案》，第一次赋予了"职能转变"在改革纲领性文献中的标题价值，并在正文中用一半以上的篇幅部署了职能转变的 10 项任务。二是以大部门制为整合手段。将原本

〔1〕参见邱波：《2013 年地方政府机构改革的情况》，载中国机构编制网，http://www.scopsr. gov.cn/zlzx/jgyg/lcdfzfjggg/201902/t20190213_360119.html，最后访问时间：2024 年 3 月 14 日。

分散在不同部门的管理职责进行了整合，"减少部门职责交叉和分散。最大限度地整合分散在国务院不同部门相同或相似的职责，理顺部门职责关系。"〔1〕实现了交通运输、卫生和计划生育、食品药品监督管理、新闻出版广播电视、海洋管理、能源管理等领域的机构重组，厘清了部门之间的边界，划分了部门之间的责任，变部门间的协调为部门内的协调，形成了高效运作、职能互补、整体联动的良性运行机制，构造了一个更具整体性特征的行政组织系统，〔2〕避免了职能分散、交叉和政出多门的问题。三是注重部门协调机制的建立。为了优化权力运行机制、合理配置部门间的资源，2013 年至 2018 年，国务院新组建 8 个议事协调机构，承担跨国务院行政机构相关主要业务工作的组织协调任务，协助国务院克服"部门割裂"和"碎片化权威体制"（fragmented authoritarianism）的双重离心力〔3〕，统筹推动解决改革中遇到的困难和重点难点问题，督促各地区、各部门落实改革措施，对推动各项工作的顺利开展起到了重要的作用。四是采取渐进微调的改革路径。在 2013 年改革时，中央机构编制委员会办公室负责人指出，"国务院机构改革是一个不断深化的过程，既不能一蹴而就，也不能止步不前，需要适应经济社会发展不断探索，稳中求进。"〔4〕"稳中求进"基本奠定了 2013 年国务院机构改革的总基调。相较此前历次机构改革的幅度，本轮机构改革总体上属于小幅度的微调。之所以采取微调的改革策略，主要是考虑到政府改革所面临的改革任务依然艰巨，不能仅靠一次改革便彻底解决政府越位和缺位并存的问题。在这种情况下，为了我国经济和社会的稳定，"在小幅度调整机构的基础上，进行职能转变的改革，然后再推进机构改革"〔5〕的渐进平稳策略，显然更具操作性。

---

〔1〕 参见新华社：《国务院机构改革和职能转变方案》，载《人民日报》2013 年 3 月 15 日，第 5 版。

〔2〕 吕志奎：《渐进整合式改革：2013 年国务院机构改革述评》，载《中国行政管理》2013 年第 5 期。

〔3〕 叶托：《国务院议事协调机构的变迁及其逻辑》，载《中国行政管理》2015 年第 12 期。

〔4〕 新华社：《授权发布：中央编办负责人就国务院机构改革和职能转变答人民日报、新华社记者问》，载新华网，http://news.xinhuanet.com/2013lh/2013-03/10/c_ 114967850.htm，最后访问时间：2024 年 3 月 1 日。

〔5〕 毛寿龙：《2013 年机构改革的逻辑和未来预期》，载《行政论坛》2013 年第 3 期。

小结：职能导向的部门化改革

前 7 轮改革重在政府部门的优化设置，遵循整合与精简并存的"减量"改革逻辑。40 年中，如何通过一轮一轮的改革实现政府"瘦身"，始终是贯穿改革的一条主线，政府改革始终在对计划经济体制建立的政府机构与职能体系做"减法"。在改革的不同阶段，整合和精简的对象也存在差异。机构精简主要出现在 1982 年和 1988 年改革中。此后，政府改革开始以职能转变为中心，着力改变计划经济体制下建立起来的政府对社会经济实施全面管控的政府职能。其间，政府大量直接管理经济事务的微观职能被取消，政府的职能总量实现了较大幅度的减少。因此，我国 1982 年、1988 年和 1993 年的改革，主要体现在机构和职能的双重精简，注重政府机构本身的结构与职能的数量调整。[1]

到了 1998 年，政府的改革逻辑开始逐步演变为整合逻辑与精简逻辑并存。这源于市场经济框架下的政府职能体系已经基本建立、微观经济管理部门被基本取消或已实现转型，政府需要在现有的职能框架之下对职能进行整合，以提高职能的运行效率。职能整合最终会反映在政府组织架构的变动上，其中尤以大部制改革最具代表性。虽然 2003 年的改革尚未明确提出大部制的概念，但已经显现出大部制改革的雏形。到了 2008 年，政府改革明确提出了大部制改革的思路，以实现在职能整合基础之上的机构整合。伴随着大部制改革的推进，政府的组成部门数量与职能总量都出现了不同程度的精简。2013 年政府改革继续"稳步推进大部门制改革"，整合了交通运输、卫生和计划生育、食品药品监督管理、新闻出版广播电视、海洋管理、能源管理等领域的机构与职能，减少了中央政府的部门数量。以职能为导向的部门化改革重在机构内部的部门调整，但是从整体而言，前 7 轮改革还呈现出如下特征。

第一，政府改革始终服务于我国社会主义建设不同阶段的任务。政府绝非一个自给自足的封闭式系统，它需要适应外部环境的需要，并通过改革来

---

〔1〕　何颖：《我国政府职能转变问题的反思》，载《行政论坛》2010 年第 4 期。

完成外部环境对组织变革提出的任务。[1]1982 年，我国的经济体制改革尚未启动，当时国家的工作重心是全力进行经济建设，"政府机构与工作重点转移不相适应的问题相当突出"[2]，政府需要通过精简机构和人员，解决政府内部人浮于事、运转不灵和效率低下的问题。1984 年，我国开启经济体制改革，发展有计划的商品经济。伴随着我国经济体制改革的逐步推进，政治体制改革的呼声越来越高。1988 年政府改革的目标是变革传统计划经济体系下的政府职能与政府机构，以适应政治和经济发展的需要。自此，我国的机构改革和职能转变开始了与经济体制改革的同步推进。到了 1992 年，伴随着市场经济体制改革的启动，政府开始变革与市场经济不相适应的组织结构和职能体系，开启了围绕市场经济体制的建立转变政府职能和优化政府组织的改革路径，稳妥地实现从全能型政府向服务市场经济体制的现代政府转型。到了 21 世纪初，诸如环境污染、食品药品安全、贫富差距、社会保障供给不足等一系列社会问题出现，社会公平问题被提上了日程。基于此，政府于 2003 年提出建设服务型政府的目标，解决经济发展中的利益多元和社会分化等问题，带来了政府社会管理职能与公共服务职能的补位与强化。

第二，从内部自我改革逐步关注外部理顺关系。1982 年，政府改革尚着眼于政府内部，旨在实现机构精简和人员精简。此后，伴随着市场经济体制的建立，我国开始步入转型期，改革也逐步从内部走向外部，开始着力调整政府与市场的关系、政府与社会的关系，探索如何通过机构改革，强化政府的宏观调控职能，弱化政府的微观业务管理职能，同时强化政府的社会管理职能和公共服务职能。[3]其一，就党政关系而言，我国 1988 年的改革试图"划清党的工作部门和行政部门的职责，理顺党的工作机构和政府机构的关系"[4]，到了 1993 年，《关于党政机构改革的方案》为调整优化党政关系提供了基本思路，党中央层面成立的 12 个议事协调机构在推动改革中发挥了重

〔1〕 谢庆奎：《中国行政机构改革的回顾与展望——兼论行政机构改革的长期性》，载《学习与探索》1997 年第 6 期。

〔2〕 王澜明：《改革开放以来我国六次集中的行政管理体制改革的回顾与思考》，载《中国行政管理》2009 年第 10 期。

〔3〕 吕芳：《回顾与反思：中国行政体制改革 40 年》，载《中央社会主义学院学报》2019 年第 5 期。

〔4〕 左然、左源：《40 年来我国机构改革的经验和启示》，载《中国行政管理》2018 年第 9 期。

要作用，解决了政府改革的内部动力不足和统筹能力不够的问题。尽管自党的十四大起，政府机构改革没有再涉及党的内容[1]；但即便政府将改革聚焦在行政管理体制内部，党对改革的统筹和领导作用仍始终存在。其二，就政府和市场的关系而言，它贯穿了我国政府改革的始终。我国政府改革基本是围绕着市场经济体制的建立、完善和优化，不断探索结构优化与职能调整。时至今日，如何更好地发挥市场在资源配置中的作用，仍然是我国政府改革的重要任务。其三，就政府与社会的关系而言，政府逐步将治理重点从经济发展转向社会管理和公共服务，以解决社会中日益严重的环境污染问题、食品药品安全、住房保障、社会保障、贫富差距等问题。其四，就中央和地方政府的关系而言，我国始终在尝试合理划定中央和地方政府的管理权限，充分发挥中央和地方的积极性。因此在多次重大改革中，中央并不对地方政府提出过细的改革要求，而是允许地方政府结合本地区经济和社会发展的具体情况进行改革设计。目前地方政府改革基本与中央政府改革的路径一致，最终呈现出的依然是职责同构的权责、机构配置格局。

第三，机构改革始终是中国政府改革的突破口。以政府机构改革来带动行政体制的整体变革[2]是我国政府改革的重要手段。改革开放以来，我国机构改革基本保持了每五年一次的频率，每次改革都是对当时经济社会环境的一次积极回应，或是为了建立社会主义市场经济体制，或是为了应对加入世贸组织对政府运行的新要求，或是为了避免美国次贷危机带来的经济下滑，或是为了回应社会对公共安全、食品药品安全、防止贫富差距进一步增大的需要，政府都在五年一次的机构改革中或详细或粗略地进行设计。实际上，纵观我国政府改革的实践，政府职能的实现多需要通过政府机构改革来予以保障的。我国政府一般的改革历程多呈现为"职能转变以机构改革为切入点，先敲定准备调整的机构，再总结机构调整对政府职能的意涵"。[3]诚如杨宏山教授所言，在我国政府改革的过程中，每五年一次的政府换届行动为政府改革提供了"改革之窗"[4]。因此，于政府职能转变而言，机构改革即便不是

---

〔1〕　竺乾威：《机构改革的演进：回顾与前景》，载《公共管理与政策评论》2018 年第 5 期。

〔2〕　周望：《改革开放以来政府机构改革的回溯、反思与展望》，载《行政论坛》2009 年第 5 期。

〔3〕　周志忍：《机构改革的回顾与展望》，载《公共管理与政策评论》2018 年第 5 期。

〔4〕　杨宏山：《大部门制改革的行动逻辑与整合机制》，载《政治学研究》2013 年第 3 期。

唯一的抓手，也是较为重要的手段或者方式。在五年一次的机构改革中，要尽量实现机构改革与职能转变的联动，避免机构与职能之间的脱节。

  总而言之，改革开放以来 7 次集中的机构改革显示，我国政府通过不断调适机构与职能，适应经济社会发展的新局面。就政府职能转变而言，其要适应经济社会环境的变化，因此始终处在动态调整的过程中，而五年一次的机构改革便是通过结构调整来回应变动的政府职能。在此过程中，如何通过人为设计的机构改革来回应政府职能的转变，是我国历次机构改革试图解决的根本问题。一方面，机构改革的形式越来越多元，从 1982 年的精简机构与人员，走向了新世纪以来的大部制改革。另一方面，职能转变的目标从政府"瘦身"到服务于市场经济体制建设、再到服务型政府建设，社会管理和公共服务职能得以逐步强化。围绕于此，机构改革与职能转变的关系也得以不断调整，从最初的关系不大，逐步走向以机构改革推动职能转变的互动关系，机构改革与职能转变之间的统筹考虑成为必然。

◆ 第三章 ◆

党和国家机构改革背景下的政府改革

　　党的十九大关于深化机构和行政体制改革的部署，蕴含着新时代行政体制改革承前启后的崭新视域和意境。习近平总书记在党的十九大报告中明确提出："深化机构和行政体制改革。统筹考虑各类机构设置，科学配置党政部门及内设机构权力、明确职责……转变政府职能，深化简政放权，创新监管方式，增强政府公信力和执行力，建设人民满意的服务型政府。"[1]围绕于此，我国开启了 2018 年和 2023 年两轮党和国家机构改革，政府机构被置于党和国家的宏观视域中统筹考虑。"党与政府机构的协调性改革，是一场旨在增强社会治理体系整体性的改革。也就是说，把党与政府机构作为社会治理体系的整体看待，并对其进行调整。"[2]系统化与体制化逐步取代了部门化原则，成为政府改革遵循的重要原则。

一、党和国家机构改革的背景

　　党和国家机构是国家治理体系中的重要主体，其组织机构设置会直接影响到国家治理现代化的实现。[3]因此，党和国家机构改革需要直面的重要课题，即是机构改革如何适应国家治理现代化的新要求。在中国特色社会主义

---

　　〔1〕习近平：《决胜全面建成小康社会 夺取新时代中国特色社会主义伟大胜利——在中国共产党第十九次全国代表大会上的报告（2017 年 10 月 18 日）》，载《人民日报》2017 年 10 月 28 日，第 5 版。
　　〔2〕张康之：《新时代机构改革的新探索》，载《公共管理与政策评论》2018 年第 5 期。
　　〔3〕竺乾威：《国家治理体系现代化与政府职能转变》，载《求索》2023 年第 4 期。

制度语境下的"国家治理",秉承马克思主义国家理论逻辑,具有不同于传统中国和西方语境下的深刻内涵,它指的是在中国特色社会主义道路的既定方向上,在中国特色社会主义理论的话语语境和话语系统中,在中国特色社会主义制度的完善和发展的改革意义上,中国共产党领导人民科学、民主、依法和有效地治国理政。[1]依据"国家治理"的上述内涵,国家治理现代化对于党和国家机构改革在完善党的领导、实现治理的人民性和提升国家治理效能等方面提出了新的要求。

(一)坚持和完善党的全面领导

党和国家机构改革无法回避的一个重要课题即是如何调整和优化党政关系。党政关系体现在党和国家机构改革上,便是政党机构与政府机构如何设置、政党职责与政府职能如何配置的双重问题。如何处理这两组关系,是党和国家机构改革必须解决好的重要命题。自20世纪80年代以来,我国前7轮机构改革都未完全突破行政组织的权力边界,也未完全理顺党的机构和国家机构之间的关系。党的十九大以来,党的十九届三中全会审议通过的《中共中央关于深化党和国家机构改革的决定》明确指出,"深化党和国家机构改革是推进国家治理体系和治理能力现代化的一场深刻变革"[2],将机构改革的范围从行政体制扩展至了党和国家的范畴;而在具体的关系处理上,党的机构设置与职责配置要保障实现党的全面领导,同时着力解决"党政机构重叠、职责交叉、权责脱节问题"[3],这便为党政关系的处理提供了根本性的方向指引。

为此,党和国家机构改革需要突破既往机构改革置于行政组织边界内的线性思维,增强改革的系统性、完整性和协同性,从坚持和完善党的全面领导的政治站位统筹党政机构改革。这需要做到以下几点新要求:其一,就机构改革而言,党政机构改革同步进行,要统筹设置党政机构,强化党的组织

〔1〕 王浦劬:《国家治理、政府治理和社会治理的含义及其相互关系》,载《国家行政学院学报》2014年第3期。

〔2〕 新华社:《中共中央关于深化党和国家机构改革的决定》,载中国政府网,https://www.gov.cn/zhengce/2018-03/04/content_ 5270704. htm,最后访问时间:2024年3月1日。

〔3〕 新华社:《中共中央关于深化党和国家机构改革的决定》,载中国政府网,https://www.gov.cn/zhengce/2018-03/04/content_ 5270704. htm,最后访问时间:2024年3月1日。

在同级组织中的领导地位，更好发挥党的职能部门的作用[1]；其二，就政府职能转变而言，政府必须及时转变职能，回应党政融合对政府的新要求，健全党对重大工作的领导和决策权。整体而言，坚持和完善党的全面领导，是国家治理现代化为党和国家机构改革注入的新内涵和提出的新要求，是对西方政治与行政二分的线性思维的系统性超越，是中国特色社会主义制度优势的本质体现。

（二）建设人民满意的服务型政府

"建设一个什么样的政府"是党和国家机构改革中需要回答的关于政府改革方向的重要议题。当前，人民对美好生活的需求更加强烈，并呈现出多样化、多层次、多方面的特点。这就要求系统性调整党和国家机构设置、职能配置、履职能力，以适应人民对于美好生活的新需求。于政府而言，公共行政的目标是构建一个美好社会；而为了建构美好社会，要回归以人民为中心，重构公共行政。[2]因此，"建设人民满意的服务型政府"是党和国家机构改革对于"建设什么样的政府"这一重要议题的回应。整体而言，在党和国家机构改革的语境下，一个理想的政府应该指的是坚持"以人民为中心"的人民满意的服务型政府，它是全心全意为人民服务的根本宗旨深度融入服务型政府的体现，彰显了国家机构改革和职能转变从政府自身建设到公共服务水平提升的内涵拓展，以及从政府中心到人民中心的价值跃升。[3]

所谓人民满意的服务型政府，其本质在于通过提高政府回应人民日益多样化和差异化的利益诉求和服务需求的能力，来构建政府和人民之间的和谐互动关系。[4]实践中，建设人民满意的服务型政府是实现国家治理现代化的重要抓手和组织基础，它对党和国家机构改革提出了新的要求：其一，提高政府识别社会需求的能力。就目前而言，社会中不仅存在着大量多样化、动

---

[1]　新华社：《中共中央印发〈深化党和国家机构改革方案〉》，载《人民日报》2018年3月22日，第1版。

[2]　孔繁斌、郑家昊：《建设人民满意的服务型政府——中国共产党对行政体制理论的创新探索》，载《中国行政管理》2021年第7期。

[3]　谢新水：《从服务型政府到人民满意的服务型政府——一个话语路径的分析》，载《探索》2018年第2期。

[4]　郑巧、肖文涛：《协同治理：服务型政府的治道逻辑》，载《中国行政管理》2008年第7期。

态性的显性诉求，还有诸多隐匿于社会中的需求。政府需要不断提高其识别、诊断社会中所有类型需求的能力，这是人民满意的服务型政府建设的基本前提。其二，在识别社会需求的基础上，不断增强公共服务供给能力，提升公共服务供给的公平性、多样性和持续性[1]。就公共服务的供给而言，政府既需要整体提升公共服务供给的水平和质量，又要在公共服务的提供中尽可能兼顾弱势群体的需求。其三，在强化公共服务的同时，政府还要强化其在经济发展、社会治理、环境保护和国际竞争中承担的不同职能。以人民为中心的服务型政府需要经济发展提供的物质基础、社会治理提供的安全与秩序，更需要在国际竞争中维持本国的利益，这是构成人民满意的服务型政府的若干条件。其四，政府也要不断强化内部约束，通过权力监督、作风建设，强化对政府权力的制约。[2]总而言之，我国的体制具有"集中力量办大事"的优势。因此，服务型政府的关键在于能否把中国百姓关心的事情当作"大事"来办，以此淬炼和提升制度的实际效能。[3]

（三）完善市场制度

经济发展离不开政府的作用。改革开放以来，我国经济发展取得的重大成就与历次行政改革始终根据市场经济发展的规律和趋势，调整政府与市场的关系和构建适配经济发展的组织基础和政府职能不无关系。[4]为了更好地推动经济发展，政府需要不断调整职能，适应市场经济的发展态势，为市场在资源配置中决定性作用的发挥创造条件，最终形成有效市场和有为政府融合共生、协同共济的经济发展格局。[5]2020年5月11日，《中共中央、国务院关于新时代加快完善社会主义市场经济体制的意见》指出，"我国市场体系还不健全、市场发育还不充分，政府和市场的关系没有完全理顺……坚定不

〔1〕 沈亚平、李洪佳：《人民满意的服务型政府及其建设路径研究》，载《东岳论丛》2014年第3期。

〔2〕 邓岩：《论社会主要矛盾转化条件下人民满意的服务型政府建设——学习习近平总书记关于建设人民满意的服务型政府的重要论述》，载《社会主义研究》2020年第1期。

〔3〕 燕继荣：《制度、政策与效能：国家治理探源——兼论中国制度优势及效能转化》，载《政治学研究》2020年第2期。

〔4〕 蓝志勇、秦强：《行政改革对我国经济社会发展贡献的评估模型之探》，载《理论探讨》2023年第3期。

〔5〕 新华社：《中共中央 国务院关于加快建设全国统一大市场的意见》，载中国政府网，https://www.gov.cn/zhengce/2022-04/10/content_5684385.htm，最后访问时间：2024年3月1日。

移深化市场化改革，扩大高水平开放，不断在经济体制关键性基础性重大改革上突破创新。"为此，需要"创新政府管理和服务方式，完善宏观经济治理体制"。[1]由此来看，完善市场制度的要求反映在党和国家机构改革上，便是政府的角色要从"有限政府"走向"有为政府"，通过发挥角色积极性，不断优化政府与市场的关系，为完善市场制度创造条件，建立一个"有效市场"。[2]

为满足完善社会主义市场经济体制的新需要，政府应当全面正确履行职能，有所为、有所不为，把不该由政府管理的事项转移出去，把该由政府管理的事项管住、管好，努力做到不越位、不错位、不缺位，加快形成权界清晰、分工合理、权责一致、运转高效、法治保障的国务院机构职能体系，切实提高政府管理科学化水平。党和国家机构改革在完善市场制度方面，需要从以下几个方面着力：其一，进一步理顺政府和市场的关系。向市场放权，从体制机制上最大限度给各类市场主体松绑，把不该政府管理的事项还权于市场，明晰政府的法定职责、规范权力运行，推进政府经济管理方式由管微观、抓审批向管宏观、抓监管转变，主要包括减少投资项目审批、减少生产经营活动审批事项、减少资质资格许可、实行商事登记制度改革等。其二，为高质量构建全国统一大市场扫清制度性障碍。通过政府机构改革和职能转变，既提升"有为政府"的宏观调控能力，规范市场体系基础制度，[3]为市场的正常运行供给科学、公平、有效的规则体系；同时提升"有为政府"的市场服务水平，通过简政放权、优化职能运作流程，打造良好的营商环境，激发市场的活力，为统一的基础制度规则、统一联通的市场设施、统一的要素资源市场、统一的商品服务市场、统一的市场监管创造良好的制度环境。[4]其三，发挥政府在经济发展中的积极角色。诊断并解决我国经济运行中长期被

---

〔1〕 新华社：《中共中央 国务院关于新时代加快完善社会主义市场经济体制的意见》，载中国政府网，https://www.gov.cn/zhengce/2020-05/18/content_5512696.htm，最后访问时间：2024年3月1日。

〔2〕 林毅夫：《中国经验：经济发展和转型中有效市场与有为政府缺一不可》，载《行政管理改革》2017年第10期。

〔3〕 薛澜、陈颖、张洪汇：《深化政府职能转变 推进国内统一大市场建设》，载《中国行政管理》2022年第8期。

〔4〕 沈荣华：《推进"放管服"改革：内涵、作用和走向》，载《中国行政管理》2019年第7期。

掩盖的深层次矛盾，实现包容性增长，解决新常态中中国经济的结构性减速问题。[1]其四，防范市场风险。市场风险的新特征导致了市场风险发生的高频率与突发性并存、市场风险成因系统化、市场风险形式多样化，最终导致政府风险防范工作的难度加大。这需要通过改革，系统调整政府的经济调节和市场监管职能，使政府从市场参与者转变为市场的维护者。[2]

（四）回应社会主要矛盾的变化

党的十九大报告指出，"我国社会主要矛盾已经转化为人民日益增长的美好生活需要和不平衡不充分的发展之间的矛盾"[3]。基于此，党和国家机构改革必须"直指关乎中国特色社会主义发展的根本性问题，围绕社会主要矛盾的变化，以满足人民对美好生活的向往作为进一步改革的方向，以发展中不平衡不充分的问题作为改革的突破口"。[4]当前，人民群众对美好生活需要的新变化主要体现在四个方面：一是高层次性，二是全面性，三是差异性和个体性，四是动态性。[5]当人民群众对于美好生活的需要发生变化，尤其是变得更为高层次、多元、全面，要实现以人民为中心、建设一个人民满意的服务型政府，便需要通过发展与改革来及时回应民众的诉求。

社会主要矛盾的变化是关系党和国家工作全局的历史性变化，需要通过机构改革和政府职能转变来回应主要矛盾对国家治理提出的新要求。[6]具体而言，社会主要矛盾的转化，首先便意味着党和国家机构改革根本任务与工作重点的重新聚焦，国家机构需要更加注重"以人民为中心"的价值导向，将改革目标定位于给老百姓带来实实在在的利益[7]，最大程度地满足人民对

〔1〕 李扬、张晓晶：《"新常态"：经济发展的逻辑与前景》，载《经济研究》2015 年第 5 期。

〔2〕 吕炜、周佳音：《新时代政府与市场关系的再诠释——基于经济风险化解与政府职能转变的分析》，载《财经问题研究》2017 年第 12 期。

〔3〕 习近平：《决胜全面建成小康社会 夺取新时代中国特色社会主义伟大胜利——在中国共产党第十九次全国代表大会上的报告（2017 年 10 月 18 日）》，载《人民日报》2017 年 10 月 28 日，第 5 版。

〔4〕 季正聚、许可：《我国社会主要矛盾的变化与全面深化改革的纵深推进》，载《中共中央党校学报》2018 年第 1 期。

〔5〕 陈国平、韩振峰：《把握新时代人民群众美好生活需要的三个维度——基于新时代社会主要矛盾的分析》，载《人民论坛·学术前沿》2018 年第 9 期。

〔6〕 习近平：《决胜全面建成小康社会 夺取新时代中国特色社会主义伟大胜利——在中国共产党第十九次全国代表大会上的报告（2017 年 10 月 18 日）》，载《人民日报》2017 年 10 月 28 日，第 5 版。

〔7〕 李慎明：《正确认识中国特色社会主义新时代社会主要矛盾》，载《红旗文稿》2018 年第 5 期。

美好生活的需要[1]。因此，党和国家机构改革要切实转变政府职能重心，改变过去过于偏重经济指标的倾向，更加重视劳动就业、居民收入、社会保障、人民健康状况[2]等公共服务职能，以满足民众多样化的社会需求。反映在改革实践上，其一，强化党对社会治理的领导。为了应对迅速的社会结构分化，党需要通过组织全覆盖、党建引领、区域化党建等形式，实现社会的再组织化，切实发挥党总揽全局、协调各方的核心作用。[3]其二，为了缩短"政策距离"[4]，提高对社会治理的回应性，政府需要向下分权，深化地方机构改革，在发挥好中央与地方两个积极性、协调好中央与地方权力关系的前提下，赋予地方更多自主权，在资源、人员上向基层倾斜，"保证基层事情基层办、基层权力给基层、基层事情有人办"。[5]其三，党和国家机构改革需要适应社会结构多元化和原子化的现实要求，从"政府本位"转变为"社会本位"，[6]不断放松对社会组织的干涉与钳制、激发社会活力；同时，通过完善的制度体系与职能运行机制，维持社会秩序的稳定。

（五）数字时代的新发展

数字时代意味着政府、社会、市场等全方位、立体化的数字化转型，呈现出数据驱动、技术创新、连接性、个性化的时代特征。数字时代的来临，使得国家治理面临变革公共服务系统、更新治理技术、重构政府与民众关系、扩展政府治理边界等的现实挑战。[7]首先，数字技术催生了新的治理对象。一方面，新产业、新业态和新模式层出不穷，尤其是数字经济的崛起，表明数字技术对经济发展的放大、叠加、倍增效应正在深刻变革着经济运行的传

---

〔1〕 唐皇凤：《社会主要矛盾转化与新时代我国国家治理现代化的战略选择》，载《新疆师范大学学报（哲学社会科学版）》2018年第4期。

〔2〕 参见新华社：《中共中央关于全面深化改革若干重大问题的决定》，载《人民日报》2013年11月16日，第1版。

〔3〕 江必新：《以党的十九大精神为指导 加强和创新社会治理》，载《国家行政学院学报》2018年第1期。

〔4〕 石亚军、高红：《做实简政放权必须拉近政府间的政策距离》，载《中国行政管理》2017年第12期。

〔5〕 石亚军、邱倩：《赋予省级及以下机构更多自主权的改革意涵》，载《行政法学研究》2018年第4期。

〔6〕 张康之：《论主体多元化条件下的社会治理》，载《中国人民大学学报》2014年第2期。

〔7〕 陈水生：《新公共管理的终结与数字时代治理的兴起》，载《理论导刊》2009年第4期。

统规律。工信部的相关资料显示，我国数字经济总量已经超 31 万亿元，占 GDP 比重的 34.8%。[1]另一方面，伴随着互联网、大数据、人工智能等数字技术的发展，传统业态也呈现出新的特征。例如，数字技术正在驱动中国制造转型升级，工业制造的生产、经营、管理体系变得越来越敏捷，产业形态从工业化向智能化演变。[2]这些新的治理对象的出现，对国家机构改革与职能转变产生了新的需求，政府需要通过调整相关的机构设置和职能配置，既完善对新的治理对象的管理，又形成对其的规范性引导，激发数字技术在促进经济发展、产业转型、政府治理方面的积极效应。

数字技术的应用对政府治理本身也形成了新的挑战。大数据、人工智能等数字技术正在重构政府的服务方式和供给方式，传统政府需要调适价值取向、运行方式和治理形态等内容，以适应信息技术时代的要求。就政府治理形态而言，政府统一信息平台、网上行政审批系统等的建立，使得政府面临着与传统"物理空间"政府形态不同的"数字空间"政府形态的挑战。[3]然而，数字技术的使用在提高职能运行效率、提高民众办事便捷度的同时，也会给政府带来"技术风险、管理风险、数据风险、安全风险"等多重风险，[4]与此同时，人工智能等数字技术嵌入传统结构，会带来技术逻辑和科层逻辑之间的张力，这可能会加剧政府内部的矛盾。[5]具体而言，数字技术会强化政府的技术逻辑，而在技术理性的主导下，标准规范、程序预设、复杂化简等技术刚性，可能会导致弹性缺失、技术越位以及价值忽视等治理风险。[6]因此，适应数字技术对自身的变革挑战，也是党和国家机构改革的重要任务。

互联网、大数据、人工智能等数字技术的发展在给政府带来挑战的同时，

〔1〕 郭倩：《多方部署激发数字经济"牵引力"》，载《经济参考报》2022 年 1 月 17 日，第 1 版。

〔2〕 肖静华等：《信息技术驱动中国制造转型升级——美的智能制造跨越式战略变革纵向案例研究》，载《管理世界》2021 年第 3 期。

〔3〕 米加宁、彭康珺、孙源：《第四次工业革命与"数字空间"政府》，载《治理研究》2023 年第 1 期。

〔4〕 王广辉、郭文博：《数字政府建设面临的多重风险及其规避策略》，载《改革》2022 年第 3 期。

〔5〕 王小芳、王磊：《"技术利维坦"：人工智能嵌入社会治理的潜在风险与政府应对》，载《电子政务》2019 年第 5 期。

〔6〕 盛明科、贺清波：《数字技术治理风险的生成与防治路径探析——以技术与制度互构论为视角》，载《湘潭大学学报（哲学社会科学版）》2023 年第 2 期。

也为政府更好履行经济调节、市场监管、社会管理、公共服务和环境保护五项基本职能，提供了更加有利的条件。[1]2022 年 6 月 23 日，国务院发文指出要"全面推进政府履职和政务运行数字化转型"，并从 7 个方面对如何利用数字技术驱动政府的数字化转型作出了战略部署。[2]需要明确的一点是，政府引入数字技术的目的在于打造一个良好的政府，以"更好地达成政府施政的政策目标，为公民和社会创造更大的公共价值。"[3]因此，我们必须首先明确数字技术在政府治理中的工具性价值，即它被引入政府治理，是为了服务于良好治理这一根本目标。而一个良好政府的建立，需要"政府管理的体制、结构、职能、流程和方式发生革命性的变化"[4]，这种变化不仅体现在政府治理的边界扩展、政府职能运行方式优化，还体现在政府与民众互动关系改善等方面。与此同时，数字技术可以驱动政府的数字化转型，为加快政府职能转变供给了强大的数字驱动力。换言之，数字技术既可以是政府治理的工具，也能具有更主动的积极价值，推动政府治理的数字化转型。[5]

总而言之，我国的政治、经济、社会、技术环境都发生了较大变化。在此背景下，党和国家机构改革既要回应政治上的全面加强党的领导和构建人民满意的服务型政府的双重要求，又要完善市场制度、防范市场风险，优化社会治理职能，应对复杂社会的新转向，同时需要抓住数字时代的新机遇实现政府转型，最终实现国家治理的现代化。社会背景提出的要求既要反映在党和国家的机构设置上，也要反映在政府的职能体系上。沿着机构改革与职能转变的两条进路，我国将继续推进改革，并在此过程中不断优化机构改革与职能转变之间的关系，提高两者服务于国家重大战略的效能。

---

〔1〕 江小涓：《大数据时代的政府管理与服务：提升能力及应对挑战》，载《中国行政管理》2018 年第 9 期。

〔2〕 参见国务院：《国务院关于加强数字政府建设的指导意见》，载中国政府网，https://www.gov.cn/zhengce/content/2022-06/23/content_ 5697299.htm，最后访问时间：2024 年 3 月 1 日。

〔3〕 张成福、谢侃侃：《数字化时代的政府转型与数字政府》，载《行政论坛》2020 年第 6 期。

〔4〕 陈振明：《政府治理变革的技术基础——大数据与智能化时代的政府改革述评》，载《行政论坛》2015 年第 6 期。

〔5〕 孟天广：《政府数字化转型的要素、机制与路径——兼论"技术赋能"与"技术赋权"的双向驱动》，载《治理研究》2021 年第 1 期。

二、政府机构与党和国家机构的联动改革

党的十九大以来，党和国家分别在 2018 年和 2023 年进行了两次机构改革。除国务院机构改革之外，深化党中央、全国人大、全国政协、跨军地和群团组织等机构改革的重要性也被提到事关"推进国家治理体系和治理能力现代化""关系党和国家事业全局的重大政治任务"的战略高度上来。与 20 世纪 80 年代以来历经的 7 次政府机构改革相比，此两轮中的政府改革被置于党和国家的宏观视域中进行系统化的设计，政府机构改革得以突破行政体制的界限，政府层面的整体性政府与国家层面的整体性治理得以联动推进。

（一）2018 年党和国家机构改革

2017 年 10 月，习近平总书记在党的十九大报告中就深化机构改革作出重要部署，提出"统筹考虑各类机构设置，科学配置党政部门及内设机构权力、明确职责。"[1]2018 年 3 月，第十三届全国人大一次会议通过了《国务院机构改革方案》（2018 年），由此，2018 年党和国家机构改革的帷幕正式拉开。此次机构改革相较过去而言，由"国务院机构改革"的定位转向了"党和国家机构改革"，改革的对象和层级相较之前都有明显的扩充。[2]经过改革，党中央和中央政府层面，核减部级机构 21 个，核减班子正副职数 58 名，减少设置部长助理部门 9 个，减少职数 25 名。39 个部门重新制定了"三定"规定，25 个部门调整了职责。其中，重新制定"三定"规定的部门，同划入时的基数相比，精简内设机构 107 个，精简比例为 15.4%；精简了司局领导职数 274 名，精简比例为 10.8%；精简编制 713 名，精简比例为 3.1%。

1. 党中央机构改革

党中央机构改革是此轮改革的重点，这也是自党的十四大以来，我国首次进行的党组织机构的重点调整。党中央机构改革主要采取撤销（不再保留、不再设立）、组建、合并设立、性质改变四条路径，旨在"实现党对一切工作

〔1〕 习近平：《决胜全面建成小康社会 夺取新时代中国特色社会主义伟大胜利——在中国共产党第十九次全国代表大会上的报告（2017 年 10 月 18 日）》，载《人民日报》2017 年 10 月 28 日，第5 版。

〔2〕 除党中央和国务院机构改革外，全国人大也开展了机构改革，包括组建全国人大社会建设委员会，全国人大内务司法委员会更名为全国人大监察和司法委员会，全国人大法律委员会更名为全国人大宪法和法律委员会。

的领导贯穿于改革各方面和全过程。"[1]自此，在全面加强党的领导的原则下，党中央机构改革着力提高党中央对全面深化改革的领导权和决策权，重构党和国家机构之间的组织关系，为全面推进国家治理现代化提供组织保障。[2]

第一，撤销的机构。2018年党中央机构改革不再保留或不再设立的机构有7个。[3]需要指出的是，党中央的机构虽然被撤销，但是对于该机构原本负担的职责，多采用的是"职责划归"的方式，将职责划入新组建的机构或者原本就存在的机构中。因此，机构的撤销更多体现的是职责整合与优化，而非职能精简的改革逻辑，这符合全面加强党的领导的根本改革原则。

第二，组建与合并的机构。2018年，党中央新组建的5个机构中，共有1个国家监察机关、3个决策议事协调机构和1个党中央的派出机构。[4]其一，建立国家监察委员会，整合分散的监察权，旨在提高国家监察效能。其二，组建决策议事协调机构，全面加强党在各个领域的议事决策权，有利于党更好地发挥总揽全局、协调各方作用，为在相关领域更好地实现党的意图提供了工作保障[5]。其三，机构合并是基于"合并同类项"的原则，通过职能整合，避免职责交叉，提高职能的运行效率。

第三，更名的机构。更名的机构涉及4个原来的议事协调机构，更名后，4个机构的名称由"领导小组"更名为"委员会"，见表3-1。在党的历史上，"领导小组"是在"协调复杂问题时为取得共识而常常采取的组织方式"[6]，这种组织没有决策议事的功能，具有非正式性和临时性的特征。"委员会"则

---

〔1〕　石亚军：《深化党和国家机构改革是一场彰显四个着力的深刻变革》，载《中国行政管理》2018年第5期。

〔2〕　张博：《论党的全面领导与党和国家机构改革的关系》，载《当代世界与社会主义》2020年第1期。

〔3〕　不再保留或不再设立的7个机构分别是：中央直属机关工作委员会、中央和国家机关工作委员会、中央党史研究室、中央文献研究室、中央维护海洋权益工作领导小组、中央社会治安综合治理委员会及其办公室、中央维护稳定工作领导小组及其办公室。

〔4〕　新组建3个决策议事协调机构包括：中央全面依法治国委员会、中央审计委员会、中央教育工作领导小组；1个党中央的派出机构为中央和国家机关工作委员会。

〔5〕　张博：《改革开放以来党中央部门机构改革的历史与逻辑》，载《理论与改革》2019年第5期。

〔6〕　陈玲：《制度、精英与共识：寻求中国政策过程的解释框架》，清华大学出版社2011年版，第46~47页。

不同, 其机构的性质是"中央直属决策议事协调机构", "决策"二字是"委员会"承担的区别于"领导小组"的重要功能, 体现出了党对重大工作的全面领导。[1]

表3-1 2018年党中央更名机构一览表

	机构名称	机构性质	机构职能
1	中央全面深化改革委员会	中央直属决策议事协调机构	由原中央全面深化改革领导小组这一临时性机构升格为常设机构, 主要负责改革工作的顶层设计、总体布局、统筹协调、整体推进、督促落实。
2	中央网络安全和信息化委员会	中央直属决策议事协调机构	由原中央网络安全和信息化领导小组这一临时性机构升格为常设机构, 主要负责网络安全和信息化领域重大工作的顶层设计、总体布局、统筹协调、整体推进、督促落实。
3	中央财经委员会	中央直属决策议事协调机构	由原中央财经领导小组这一临时性机构升格为常设机构, 主要负责财经领域重大工作的顶层设计、总体布局、统筹协调、整体推进、督促落实。
4	中央外事工作委员会	中央直属决策议事协调机构	由原中央外事工作领导小组这一临时性机构升格为常设机构, 主要负责外事领域重大工作的顶层设计、总体布局、统筹协调、整体推进、督促落实。

2. 全国人大机构改革

全国人大中涉及到改革的机构数量较少, 共计3个, 其中组建1个机构, 更名2个机构。组建的1个机构为全国人大社会建设委员会, 强化了全国人大在社会建设工作中的作用, 体现出当前社会建设和社会管理工作的重要性, 以充分发挥全国人大在社会治理体系中的积极意义。涉及到更名的2个机构是在党和国家机构统筹改革中被同步推进的, 全国人大监察和司法委员会体现了全国人大配合深化国家监察体制改革的职责设置思路, 而全国人大宪法和法律委员会则突出了全国人大在宪法实施、解释、审查和监督、宣传等方

---

〔1〕 王臻荣、郎明远:《从"领导小组"到"委员会":制度逻辑与政治价值》, 载《山西大学学报 (哲学社会科学版) 》2018年第4期。

面的相应职责，新组建的机构都是在响应国家监察体制改革、全面依法治国战略的需求，体现出机构改革服务于国家重大战略的逻辑与思路。

3. 国务院机构改革

国务院在此次机构改革中变化较大，《深化党和国家机构改革方案》中涉及到国务院机构改革的内容为 23 条，改革路径包括撤销、新组建以及重新组建。国务院机构调整不再局限于政府内部的结构优化、职责顺畅，而是置于党和国家机构改革中被统筹设计。经过改革，国务院正部级机构减少 8 个，副部级机构减少 7 个，除国务院办公厅外，国务院设置组成部门 26 个，充分体现了大部制的改革思路，见图 3-1。

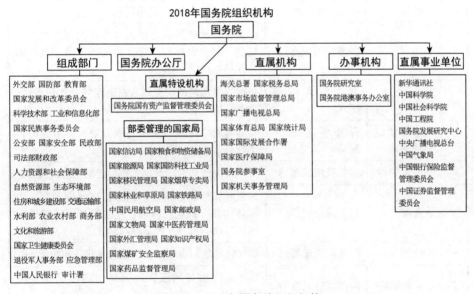

图 3-1　2018 年国务院组织机构

第一，撤销的机构。2018 年，为了进一步解决职能重叠、人员冗余、多头管理等问题，国务院撤销了不需继续保留的机构，包括国务院组成部门 6 个，部委管理的国家局 3 个和国务院直属机构 8 个，国务院办事机构 1 个，国务院直属事业单位 2 个，以及其他机构 4 个，见表 3-2。机构不再保留或不再设立的原因大致有以下几类：一是因职责分散，为整合需要而撤销，如国家卫生和计划生育委员会因职责被并入新的机构而不再保留；二是因职能重复而撤销，如组建新的农业农村部之后便不再保留原农业部；三是因工作任务完成及职责优化而撤销，最具代表性的便是国务院三峡工程建设委员会及其办公室、国务院南水北调工程建设委员会及其办公室；四是因配合管理体制改革而撤销，如为了建立统一的市场监管体制，我国撤销了国家工商行政管理总局、国家质量监督检验检疫总局、国家食品药品监督管理总局；四是职责强化的需要而撤销，主要指的是党中央为了强化对特定职责的领导而将部分职责予以整合并转移到党中央机构，如国家新闻出版广电总局和国家粮食局的职责便转移到了党中央。

表 3-2　2018 年国务院被撤销机构一览表

	机构名称	机构性质	机构职能
1	国土资源部	国务院组成部门	将国土资源部的职责划入自然资源部、生态环境部、农业农村部、应急管理部、国家林业和草原局。
2	国家海洋局	部委管理的国家局	将国家海洋局的职责划入新组建的自然资源部、生态环境部、国家林业和草原局。
3	国家测绘地理信息局	部委管理的国家局	将国家测绘地理信息局的职责划入新组建的自然资源部。
4	环境保护部	国务院组成部门	将环境保护部的职责划入新组建的生态环境部。
5	农业部	国务院组成部门	将农业部的职责划入新组建的自然资源部、生态环境部、农业农村部、应急管理部、交通运输部以及国家林业和草原局。
6	文化部	国务院组成部门	将文化部的职责划入新组建的文化和旅游部。
7	国家旅游局	国务院直属机构	将国家旅游局的职责划入新组建的文化和旅游部。
8	国家卫生和计划生育委员会	国务院组成部门	将国家卫生和计划生育委员会的职责划入新组建的国家卫生健康委员会、国家医疗保障局。
9	国家安全生产监督管理总局	国务院直属机构	将国家安全生产监督管理总局的职责划入新组建的国家卫生健康委员会、应急管理部。
10	国务院法制办公室	国务院办事机构	将国务院法制办公室的职责划入司法部。

表3-2　2018年国务院被撤销机构一览表　　　　　续表

	机构名称	机构性质	机构职能
11	国务院三峡工程建设委员会及其办公室	国务院议事协调机构	将国务院三峡工程建设委员会及其办公室并入水利部。
12	国务院南水北调工程建设委员会及其办公室	国务院议事协调机构	将国务院南水北调工程建设委员会及其办公室并入水利部。
13	监察部	国务院组成部门	将监察部并入新组建的国家监察委员会。
14	国家预防腐败局	国务院直属机构	将国家预防腐败局并入新组建的国家监察委员会。
15	国家工商行政管理总局	国务院直属机构	将国家工商行政管理总局的职责划入新组建的国家市场监督管理总局及国家知识产权局。
16	国家质量监督检验检疫总局	国务院直属机构	将国家质量监督检验检疫总局的职责划入新组建的国家市场监督管理总局及海关总署、国家知识产权局。
17	国家食品药品监督管理总局	国务院直属机构	将国家食品药品监督管理总局的职责划入新组建的国家市场监督管理总局。
18	国家新闻出版广电总局	国务院直属机构	在国家新闻出版广电总局广播电视管理职责的基础上组建国家广播电视总局。
19	中国银行业监督管理委员会	国务院直属事业单位	将中国银行业监督管理委员会的职责划入新组建的中国银行保险监督管理委员会及中国人民银行。
20	中国保险监督管理委员会	国务院直属事业单位	将中国保险监督管理委员会的职责划入新组建的中国银行保险监督管理委员会及中国人民银行。
21	国家粮食局	部委管理的国家局	将国家粮食局的职责划入新组建的国家粮食和物资储备局。
22	国家林业局	国务院直属机构	将国家林业局的职责划入新组建的自然资源部、应急管理部、国家林业和草原局。

表 3-2　2018 年国务院被撤销机构一览表　　　　　续表

	机构名称	机构性质	机构职能
23	国务院深化医药卫生体制改革领导小组办公室		将深化医药卫生体制改革领导小组办公室的职责划入新组建的国家卫生健康委员会。
24	国有重点大型企业监事会		将国有重点大型企业监事会的职责划入审计署。

第二，重组的机构。为整合部分机构的相近职能，2018 年的国务院机构改革重组了 3 个国务院机构，其中国务院组成部门 2 个，部委管理的国家局 1 个，见表 3-3。机构重组主要基于如下考虑：一是基于国家重大战略，更新并优化机构的职责，这种重新组建主要体现为机构职能的调整，科学技术部与国家知识产权局的重新组建便是遵循此种思路；二是基于新的党政关系调整，国务院组成部门的相应职能得以调整，如司法部的职责主要调整为"研究""协调提出规划建议""有关重大决策部署督察"等研究类、建议类、执行类的职能。

表 3-3　2018 年国务院重新组建机构一览表

	机构名称	机构性质	机构职能
1	科学技术部	国务院组成部门	拟订国家创新驱动发展战略方针以及科技发展、基础研究规划和政策组织实施，负责引进国外智力规划和政策并组织实施等 17 项。
2	司法部	国务院组成部门	承担全面依法治国重大问题的政策研究，协调有关方面提出全面依法治国中长期规划建议，负责有关重大决策、部署督察工作等 14 项。
3	国家知识产权局	部委管理的国家局	拟定和组织实施国家知识产权战略，保护知识产权，促进知识产权运用等 7 项。

第三，新组建的机构。为了解决职责空白、职责分散、职责交叉等职责配置问题，整合同一目标下分配给多个部门的职责，实现职责的统一行使，提高职责的运行效率，本次改革通过新组建机构的方式实现了分散职能的整

合与重新组合。2018 年新组建的机构数量较多，共计 15 个，包括 7 个国务院组成部门、5 个国务院直属机构和 3 个部委管理的国家局，见表 3-4。

表 3-4　2018 年国务院新组建机构一览表

	机构名称	机构性质	主要职责
1	自然资源部	国务院组成部门	履行全民所有土地、矿产、森林、草原、湿地、水、海洋等自然资源资产所有者职责和所有国土空间用途管制职责等 21 项。
2	生态环境部	国务院组成部门	负责建立健全生态环境基本制度，对重大生态环境问题的统筹协调和监督管理等 16 项。
3	农业农村部	国务院组成部门	统筹研究和组织安排"三农"工作的发展战略、中长期规划、重大政策，统筹推动发展农村社会事业、农村公共服务、农村文化、农村基础设施和乡村治理等 16 项。
4	文化和旅游部	国务院组成部门	贯彻落实党的文化工作方针政策，研究拟订文化和旅游政策措施，起草文化和旅游法律法规草案等 13 项。
5	国家卫生健康委员会	国务院组成部门	负责组织拟订国民健康政策，拟订卫生健康事业发展法律法规草案、政策、规划，制定部门规章和标准并组织实施等 14 项。
6	退役军人事务部	国务院组成部门	拟订退役军人思想政治、管理保障和安置优抚等工作政策法规并组织实施，褒扬彰显退役军人为党、国家和人民牺牲奉献的精神风范和价值导向等 11 项。
7	应急管理部	国务院组成部门	负责应急管理工作，指导各地区各部门应对安全生产类、自然灾害类等突发事件和综合防灾减灾救灾工作等 19 项。
8	国家市场监督管理总局	国务院直属机构	负责市场综合监督管理，市场主体统一登记注册，组织和指导市场监管综合执法工作等 19 项。
9	国家广播电视总局	国务院直属机构	贯彻党的宣传方针政策，拟订广播电视、网络视听节目服务管理的政策措施，加强广播电视阵地管理，把握正确的舆论导向和创作导向等 12 项。
10	中国银行保险监督管理委员会	国务院直属事业单位	依法依规对全国银行业和保险业实行统一监督管理，维护银行业和保险业合法、稳健运行等 15 项。

表 3-4 2018 年国务院新组建机构一览表 续表

	机构名称	机构性质	主要职责
11	国家国际发展合作署	国务院直属机构	拟订对外援助战略方针、规划、政策，统筹协调援外重大问题并提出建议，推进援外方式改革，编制对外援助方案和计划，确定对外援助项目并监督评估实施情况等。援外的具体执行工作仍由相关部门按分工承担。
12	国家医疗保障局	国务院直属机构	负责拟订医疗保险、生育保险、医疗救助等医疗保障制度的法律法规草案、政策、规划和标准，制定部门规章并组织实施等 11 项。
13	国家粮食和物资储备局	部委管理的国家局	负责起草全国粮食流通和物资储备管理的法律法规草案、部门规章，研究提出国家战略物资储备规划、国家储备品种目录的建议等 10 项。
14	国家移民管理局	部委管理的国家局	对出境、入境的人员及其携带的行李物品、交通运输工具及其载运的货物实施边防检查等 4 项。
15	国家林业和草原局	部委管理的国家局	负责林业和草原及其生态保护修复的监督管理，组织林业和草原生态保护修复和造林绿化工作等 15 项。

4. 全国政协机构改革

全国政协中涉及到改革的机构数量较少，共计 3 个，其中，组建 1 个机构，更名 2 个机构，见表 3-5。其一，组建全国政协农业和农村委员会，就"三农"问题展开研究、提出意见，契合了我国对农业农村问题的重视；其二，对于两个更名的委员会，主要是因为"联系文化艺术"的职责从"教科文卫"转移到了"文化文史和学习"，相应的，两个机构便调整了名称。

表 3-5 2018 年全国政协机构改革一览表

	机构名称	改革路径	机构职能
1	全国政协农业和农村委员会	组建	组织委员学习宣传党和国家农业农村方面的方针政策和法律法规，就"三农"问题开展调查研究，提出意见、建议和提案，团结和联系农业和农村界委员反映社情民意。
2	全国政协文化文史和学习委员会	更名	组织委员学习宣传党和国家文化艺术文史方面的方针政策和法律法规，就文化艺术文史问题开展调查研究，提出意见、建议和提案，团结和联系文化艺术文史界委员反映社情民意。

表 3-5　2018 年全国政协机构改革一览表　　　　　　　续表

	机构名称	改革路径	机构职能
3	全国政协教科卫体委员会	更名	组织委员学习宣传党和国家教育、科技、卫生、体育方面的方针政策和法律法规，就教育、科技、卫生、体育问题开展调查研究，提出意见、建议和提案，团结和联系教育、科技、卫生、体育界委员反映社情民意。

2018 年的党和国家机构改革，我国采取的是一种基于"整体设计"而非"实验主义"的改革思路。这次全面改革是党的十九大以来机构数量变动最多、幅度最大的变革，有学者将其总结为"一场整体性、系统性、重构性的深刻变革，建梁架柱、大刀阔斧，涉及范围之广、力度规模之大、触及利益之深前所未有"[1]。此次改革不再采用渐进改革的路径，改革由战略驱动，内容关乎全局，党和国家采用架构统筹的方式，进行全面性推进。[2]经过对政府职能体系进行前所未有的全方位大调整、新建构，[3]在国家在治理现代化的目标之下，党的领导全面加强，政府的机构设置与职能配置得以优化，全国人大、全国政协等机构也实现了同步改革，机构服务于国家治理现代化的能力得到增强。

（二）2023 年党和国家机构改革

2022 年 10 月，党的二十大报告提出了新时代的中心任务和战略目标。以此反观党和国家机构设置和职能配置，其与新时代新征程的新任务存在着不完全适应的问题，"需要在巩固党和国家机构改革成果的基础上继续深化改革，对体制机制和机构职责进行调整和完善"[4]。2023 年 3 月，我国开展了新一轮的党和国家机构改革，进一步理顺了机构职责，在重点工作领域进行了系统性、整体性的机构调整，推进和完善了体制机制的全面纵深改革。在党中央机构改革中，新组建了中央金融委员会、中央社会工作部等 5 个机构；在国务院机构改革中，撤销了 5 个议事协调机构和 1 个直属事业单位，重新

〔1〕　宋世明：《中国行政体制改革 70 年回顾与反思》，载《行政管理改革》2019 年第 9 期。

〔2〕　文宏：《从实验主义到整体设计：2018 年党政机构改革的深层逻辑分析》，载《学海》2019年第 2 期。

〔3〕　石亚军：《深化党和国家机构改革是一场彰显四个着力的深刻变革》，载《中国行政管理》2018 年第 5 期。

〔4〕　参见新华社：《中共中央国务院印发〈党和国家机构改革方案〉》，载《人民日报》2023年 3 月 17 日，第 2 版。

组建了科学技术部，组建了国家金融监督管理总局和国家数据局，调整了中国证券监督管理委员会等3个机构的性质。[1]

1. 党中央机构改革

在深化党中央机构改革方面，此次改革采取的是重点突进的改革进路，坚持问题导向，对关系国家治理现代化的重要领域机构进行深化改革，涉及领域主要包括金融、科技、社会工作和港澳工作四个领域。改革后，党中央新组建了5个机构，详见表3-6。其中，中央社会工作部是改革开放以来唯一新设置的党中央职能部门，它的成立对于社会稳定、社会发展以及激发社会活力具有重要意义。

表3-6 2023年党中央新组建机构一览表

	机构名称	机构性质	机构职能
1	中央金融委员会	党中央决策议事协调机构	加强党中央对金融工作的集中统一领导，负责金融稳定和发展的顶层设计、统筹协调、整体推进、督促落实，研究审议金融领域重大政策、重大问题等。
2	中央金融工作委员会	党中央的派出机关	中央金融工作委员会统一领导金融系统党的工作，指导金融系统党的政治建设、思想建设、组织建设、作风建设、纪律建设等。
3	中央科技委员会	党中央决策议事协调机构	加强党中央对科技工作的集中统一领导，统筹推进国家创新体系建设和科技体制改革，研究审议国家科技发展重大战略、重大规划、重大政策，统筹解决科技领域战略性、方向性、全局性重大问题，研究确定国家战略科技任务和重大科研项目，统筹布局国家实验室等战略科技力量，统筹协调军民科技融合发展等。
4	中央社会工作部	党中央职能部门	负责统筹指导人民信访工作，指导人民建议征集工作，统筹推进党建引领基层治理和基层政权建设，统一领导全国性行业协会商会党的工作，协调推动行业协会商会深化改革和转型发展，指导混合所有制企业、非公有制企业和新经济组织、新社会组织、新就业群体党建工作，指导社会工作人才队伍建设等。

---

[1] 参见新华社：《中共中央国务院印发〈党和国家机构改革方案〉》，载《人民日报》2023年3月17日，第2版。

表 3-6　2023 年党中央新组建机构一览表　　　　　　　续表

	机构名称	机构性质	机构职能
5	中央港澳工作办公室	党中央办事机构	贯彻执行"一国两制""港人治港""澳人治澳"等高度自治方针,坚持依法治港治澳等 11 项。

2. 国务院机构改革

在深化国务院机构改革方面,改革涉及撤销、重组、新组建、机构调整四种类型。其中,撤销的是 5 个议事协调机构和 1 个国务院直属事业单位。重组了科学技术部,与中央科技委员会形成党政复合型组织结构,实现科技领域组织领导体系的系统性优化和结构性重塑,切实解决科技领域"卡脖子"的问题。[1]与此一致,国务院新组建了国家金融监督管理总局,与党中央的中央金融委员会形成决策与执行的双重组织体系,强化党对金融工作的领导,提高政府在金融领域的执行能力。国家数据局成立的逻辑则与此不同,它是为了应对现代信息技术对政府治理的影响而组建。同时,国务院将中国证券监督管理委员会、国家信访局调整为国务院直属机构,将国家科技伦理委员会调整为中央科技委员会领导下的专家委员会。改革后,国务院的组织机构见图 3-2。

第一,撤销的机构。国务院在金融、科技等领域作出了职能整合和机构调整,撤销了不需继续保留的机构,包括 5 个国务院议事协调机构和 1 个国务院直属事业单位,详见表 3-7。撤销的 5 个国务院议事协调机构的职责归入了中央金融委员会办公室、中央科技委员会和科学技术部,撤销的 1 个国务院直属事业单位的职责划入国家金融监督管理总局。由此可见,机构撤销并未带来党和政府职责体系的变化,它实现的是职责在政府不同部门、党政不同机构之间的划转。

---

〔1〕　宋世明:《2023 年党和国家机构改革研究——以战略管理为分析视角》,载《国家现代化建设研究》2023 年第 4 期。

图 3-2　2023 年国务院组织机构

表 3-7　2023 年国务院撤销机构一览表

	机构名称	机构性质	职责划归
1	国务院金融稳定发展委员会及其办事机构	国务院议事协调机构	将国务院金融稳定发展委员会办公室职责，划入中央金融委员会办公室。
2	中央国家实验室建设领导小组及其办公室	国务院议事协调机构	将职责划归新组建的中央科技委员会，办事机构职责由重组后的科学技术部整体承担。
3	国家科技领导小组及其办公室	国务院议事协调机构	将职责划归新组建的中央科技委员会，办事机构职责由重组后的科学技术部整体承担。
4	国家科技体制改革和创新体系建设领导小组及其办公室	国务院议事协调机构	将职责划归新组建的中央科技委员会，办事机构职责由重组后的科学技术部整体承担。

表 3-7　2023 年国务院撤销机构一览表　　　　　　　　　续表

	机构名称	机构性质	职责划归
5	国家中长期科技发展规划工作领导小组及其办公室	国务院议事协调机构	将职责划归新组建的中央科技委员会，办事机构职责由重组后的科学技术部整体承担。
6	中国银行保险监督管理委员会	国务院直属事业单位	国家金融监督管理总局在中国银行保险监督管理委员会基础上组建。

第二，重组的机构。国务院重新组建了科学技术部。科学技术部的组建，强化了科学技术部的宏观管理职责；同时，国务院还将科学技术部的部分具体管理职责划转给其他部委和行业主管部门。[1]党的十九大以来，科学技术部历经两次调整，主要受到科技安全问题与外部环境变化的影响。为了强化我国在核心关键技术领域的竞争力，[2]党的十九届四中全会通过《中共中央关于坚持和完善中国特色社会主义制度　推进国家治理体系和治理能力现代化若干重大问题的决定》，将完善科技宏观治理机制作为科技改革的重要内容。此次改革的特点在于强化党对科技工作的统一领导，明确科学技术部在科技管理工作中的宏观管理职能；并将具体管理职责转移出去，优化了科学技术部内部职能的配置与优化。

第三，新组建的机构。国务院机构改革在金融监管和数据管理领域新组建了 2 个机构，即国家金融监督管理总局和国家数据局（见表 3-8）。在金融监管方面，国务院在中国银行保险监督管理委员会基础上组建了国家金融监督管理总局，提高金融监管机构的地位，并将其由原来的国务院直属事业单位调整为国务院直属机构，重塑金融监管操作系统，提高整治金融乱象、强化监督管理、防范金融风险的能力。[3]在数据治理方面，通过组建国家数据局，促进政府的数字化转型，解决数据治理中的困境，以统筹推进数字中国、数字经济、数字社会的建设。

---

〔1〕　参见新华社：《中共中央国务院印发〈党和国家机构改革方案〉》，载《人民日报》2023 年 3 月 17 日，第 2 版。

〔2〕　眭纪刚：《科技机构改革与新型举国体制建设》，载《人民论坛》2023 年第 9 期。

〔3〕　参见新华社：《中共中央国务院印发〈党和国家机构改革方案〉》，载《人民日报》2023 年 3 月 17 日，第 2 版。

表 3-8   2023 年国务院新组建机构一览表

	机构名称	机构性质	机构职能
1	国家金融监督管理总局	国务院直属机构	依法对除证券业之外的金融业实行统一监督管理，强化机构监管、行为监管、功能监管、穿透式监管、持续监管，维护金融业合法、稳健运行等 15 项。
2	国家数据局	部委管理的国家局	负责协调推进数据基础制度建设，统筹数据资源整合共享和开发利用，统筹推进数字中国、数字经济、数字社会规划和建设等。

第四，调整性质的机构。为统筹推进金融监管领域改革和社会工作领域的体制机制改革，中国证券监督管理委员会和国家信访局调整为国务院直属机构，提高了组织运作的独立性。同时，国家科技伦理委员会由国务院议事协调机构，调整为中央科委领导下的专家委员会，负责科技伦理治理体系建设，见表 3-9。

表 3-9   2023 年国务院调整归属机构一览表

	机构名称	机构性质	机构职能
1	中国证券监督管理委员会	由国务院直属事业单位调整为国务院直属机构	依法对证券业实行统一监督管理，强化资本市场监管职责等 16 项。
2	国家信访局	由国务院办公厅管理的国家局调整为国务院直属机构	负责处理国内群众、境外人士、法人及其他组织通过信访渠道给党中央、国务院及领导同志的来信来电，接待来访等 9 项。
3	国家科技伦理委员会	由国务院议事协调机构调整为中央科技委员会领导下的学术性、专业性专家委员会	负责指导和统筹协调推进全国科技伦理治理体系建设工作。

3. 全国人大机构改革

此次改革涉及到的全国人大机构只有 1 个，即组建了全国人大常委会代表工作委员会。这是落实党的二十大对"加强人大代表工作能力建设，密切人大代表同人民群众的联系"的改革举措。[1]该委员会全面负责人大代表的

---

〔1〕 习近平：《高举中国特色社会主义伟大旗帜 为全面建设社会主义现代化国家而团结奋斗——在中国共产党第二十次全国代表大会上的报告（2022 年 10 月 16 日）》，载《人民日报》2022 年 10 月 26 日，第 1 版。

管理工作，以进一步提高代表工作质量，优化我国的全国人民代表大会制度。

在 2018 年全面深化改革的基础之上，2023 年的党和国家机构改革实现了对重点领域的实质性突破。具体而言，2023 年改革以加强党中央集中统一领导为统领，围绕着关系我国经济社会发展的科技领域、金融体系进行了整体性改革，打造了"党中央设置机构—政府调整机构"的双重组织架构，对党政在以上领域中的职责进行了系统性重构，完善了科技创新体系、强化了金融稳定保障机制、强化了党对重点工作的领导、优化了政府的管理职责，以解决"三个不适应"问题。[1]

三、政府职能范围、结构与方式之变

面对急剧变化的内外经济社会局势，伴随着市场在资源配置中的定位、党政关系、国家与社会关系的重新调整，以及国家重大发展战略的变化，政府的职能范围也在相应改变。政府职能的构成内容与重要性程度、履行方式也会伴随着经济社会的发展而得以调整，以更为适配时代提出的新要求。具体而言，政府的职能体系依据其与市场和社会的关系而不断调适。就政府与市场的关系而言，政府作为国家治理主体需要服务于"使市场在资源配置中起决定性作用"的要求，只有在市场无法发挥作用的领域，政府才能补位。就国家与社会的关系而言，国家应"着眼于维护最广大人民根本利益，最大限度增加和谐因素，增强社会发展活力，提高社会治理水平"。[2]因此，政府既需要承担起市场不愿承担或无力承担的公共服务责任，辅助市场在资源配置中的决定性作用；也要在创新社会治理中不断激活社会组织的活力、改进社会治理的方式，并在以上宏观原则的基础上重新梳理政府的职能结构与职能内容。总之，在一个动态转变的环境中，政府的职能体系也要相应改变，有的职能在强化，有的职能在弱化，有的职能在新增，有的职能在减少，职能的内部结构也处在变动之中，相应的职能运行方式也受到现代信息技术和治理技术的影响而不断更新。

---

〔1〕　即党和国家机构设置和职能配置同全面建设社会主义现代化国家、全面推进中华民族伟大复兴的要求还不完全适应，同实现国家治理体系和治理能力现代化的要求还不完全适应，同构建高水平社会主义市场经济体制的要求还不完全适应。

〔2〕　参见新华社：《中共中央关于全面深化改革若干重大问题的决定》，载《人民日报》2013 年11 月16 日，第 1 版。

（一）生产与精简并存：职能范围变化新趋势

回应经济社会发展现实需求始终是调整政府职能范围的主要驱动力，政府职能边界也一直在随着外部政治经济社会环境的变化而不断变动。沿着我国经济社会发展变化的时间脉络，改革开放后的政府职能范围呈现出"精简—整合—优化"的转型逻辑。[1]而党的十九大以来，为了适应全面建设社会主义现代化国家、全面推进中华民族伟大复兴的要求，实现国家治理体系和治理能力现代化的要求，以及构建高水平社会主义市场经济体制的要求，政府既要生产新的职能以回应经济社会发展的新情况，也要通过职能精简来调适政府和市场、社会的关系，减少政府对市场和社会的不当干预。

1. 职能生产：应对社会经济国际新形势

机构职能有分化，延伸，消亡，亦有生产。面对新兴经济社会活动和全新治理问题，组织机构也有相应的职能生产。譬如古代中国治理结构中专司礼乐祭祀等工作的礼部，便是应传统封建社会祭祀礼宾等实务之需要设立。通常情况下，一定社会发展阶段内的政府职能较为稳定恒常；但随着经济社会发展变化愈加频繁，新需求的出现与旧需求的变化层出不穷，这对政府职能的转变乃至生产都提出了更高的要求。日趋复杂的内外经济社会形势及其对国家治理提出的新挑战是党和国家机构改革的典型特征之一。为了有效回应经济社会出现的新变化、新趋势，完善党和国家机构机构改革与职能体系建设变得迫在眉睫。

数字经济领域的快速发展是第四次科技革命对全球国家治理提出的全新命题，如何妥善利用数字要素、发掘数字经济潜能、监管数据安全、提升数字治理水平成为现代政府重视的课题。对此，我国在党和国家机构的设置上进行了探索与实践，梳理其脉络可以发现，这正是一个典型的政府职能生产的样本。伴随20世纪末开始的互联网产业发展，我国互联网行业在快速蓬勃发展的过程中出现了诸多需要政府治理的、不规范的野蛮生长问题，以及需要确立标准以促进行业发展的问题。为此，2011年我国正式设立国家互联网信息办公室，2018年成立中央网络安全和信息化委员会办公室，其职能之一

---

〔1〕 沈荣华：《我国政府机构改革40年的启示和新趋向》，载《行政管理改革》2018年第10期。

是拟定数字中国建设方案、协调推动公共服务和社会治理信息化等。[1]此外，国家发展和改革委员会作为宏观管理部门也承担了一部分数字经济发展的职能。由此可见，互联网产业与数字经济发展的现实推动了负责管理数字经济相关的政府职能的产生。

近年来，数字经济已经成长为我国经济增长的主要引擎之一。2023年国务院机构改革方案进一步明确了其对数字经济的管理职能，提出组建国家数据局，这是党和国家机构改革方案中首次涉及"数字"中国与数字经济相关方案调整。[2]从职能生产到机构设立，国家数据局的成立正式标志着数字经济管理或数据管理成为政府的一项基本职能，表明国家对新领域数据生产要素和资源属性的认知更为深入。[3]从经济发展的角度，国家数据局的职能有助于拟订并组织实施国民经济和社会发展战略、中长期发展规划和年度发展计划，将数字经济和大数据发展作为国家战略，拟订并组织实施地方性产业政策；从数据监管的角度，国家数据局的职能有利于落实《数据安全法》[4]和《个人信息保护法》等与信息时代中的数据安全和信息保护相关的法律，也有利于数据要素市场的经营主体降低符合国家监管的成本和对国家监管预期的不确定性。

此前，我国中央与地方数据监管职能分散，国际上也缺乏可供借鉴的成熟经验，只能独自探索数据管理职能该如何设定，相应的机构该如何设立，在职能探索与数字经济发展的双向互动之中，逐步明确了数据管理应由专门的机构进行统筹协调推进的必要性。特别是近年来，关于数字经济相关的顶

---

〔1〕　参见新华社：《中共中央印发〈深化党和国家机构改革方案〉》，载《人民日报》2018年3月22日，第1版。

〔2〕　此次调整，还将此前中共中央网络安全和信息化委员会办公室承担的研究拟订数字中国建设方案、协调推动公共服务和社会治理信息化、协调促进智慧城市建设、协调国家重要信息资源开发利用与共享、推动信息资源跨行业跨部门互联互通等职责，国家发展和改革委员会承担的统筹推进数字经济发展、组织实施国家大数据战略、推进数据要素基础制度建设、推进数字基础设施布局建设等职责划入国家数据局。参见新华社：《中共中央国务院印发〈党和国家机构改革方案〉》，载《人民日报》2023年3月17日，第2版。

〔3〕　许宪春、张钟文、胡亚茹：《数据资产统计与核算问题研究》，载《管理世界》2022年第2期。

〔4〕　为了行文方便。本书中提及的我国法律规范文件均省略"中华人民共和国"字样，如《中华人民共和国数据安全法》简称为《数据安全法》。

层设计文件陆续密集出台，包括《中共中央　国务院关于构建更加完善的要素市场化配置体制机制的意见》，首次提出"培育数据要素市场"[1]；2021年12月，国务院《"十四五"数字经济发展规划》提出"十四五"时期的发展目标，是要"充分发挥数据要素作用"[2]，以及 2023 年中共中央、国务院印发《数字中国建设整体布局规划》[3]等，事关数字经济的中长期规划与主要发展战略基本形成，需要一个独立的部门在政策实施层面主抓落实，这对于构建以数据要素为核心生产要素的数字经济、对于高质量的中国式现代化发展都意义重大。

2. 职能精简：推行简政放权

为适应不断变化的经济社会发展现状，政府职能也会随之发生新旧更替，在职能总量上呈现有增有减的动态演变过程。因此，在生产新职能以应对新社会经济形势的同时，及时淘汰精简过时的、冗余的、不再适应新发展环境的职能及其相关细分行政事项，定期为政府职能"瘦身"，也是机构改革的应有之义。在我国改革开放以来的历次机构改革中，我们都可以看到对机构和职能做减量的改革做法。由于体制机制原因，当前我国企业部门和个人投资创业的门槛高、手续多、流程繁；但除涉及企业经营的行政审批事项外，其他类别的投资审批、资格审核等多项行政门槛，都已经不再适应日益发展的经济社会需要。在此背景下，我国政府需要在市场化的过程中，切实提高政府管理科学化水平。因此，我国政府机构改革以理顺政府、市场和社会的关系为目标，以行政审批制度改革为抓手，推行简政放权改革，有所为有所不为，把不该由政府管理的事项转移出去，把该由政府管理的事项管住管好，避免对市场和社会设置过多限制，努力做到不越位、不错位、不缺位。

简政放权改革源于新一届党和国家领导人对于"放开搞活"历史经验的

---

〔1〕 新华社：《中共中央 国务院关于构建更加完善的要素市场化配置体制机制的意见》，载中国政府网，https://www.gov.cn/zhengce/2020-04/09/content_ 5500622.htm，最后访问时间：2024 年 3 月 1 日。

〔2〕 参见国务院：《国务院关于印发"十四五"数字经济发展规划的通知》，载中国政府网，https://www.gov.cn/zhengce/zhengceku/2022-01/12/content_5667817.htm，最后访问时间：2024 年 3 月 1 日。

〔3〕 新华社：《中共中央 国务院印发〈数字中国建设整体布局规划〉》，载中国政府网，https://www.gov.cn/zhengce/2023-02/27/content_5743484.htm，最后访问时间：2024 年 3 月 1 日。

延续与创新，是优化营商环境、促进政府治理体系和治理能力现代化的制度举措。[1]在全面深化改革的背景下，简政放权成为连接政府与市场、政府与社会关系的主要环节，是使市场在资源配置中起决定性作用和更好发挥政府作用的重要制度载体。实践中，简政放权改革主要体现在以下三个方面：一是向市场放权，通过行政审批制度改革和商事登记制度改革，减少政府对市场主体的不当干预；二是向社会放权，把社会能够自主办好的事交还给社会，逐步放开社会组织的登记注册，减少政府对社会的干预；三是向地方放权，增加地方政府的工作积极性。截至2019年，我国削减国务院部门行政审批事项699项，取消中央指定地方实施行政审批事项317项。清理规范国务院部门行政审批中介服务事项323项，中央层面核准的投资项目数量累计减少90%；取消职业资格许可和认定事项434项。[2]

于政府而言，行政审批制度改革实质是"政府的自我革命"，它以放权和限权为出发点和落脚点。[3]因此，简政放权对应政府职能总量的缩减，其背后关涉政府与市场、社会关系的重新厘定。与强化宏观管理和社会监管有机结合的简政放权，有助于政府在向市场放权、向社会放权、向地方放权等方面迈出实质性步伐。[4]此项改革是20世纪90年代以来的市场化改革的继续，延续了我国政府"有效破解主宰市场助推良性发展的体制机制弊端，持续推动经济发展质量变革、效率变革、动力变革"的一贯做法。[5]如何进一步优化政府职能边界，减少政府部门管得过多、过细的问题，实现政府与市场关系的根本转变，是优化简政放权改革的重要内容。

（二）内容调整与结构优化：职能结构重心转移

伴随着党的领导的全面加强，政府与市场、社会关系发生变化，政府职

---

〔1〕 李章泽：《新一轮国务院机构改革和职能转变的五大亮点》，载《中国机构改革与管理》2013年第5期。

〔2〕 中国行政管理学会课题组、张定安、鲍静：《深化"放管服"改革　建设人民满意的服务型政府》，载《中国行政管理》2019年第3期。

〔3〕 潘小娟：《政府的自我革命：中国行政审批制度改革的逻辑起点与发展深化》，载《行政管理改革》2021年第3期。

〔4〕 周志忍、徐艳晴：《基于变革管理视角对三十年来机构改革的审视》，载《中国社会科学》2014年第7期。

〔5〕 张占斌、孙飞：《改革开放40年：中国"放管服"改革的理论逻辑与实践探索》，载《中国行政管理》2019年第8期。

能总量通过职能生产与职能缩减实现了边界的动态调整。在确定了政府职能总量之后，为了更好地回应外部环境对政府职能的要求，政府内部不同种类的职能也出现了结构的调整，一些职能被整合、一些原本不具有显示度的职能变得更为重要、一些原本强调的职能可能不再重要，这些都是随着我国经济社会发展而出现的动态变化。

1. 从"四职能"到"五职能"

2002 年，党的十六大提出，我国政府职能为"经济调节、市场监管、社会管理和公共服务"四大项，[1]但具体每项职责的执行主体、程序等内容并没有被明确界定，导致政府职能在实践层面的发挥与优化进展都较为缓慢。2013 年《中共中央关于全面深化改革若干重大问题的决定》中将地方政府的职责定义为"公共服务、市场监管、社会管理、环境保护等"[2]。到了 2018 年，党和国家机构改革文件进一步提出，"加强和完善政府经济调节、市场监管、社会管理、公共服务、生态环境保护职能"[3]，正式将"生态环境保护"列为政府的基本职能。至此，政府职能的基本内涵被厘清，明确了今后一段时期政府职能的基本类目。需要指出的是，之所以未将政府职能的类目演变视为职能总量的变化，源于"生态环境保护"职能本就属于政府的职能范围，它被突出并视为政府的"五大职能"之一，是因为环境保护在整个政府职能体系中的位置变得更为重要了。

2. 职能整合：职能结构内部优化

政府职能体系本就庞大而复杂。[4]在这个多层次、多类别、多环节的职能体系中，为了实现政府职能的高效运行，我国采取了多种原则进行职能配置，或按照综合管理和行业管理来划分职能类别，或按照流程来对职能分类，

---

〔1〕 江泽民：《全面建设小康社会，开创中国特色社会主义事业新局面——江泽民在中国共产党第十六次全国代表大会上的报告（2002 年 11 月 8 日）》，载中央政府门户网站，https://www.gov.cn/test/2008-08/01/content_1061490.htm，最后访问时间：2024 年 3 月 2 日。

〔2〕 参见新华社：《中共中央关于全面深化改革若干重大问题的决定》，载《人民日报》2013 年 11 月 16 日，第 1 版。

〔3〕 参见新华社：《中共中央印发〈深化党和国家机构改革方案〉》，载《人民日报》2018 年 3 月 22 日，第 1 版。

〔4〕 实践中，"宏观调控、市场监管、社会管理、公共服务和环境保护"是政府的五大职能，"放管服"也是政府的职能，"医疗卫生、教育、食品药品安全监管、行政审批、综合执法、治安"等也是政府的职能，政府职能是一个多层次、多角度的复杂体系。

又或按照职能的管理要素分类[1]，等等。这些复杂的划分原则，使得政府职能设置与运行可能会存在交叉重叠、越位缺位并存的问题。基于此，如何优化整合职能体系、提高职能运行效率，实现各部门、各项职能间的相互整合、配套、补充、衔接，形成优势互补、高效运作、整体联动的良性运行机制，集单项职能为综合职能，变个体优势为整体优势，最终实现 1+1>2 的效果，[2]是职能转变的重要任务。

相比于党的机构改革与党政机构调整，政府机构内部职能调整和机构变化相对更加频繁，涉及内容更广，经历的历史变迁、裁撤、合并、分离更多。这与政府职能具体、多元、全面的性质密不可分。党的十九大以来，政府打破了传统的分行业管理模式，根据具体行政任务配置职能，并依据政府功能重置政府机构，以解决多头管理的问题。经过改革，涉及整合的政府职能包括 2018 年的自然资源、生态环境、农业农村、文化和旅游、卫生健康、应急管理、退役军人和 2023 年的科技、金融监督管理等领域。虽然这些领域的职能都实现了整合，但是职能整合遵循的原则并不相同。

第一种是大部制改革的思路，直接将不同部门的职能进行合并，包括农业农村、卫生健康、文化和旅游等。这些职能原来分属不同的政府部门，但是职能相近，将其合并可以减少行政资源的浪费，优化职能的之间的相互配合，提高职能的运行效率。

第二种职能整合原则是针对特定管理对象，将原本分散在不同部门中的原有职能进行整合，包括应急管理、退役军人、自然资源、市场监管等。这种职能整合方式是在重构职能的基础上对已有职能的整合和优化，而在此之前，我国并不存在一个独立的机构专职应急管理、退役军人或者自然资源、市场监管相关职能，它们被分散为不同的部分，由不同的部门负责。以退役军人事务为例，退役军人事务部组建前，我国退役军人事务行政体制处于分割状态。[3]人力资源和社会保障部、民政部、财政部和中国共产党中央军事

---

[1]　管理要素主要包括内政、外交、司法、发展规划、财政金融、社会保障、科技与教育、文化与体育、国土资源、能源、交通、建设、贸易、信息等。参见熊文钊：《探讨政府职能整合原则》，载《瞭望》2007 年第 35 期。

[2]　张成福、杨兴坤：《建立有机统一的政府：大部制问题研究》，载《探索》2008 年第 4 期。

[3]　岳宗福：《中国退役军人管理保障体制变革的理路与前瞻》，载《行政管理改革》2020 年第 3 期。

委员会、中国人民解放军总后勤部、中国人民解放军总政治部等军政机构、部门均不同程度涉及领导与管理退役军人事务，导致安置政策差异巨大，不利于社会发展与团结稳定。[1]一项对退役军人事务的机构合作网络分析结果发现，1998~2018 年间，退役军人事务相关机构间合作呈现密度先上升后均衡的松散结构；特别是 2008~2018 年间，相关机构合作呈现出水平不高、联系不够紧密等特征。[2]这表明退役军人事务在政府机构内部管理主体多、政策合力小、协调成本高等问题长期存在。因此，2018 年新一轮机构改革将民政部、人力资源和社会保障部、中国共产党中央军事委员会等的有关职责合并，组建退役军人事务部并作为国务院组成部门。

第三种政府职能在党和国家机构改革中实现党政融合，强化了党的全面领导。2018 年和 2023 年的两次改革，关涉党政联动的机构中包含了 15 个党中央的机构。伴随着党中央机构的组建、职责调整，政府部门的机构和职责也得到了相应的调整，调整的形式包括：其一，政府机构整体并入党中央机构，政府序列中不再保留该组织，如国家预防腐败局、国家公务员局、国家宗教事务局和国务院侨务办公室都不再保留。其二，政府机构职责划转到党中央机构，原政府机构可能保留也可能会不再设立。整体划转职责的政府机构一般不再保留，但类似于民政部这种只划转部分职责到中央社会工作部的部门，则将会继续保留。其三，党中央的机构将办公室、秘书组设在政府机构，强化党政之间的融合和协同。其四，政府将特定职责划入党中央机构，党中央机构加挂政府机关的牌子，如中国共产党中央委员会宣传部加挂国家电影局牌子。其五，归口管理，政府机构由党中央机构负责归口管理，强化党中央对该事项的集中统一领导，如国家民族事务委员会归口中国共产党中央委员会统一战线工作部领导。其六，党中央机构取消之后，其负责的职责部分交由政府机构负责。如中央防范和处理邪教问题领导小组及其办公室撤销之后，它的部分职责由公安部承担。

3. 职能强化：内部监督与公共服务

当前，政府职能结构明显呈现出愈加重视内部监督与外部服务的双重特

---

〔1〕李玉倩、陈万明：《当前我国退役军人管理保障机构的设置研究》，载《中国行政管理》2018 年第 8 期。

〔2〕刘纪达、王健：《变迁与演化：中国退役军人安置保障政策主题和机构关系网络研究》，载《公共管理学报》2019 年第 4 期。

征，于是，其纪检监察职能与公共服务职能的显示度进一步提高。2018 年，党和国家机构改革方案提出，正式组建国家监察委员会，与纪委合署办公。[1]同时，全国人大内务司法委员会更名为全国人大监察和司法委员会，增加了"配合深化国家监察体制改革、完善国家监察制度体系"等职责。[2]至此，纪检监察职能从组织机构层面实现了更高规格、更高标准的确认。具体而言，行使国家监察职能的机构为国家监察委员会，它与"一府两院"平行，作为国家的政治机关，对全国人大负责，从而保障了该项职能运行的独立性以及在职能体系中的突出地位。在机构改革与工作体制机制完善的前提下，我国纪检监察职能得到了进一步加强、国家监察体制改革打破垂直管理悖论，其背后的逻辑是增强纪律部门独立性、预防本级党委政府干预纪委办案，从而加强党和政府对内监督职能的有效落实。[3]

在外部维度上，伴随着"服务型政府"提出，我国展开了以构建"服务型政府"为目标的全方位探索。[4]此后，如何强化政府的社会管理和公共服务职能一直是历届政府改革的重点。由此可见，贯彻公共服务理念和建设服务型政府是本世纪以来党和国家机构改革的题中应有之义。在党和国家机构改革阶段，组建新的部门以整合并强化特定群体或者特定事项的服务与管理，使得政府的公共服务职能更具针对性和有效性。以退役军人事务部为例，此前我国借鉴美国和日本等国的管理办法，将退役军人的事务管理工作分散在中国共产党中央军事委员会政治工作部、中国共产党中央委员会组织部、人力资源和社会保障部、民政部，还有各地的军队转业干部安置工作领导小组等，设置在不同条线的部门增加了彼此协调的制度成本。[5]为了更好管理并

---

〔1〕《深化党和国家机构改革方案》指出，组建国家监察委员会，"加强党对反腐败工作的集中统一领导，实现党内监督和国家机关监督、党的纪律检查和国家监察有机统一，实现对所有行使公权力的公职人员监察全覆盖"，参见新华社：《中共中央印发〈深化党和国家机构改革方案〉》，载《人民日报》2018 年 3 月 22 日，第 1 版。

〔2〕参见新华社：《中共中央印发〈深化党和国家机构改革方案〉》，载《人民日报》2018 年 3 月 22 日，第 1 版。

〔3〕过勇：《中国纪检监察派驻制度研究》，载《国家行政学院学报》2014 年第 2 期。

〔4〕党的十六届六中全会提出建设服务型政府，强化社会管理和公共服务职能，这是公共服务首次出现在党和国家的重要文件当中。参见《中国共产党十六届中央委员会第六次全体会议公报》，载中央政府门户网站，https://www.gov.cn/jrzg/2006-10/11/content_ 410302. htm，最后访问时间：2024 年 3 月 1 日。

〔5〕李玉倩、陈万明：《当前我国退役军人管理保障机构的设置研究》，载《中国行政管理》2018 年第 8 期。

服务退役军人这个群体，我国整合了以上不同部门的相关职责，组建了退役军人事务部。同样是新的机构，应急管理部组建的逻辑与退役军人事务部不同，它并非服务于特定群体，而是将分散在 13 个部门、机构的关乎公共安全的"安全生产、消防救援、民政救灾、地质灾害、抗震救灾、防汛抗旱等专业应急管理的政府机构优化融合"〔1〕，以提高政府应对各类自然灾害和社会风险的能力。这看似是强化政府的社会管理能力，但是"在风险社会的背景下，对于安全的需要是人民日益增长的美好生活需要的关键部分。新时代应急管理的创新发展要提升国家治理满足人民日益增长的安全需要的能力。"〔2〕由此可见，这两个机构的成立都是治理导向大于管制导向的，即它们都体现了政府职能体系中的公共服务职能。公共服务职能的强化是党和国家机构改革重点要达成的目标，除了组建新机构外，加大公共服务中的投入、优化公共服务提供机制等做法都促进了政府公共服务职能的优化。

公共服务职能的新变化，主要在于将这一项职能的履行主体明确为地方政府，并强调地方政府对"公共服务"的首责。2013 年《中共中央关于全面深化改革若干重大问题的决定》首次提出"加强地方政府公共服务、市场监管、社会管理、环境保护等职责"〔3〕，可见虽然地方政府具有市场监管、社会管理、环境保护等多项职能，但公共服务已被划定为最首要、最基础的职能。对公共服务是地方政府首要职能的认识一方面源于理论发展和国际实践经验，另一方面来自于我国改革开放以来"发展型政府"思路之下地方政府"为增长而竞争"模式带来的问题与反思。1994 年分税制改革之后，地方政府成为公共物品财政开支的主要承担者；但由于经济性指标在政府绩效考核体制下相对占据优势，地方政府倾向于将财政资源投入经济发展，投资基础设施和招商引资，以实现更快的经济增长。〔4〕这种模式间接导致部分地方政府未加强民生事业和公共服务，地方公共物品供求失衡的现象愈来愈严重。

---

〔1〕 高小平、刘一弘：《应急管理部成立：背景、特点与导向》，载《行政法学前沿》2018 年第 5 期。

〔2〕 张海波：《新时代国家应急管理体制机制的创新发展》，载《人民论坛·学术前沿》2019 年第 5 期。

〔3〕 参见新华社：《中共中央关于全面深化改革若干重大问题的决定》，载《人民日报》2013 年 11 月 16 日，第 1 版。

〔4〕 周黎安：《中国地方官员的晋升锦标赛模式研究》，载《经济研究》2007 年第 7 期。

长期的政府职能模式惯性也导致近年来开始强调公共服务职能后，地方政府依然存在对承担公共服务职能的角色定位认识不明确、执行不到位、重视程度不足的等问题。

（三）职能实现方式多样化

就结构和功能的关系而言，功能是基础，它决定了结构如何设置。当组织有某种功能上的需要时，它就会产生相应的结构来适配该功能。如果组织没有某种功能上的需要，那么相应的结构也不会产生。[1] 同理，在功能决定了组织结构之后，也需要适配手段，保证功能可以通过结构有效发挥出来。这里的"手段"指的就是"履责方式"，是实现科学合理设置的结构功能的必要方式。当前，与政府职能结构发生的深刻变化相衔接，我国政府履行职能的方式方法也出现了重要调整。履职方式作为政府职能实现的方式方法，主要指的是政府机构履行职责过程中的程序、规范、模式、标准等微观步骤，涉及特定职责以什么样的手段来履行、具体的实施步骤规范等，它解决的是"政府怎么做"的问题。

1. 数字技术的应用

技术变革是国家治理现代化的重要推动力量。大数据以其"海量化数据""多样化结构""低密度价值"等特点给国家数据管理与数据监管提出了新要求，也通过技术赋能给政府职能履行提供了全新的技术工具，从工具角度驱动政府职能转变的落地执行。总体而言，数字技术以互联网为载体，作为第四次工业革命的成果已经在事实上深刻改变了政府履行职能的方式方法，成为了政府提供公共服务的有效技术工具，该进程是向前的、不可逆的。一方面，数字技术为政府职能发挥提供了全新的技术手段，改变甚至颠覆了公共服务场景与范式；另一方面，数字技术也给政府的治理方式提出了新的课题。也就是说，数字技术在赋能政府对外履行职能的同时，也驱动了政府内部的流程再造与运作机制转变，具有极强的技术反身性特征。

2015 年以来，我国开始推进数字政府建设，强调利用数字技术推进政务服务、政府监管、决策支撑和政治传播。[2] 数字技术作为新型的履职工具，

---

〔1〕 竺乾威：《进入调整和完善时期的机构改革：建构高质量的政府》，载《行政论坛》2023 年第 3 期。

〔2〕 孟天广：《政府数字化转型的要素、机制与路径——兼论"技术赋能"与"技术赋权"的双向驱动》，载《治理研究》2021 年第 1 期。

具有传统治理方式不具备的技术优势，目前已经被使用在多种场景。其一，"互联网+政务服务"。过去政府履行公共服务或市场监管职能必须在线下进行，大到经营资质审批、企业纳税，小到身份证件办理、市政投诉，都要民众亲自前往政府行政部门进行办理，一个事项往往要跑多次才能办理成功，公共服务效率比较低下。伴随着政务服务引入现代信息技术，政府中直接面向公众的职能与部门逐渐从线下拓展至线上，拉开了"运用数字进行治理"的履职新模式，运用大数据、云计算和物联网、人工智能等数字技术，为国家治理进行全方位的技术赋能。〔1〕其二，"互联网+监管"。现代信息技术可以服务于政府的监管，改变政府过去基于经验的监管模式，走向更为科学化、精细化的"循数监管"时代。〔2〕无论是在产业监管领域、市场监管领域、金融监管领域还是环境督查领域，政府都可以依据现代信息技术提高数据采集和大数据分析能力，提高政府监管职能运行的有效性。其三，"互联网+应急"。政府进行危机处置和应对的时候，信息技术可以运用在危机监测、预警、处置、反馈等各个环节，提高应急相关部门危机处理的反应速度与敏感程度，有助于预判、研判危机的特征，进行更加精准的事前监测与事中处置。

数字技术作为一种履职工具，本身可以帮助政府更好地提供公共服务，履行职能，但作为驱动政府内部治理转型的技术，它还存在一定的进步空间。具体而言，从数字治理角度来说，数据无障碍流动是实现数字政府建设的必要条件，而我国由于长期以来没有公开政务信息的传统，导致尽管制定了《政府信息公开条例》，依然没有在政府信息公开与共享方面取得实质性进展。如何实现政府数据开放与共享以及政府数据流动与数字政府建设的确权〔3〕，是一个重要的问题。与此同时，应当注意到，数字技术的应用也可能带来一些问题，特别是在政府履职时有可能导致新的数字行政负担的产生。例如，

---

〔1〕 以北京为例，目前多项涉及公民和企业的基础公共服务均可以通过政务服务APP进行办理，北京市在新一轮深化"放管服"改革中提出推广各类政务服务APP、自助一体机、各类小程序，以丰富企业、群众办事渠道，并进一步联合天津、河北推进京津冀"一网通办"工作。具体到各项改革服务领域，推广各政务服务领域电子印章应用，推广法院传票、证据材料等电子送达方式，在政府采购领域深化招标投标改革、推动招标投标电子化等。

〔2〕 陈潭、王颖：《人工智能时代政府监管的实践转向》，载《中南大学学报（社会科学版）》2023年第2期。

〔3〕 郑磊：《开放政府数据研究：概念辨析、关键因素及其互动关系》，载《中国行政管理》2015年第11期。

公民为了享受某项公共服务，不可避免地要承担数字化的学习成本与合规成本，甚至要承担由于本身数字技术素养不够而带来的挫败感等心理成本。上述发生在发达国家，特别是美国的数字政府新问题，也为我国优化数字政府建设、提高公共服务效能提供了反思与借鉴。如何在推进数字政府建设的同时，确保数字技术不产生额外的负担、提高服务满意度、缩小数字技术鸿沟带来的公共服务差距，将是实践与理论的重点问题。

2. 清单制的广泛使用

清单制，顾名思义，指的是政府以清单的方式，公开发布特定信息，以让民众知晓并接受民众监督。因此，在政府治理中，清单制具有信息公示和资源接受监督的双重目的。[1]于政府而言，这是一种有效的实现政府职能清晰化、透明化和规范化的手段。石亚军教授等指出，"根本转变政府职能，清单制是个好办法，好就好在它作为技术治理的工具，以直观的方式让人们看清看懂政府在做什么、怎么做"。[2]清单制改革并不是新时代之后的新举措，它最初被政府使用还是在本世纪初，河北省某县试图通过编制清单，"让权力在阳光下行使"，预防党内腐败问题。[3]党的十八大之后，中央机构编制委员会办公室于2014年首次公布了国务院60个部门和机构包含1235个事项的权力清单。[4]2015年，中共中央办公厅、国务院办公厅印发《关于推行地方各级政府工作部门权力清单制度的指导意见》，明确了地方政府权力清单改革的具体任务。[5]自此，全国从省级至县级政府，按照部署陆续制定了本级政府的权力清单。伴随着权力清单的逐步开展，我国部分地方政府开始编制责任清单、权责清单、负面清单等不同类型的清单，将其运用于政府职能转变过

---

〔1〕 付建军：《当代中国公共治理中的清单制：制度逻辑与实践审视》，载《当代世界与社会主义》2016年第5期。

〔2〕 石亚军、王琴：《完善清单制：科学规范中的技术治理》，载《上海行政学院学报》2018年第6期。

〔3〕 Hong Gao, Adam Tyson, "Power List Reform: A New Constraint Mechanism for Administrative Powers in China", *Asian Studies Review*, Vol. 42, 2018, No. 1, pp. 125–143.

〔4〕 参见尹深、唐述权：《国务院各部门行政审批事项汇总清单公布 共1235项》，载人民网，http://politics. people. com. cn/n/2014/0317/c1001-24655460. html，最后访问时间：2024年3月1日。

〔5〕 意见要求，地方各级政府工作部门要将其行使的各项行政职权及其设立依据、行使主体、运行流程、对应的责任等，以清单形式明确列示出来向社会公布，接受社会监督。参见新华社：《中办、国办印发〈关于推行地方各级政府工作部门权力清单制度的指导意见〉》，载中央政府门户网站，https://www. gov. cn/guowuyuan/2015-03/24/content_ 2837962. htm，最后访问时间：2024年3月1日。

程之中，用以实现政府职能的精简、规范化运作。

从政府职能转变的角度来看，清单制改革至少有两个重要作用。其一，廓清政府职责数量边界。清单制的本质在于梳理地方政府权力与责任，是地方政府规范行使国家权力的"参数"。通过定时公开清单与动态调整，确保各级政府更好地配置和优化政府职能。清单制通过精确确定政府有多少行政权力，帮助地方各级政府进一步明确自身权力和责任的限度，避免"有为政府"重回"全能政府"。随着清单制改革的深入推进，2018 年 12 月 21 日，《市场准入负面清单（2018 年版）》的印发，标志着我国进入全面实施市场准入负面清单制度的时代，[1]也预示着清单制的适用范围在逐步地扩展。2022 年，《国务院办公厅关于全面实行行政许可事项清单管理的通知》提出要"全面实行行政许可事项清单管理"。[2]其二，提高政府透明度与公信力。"透明"是清单制的一项基本性要求，也是编制清单的起点。只有主动向社会公布、接受社会监督，政府的权力清单、责任清单、负面清单才能具有真正意义上的"界碑"作用。通过权力公开，告知企业、社会组织、公民哪些行政事项应当被审批，哪些不应当，从而明示政府与市场和社会、中央政府与地方政府履职权限和履职区别。在社会公众监督之下，各级政府权力清单制定情况的公开还能凸显不同区域、不同层级政府之间的权力规范度和职能转变能力的差异，激励地方政府在互相学习与竞争中，加强自身的权责意识。

3. 以行政审批制度改革为抓手

在党和国家机构改革中，职能体系的优化是一个系统性的工作，它关涉的主体多元、类型多样、程序复杂。如何实现职能转变，具体到改革过程中，是一个操作性的技术问题。新时代的职能转变之所以以行政审批制度改革为抓手实现突破，不仅由于行政审批制度处在政府和市场关系处理的关键点，也因为行政审批制度改革在政府职能运转中处于关键地位。具体而言，政府职能可以分解为行政审批、行政征收、行政处罚、行政裁决、行政确认、行

---

〔1〕 陈升、李兆洋、唐云：《清单治理的创新：市场准入负面清单制度》，载《中国行政管理》2020 年第 4 期。

〔2〕 参见国务院办公厅：《国务院办公厅关于全面实行行政许可事项清单管理的通知》，载中国政府网，https://www.gov.cn/zhengce/content/2022 - 01/30/content_ 5671368.htm，最后访问时间：2024 年 3 月 1 日。

政奖励、行政给付等方式。[1]行政审批职能能直接决定各类主体能否合法进入到市场，关乎政市关系、政社关系，成为新时代政府改革前沿阵地。党的十八届三中全会指出，简政放权，转变政府职能，就必须以行政审批制度改革作为起点[2]，旨在使现在政府瘦身的"大规模取消、下放、转移行政审批事项，是政府深化审改并全面转变职能真心实意的态度和必然追求的目标。"[3]

　　党的十八大以来，伴随着"放管服"改革的深入推进，行政审批制度改革更是成为政府推动职能转变的重要内容。一方面，市场定位的改变，需要政府以行政审批制度为突破口，重构政府与市场的关系，避免政府对市场设置过多限制；另一方面，地方政府也需要通过行政审批制度改革来优化营商环境从而吸引投资，推动本地的经济发展。因此，中央政府与地方政府在行政审批制度改革中其实达成了一个较为一致的目标。当前，继续取消和调整行政审批事项、建设政务服务中心、组建行政审批局都是行政审批职能转变的政策工具选项。为了推进行政审批制度改革，切实转变政府职能，可供政府选择的方式包括取消、下放行政审批事项、合并同类项，从而在整体上减少政府行政审批事项的总量。

　　具体到行政审批制度改革中，常见的改革方式多着眼于事项的调整，以及围绕着行政审批事项总量变化的优化审批时限和效率，包括取消、下放、合并同类项，缩减行政审批时间、提高行政审批效率，等等。其中，取消行政审批事项关乎政府职能总量，下放行政审批事项会影响政府层级关系，合并同类项、缩短审批时间、提高行政效率又都在调整政府职能的运行方式，这本身便属于政府职能转变的题中之义。起初，这些地方政府常用的方式其实都是在政府组织机构不变的情况下对行政审批职能总量的缩减。到了2014年，天津市滨海新区行政审批局成立，时任国务院总理李克强视察滨海时也

---

[1]　王丛虎、门钰璐：《"放管服"视角下的行政审批制度改革》，载《理论探索》2019年第1期。

[2]　参见新华社：《中共中央关于全面深化改革若干重大问题的决定》，载《人民日报》2013年11月16日，第1版。

[3]　石亚军：《当前推进政府职能根本转变亟需解决的若干深层问题》，载《中国行政管理》2015年第6期。

曾对"一枚印章管审批"改革给予了高度肯定。[1]2015 年 3 月，中央机构编制委员会办公室和国务院法制办公室选择了天津、河北等 8 省（市）列入改革试点。据统计，至 2015 年底，以天津市为代表，全国 11 个省份 54 个市县区相继成立了行政审批局。[2]而截至 2020 年底，全国已有 106 个地级市成立行政审批局。[3]由此可见，我国政府在推动职能转变之时，选择特定领域作为突破口，可以产生一定的连锁反应，撬动政府职能体系的优化。

〔1〕 新京报：《李克强见证封存审批章 叹"不知束缚了多少人"》，载中央政府门户网站，http://www. gov. cn/xinwen/2014-09/13/content_ 2749991. htm，最后访问时间：2024 年 3 月 1 日。

〔2〕 宋林霖：《"行政审批局"模式：基于行政组织与环境互动的理论分析框架》，载《中国行政管理》2016 年第 6 期。

〔3〕 胡税根、结宇龙：《行政审批局模式：何以有效，何以无效？——基于市场主体视角的政策效果实证》，载《上海行政学院学报》2022 年第 1 期。

第四章

党和国家机构改革背景下政府改革的新特征

在党和国家机构改革之前，我国已经开展了 7 轮国务院机构、行政管理体制改革。在评价改革的效果之时，有学者指出，虽然机构改革已取得了瞩目成绩，但行政体制改革始终没有与政治体制改革很好地结合起来，难以实现政府机构改革与党群机构改革的系统性整合与整体性重构。[1]行政体制改革还未触及到政治体制，就政府机构改革本身而言，也没有实现与政府过程调整的同步推进。[2]这带来的结果是，政府始终无法破除基于部门利益、改革周期等因素带来的多头管理、职能交叉和重叠、部门内部整合不到位、条块矛盾等问题。实际上，缺乏系统统筹和整体方案设计是历次机构改革共同存在的问题。一方面，我国的机构改革方案大都是由每届政府设计和制定的，鲜有关于较长时期内对党和国家机构改革的整体规划；另一方面，每届政府的机构改革方案也大多是对机构和部门的裁撤和合并，对改革全局的统筹有待加强。

党和国家机构改革较大程度地改变了政党组织、政府、司法系统等的组织形式，行政管理体制替代政治体系改革的问题已经被解决，机构调整与职能转变也在协同共进地服务于国家治理的现代化建设。具体而言，党和国家机构改革逐渐呈现出从渐进式的"小步微调"到系统设计的总体特征。其一，从机构改革的内容上看，机构改革的范围扩大，从政府走向了党政军群的整

---

〔1〕 何艳玲：《"无变革的改革"：中国地方行政改革的限度》，载《学海》2016 年第 1 期。

〔2〕 朱光磊、李利平：《回顾与建议：政府机构改革三十年》，载《北京行政学院学报》2009 年第 1 期。

体改革，而且政党组织、政府组织和全国人大、全国政协的机构调整是在统筹设计的基础之上推进的。其二，从机构改革的形式上看，撤销、新建、重新组建、合并设立、合署办公、优化、提级、改名、性质调整等多样化的改革措施在两次机构改革中都被不同程度地使用，体现了机构改革形式的连续性与多样性。其三，就机构改革涉及到的机构数量来看，两次改革经历了从全面深化改革再到重点领域深化改革的演变趋势。与机构改革相伴而生的，是政府职能体系的动态调整，两者共同组成了党和国家机构改革背景下政府改革的新特征。

一、机构改革：从部门调整到体制优化和系统设计

通过对机构改革的梳理发现，政府改革被置于党和国家机构改革之中后，是在一个开放的系统中，逐步实现了从部门调整到体制优化和系统化设计的转变。这意味着，机构改革的调整单元已经不再局限于部门，而是从部门化过渡到了由多个部门，甚至是跨组织的部门组成的体制化，最终在党和国家机构的总体视域中被系统化考虑并完成自上而下的设计。虽然部门化依然是机构改革的重要做法，这在 2018 年和 2023 年两次机构改革中也有所体现；但是机构改革的体制化趋势明显，职能实现的最小单元也往往不再是部门，党和国家机构改革转而从体制入手，在初步完成体制的优化设置之后，再重新进行部门的设置与调整。由此来看，机构改革具有人为设计的特征，它所遵循的并非政府部门缓慢的自我演化，而是党和国家基于重大发展战略进行的自上而下的系统性设计。在这个过程中，机构改革的复杂性明显提高，对党和国家的治理能力也提出了更高的要求。

（一）部门化设置原则的"变"与"不变"

在党和国家机构改革背景下的政府机构改革中，部门化设置的原则呈现出如下特点：（1）依照管理对象来设置部门依然是最基本的原则，在此基础上，当前改革更强调对同类职能的统筹。[1]一方面，组建的退役军人事务部、国家数据局都延续了基于管理事务设置部门的原则，其设立和调整的依据仍是政府管理的对象差异；另一方面，机构改革不仅对政府职能进行内部统筹，

〔1〕 赵立波：《统筹型大部制改革：党政协同与优化高效》，载《行政论坛》2018 年第 3 期。

而且"对一些职能相近、联系紧密的党政机构采取综合设置"[1]。例如，2018 年和 2023 年新组建的金融与科技领域的党中央机构和国务院机构，都是在既有职能部门的基础之上，对职能的进一步统筹。这不仅实现了政府职能的内部统筹，也实现了政党和政府之间的跨部门整合。（2）流程部门化的原则在逐步强化。例如，国家市场监督管理总局的组建、地方行政审批局的成立以及行政综合执法体系的推进都重构了政府职能的配置方式，使其从基于管理内容转变为基于职能阶段划分，将政府职能划分为入口的行政审批权、中间环节的市场监管权以及末尾段的行政综合执法权，[2]并据此流程对政府的部门进行了重新设置。（3）职能部门化的趋势较为明显。一般而言，管理职能[3]主要包括计划、组织、指挥、协调、控制、沟通和决策 7 项。党的十八大以来，党和国家机构改革着力于逐步将关涉改革的重大决策权集中到党中央、高效执行的权力归于政府，加之独立的国家监察体制改革，致力于实现决策与执行、监督职能的分开，[4]并据此进行了机构的设置。独立负责监察权的国家监察委员会已经组建，党中央成立了中央金融委员会、中央科技委员会、中央社会工作部等议事协调机构，"加强和优化了党中央决策议事机构的设置和职能，进一步强化决策职能和综合协调职能"，而政府相应的机构调整也在同步进行。

（二）机构改革逐步从部门化走向体制化

调整部门设置仍然是改革的重要方式，甚至在某种程度上可以说，部门化正是依据体制化的要求进行的组织结构重组，体制化才是机构改革的重要原则，即部门化的依据是体制化改革的要求。何艳玲教授认为，我国的政府改革历程呈现为一个从机构改革、行政体制改革到公共行政改革的递进过程。[5]在这种语境中，"机构改革"与"行政体制改革"是对政府改革不同

---

〔1〕　沈荣华：《我国政府机构改革 40 年的启示和新趋向》，载《行政管理改革》2018 年第 10 期。

〔2〕　需要指出的是，虽然国家市场监督管理总局也是基于职能设置的大部门制，但是如果将其置于整个行政权行使的链条中便会发现，市场监管领域的部门设置本就属于行政审批权—市场监管权—综合执法权中的一环，这体现了部门设置的流程化原则。

〔3〕　虽然管理职能论受到了诸多批评，但是这种职能划分仍然是我们理解组织管理的重要方式。

〔4〕　宋世明：《论大部门体制的基本构成要素》，载《中国行政管理》2009 年第 10 期。

〔5〕　何艳玲：《试论我国行政管理系统现代化的三个步骤》，载《云南行政学院学报》1999 年第 4 期。

做法（侧重点）的概括，两者的内涵与外延均存在着差异。一方面，机构改革中涉及到的部门调整（组建、重新组建、合并等）都是组织机构层面的改革，它所试图实现的目标是避免部门职责交叉、提高组织运行效率，这一直都是党和国家机构改革的重点。另一方面，"体制"的外延宽于部门，它是围绕特定领域的管理事项，形成的包含了部门、制度、权力结构等的复合体系。[1]

党的十九大以来，党和国家机构改革着眼于监察体制、依法治国体制、市场监管体制、行政执法体制等的协同优化高效，对党和国家机构进行了整体性重塑与系统性重构。以监察体制为例，在成立国家监察委员会之前，负责权力监督的机构包括监察部、国家预防腐败局、检察院等，分散的机构使得反腐资源力量难以形成集中统一、权威高效的反腐败体制。[2]于是，我国开始推进监察体制改革，整合国家反腐败的机构，成立国家监察委员会这一新型的政治组织。在国家监察委员会改革中，体制化便是部门化设置的基本原则。体制化也可能是部门化的基础之上的再整合，这在司法体制改革中比较明显。具体而言，司法体制改革关涉人民法院、人民检察院、公安机关，以及党的领导、权力机关等，在强化党的领导的前提下，以审判为中心，理顺法院、检察院、公安机关的关系，是当前司法体制改革的重要方向。[3]在司法体制改革中，"体制化"是围绕"司法"这一治理对象，对所有关涉司法的部门进行的宏观结构整合优化，通过司法的现代化服务于国家治理的现代化。

（三）机构改革系统化趋势明显

如果说部门化以体制化为基础，那么体制化便是以系统化为基础。在系统化改革中，政府改革从追求整体性政府，已经逐步迈向旨在实现国家层面的整体性治理。整体性政府侧重政府治理的范畴，旨在优化并整合政府不同部门间、不同层次间，政府与私人部门、非政府组织等之间的关系，解决公共服务供给与公共秩序提供的问题。党的十九大以来，我国改革从整体性政府迈向整体性治理，是一个从调整政府内部、政府与私人部门以及政府与非

〔1〕 张翔：《从体制改革到机制调整："大部门体制"深度推进的应然逻辑》，载《上海行政学院学报》2012年第2期。

〔2〕 马怀德：《国家监察体制改革的重要意义和主要任务》，载《国家行政学院学报》2016年第6期。

〔3〕 陈光中、魏晓娜：《论我国司法体制的现代化改革》，载《中国法学》2015年第1期。

政府组织间的关系，走向调整整个政治系统的改革过程。具体而言，整体性治理所追求的目标也不再限于"优化政府的职责体系"，而是要通过党、政、军、群的整体性重构与系统性变革，致力于实现国家治理的现代化。之所以要将改革从行政体制的"内循环"走向政治体制的"外循环"，原因在于行政体制改革本身具有的局限性。就以人员编制调整为例，之前的多轮改革在中央层面，"真正精简了的只是国务院的机构和人员，人大、政协、党的机构和人员却一直在增加。"〔1〕为了解决行政体制改革中"内循环有余、外循环不足"的问题，党的十九届三中全会提出"以子系统为主的机构改革，变为以总系统为主的党和国家机构改革。"〔2〕通过政治体制改革，既可以解决"只有政府在动、其他组织不动"的问题，也能够解决"把矛盾压缩在行政组织这个更易于解决的技术范围，寄希望于科层组织设计的工具理性替代国家善治的价值理性"〔3〕的目标替代问题。

在体系化的基础之上，党和国家机构改革逐步从全面改革走向了重点领域的改革，2023 年的机构改革方案便体现了这一思路。2018 年改革关涉的部门范围极广，仅国务院组成部门就包括了自然资源部、生态环境部、农业农村部和国家卫生健康委员会、退役军人事务部、应急管理部等。〔4〕与 2018 年的改革不同，2023 年党和国家机构改革定位于"坚持问题导向……深化重点领域机构改革"〔5〕，在知识产权、科技领域与金融领域进行重点改革，试图从供应链、产业链、价值链等维度，"充分发挥科技创新体系、金融稳定保障体系的整体功能"〔6〕，解决我国"目前的技术大体上正处于中等技术水平"〔7〕

---

〔1〕　卢大鹏：《走出政府机构改革困局——地方政府与中央政府的博弈分析与启示》，载《中国行政管理》2008 年第 7 期。

〔2〕　石亚军：《深化党和国家机构改革是一场彰显四个着力的深刻变革》，载《中国行政管理》2018 年第 5 期。

〔3〕　何艳玲：《"无变革的改革"：中国地方行政改革的限度》，载《学海》2016 年第 1 期。

〔4〕　参见新华社：《中共中央印发〈深化党和国家机构改革方案〉》，载《人民日报》2018 年 3 月 22 日，第 1 版。

〔5〕　参见新华社：《中共中央国务院印发〈党和国家机构改革方案〉》，载《人民日报》2023 年 3 月 17 日，第 2 版。

〔6〕　宋世明：《2023 年党和国家机构改革研究——以战略管理为分析视角》，载《国家现代化建设研究》2023 年第 4 期。

〔7〕　郑永年：《中国跨越"中等技术陷阱"的策略研究》，载《中国科学院院刊》2023 年第 11 期。

的问题。在此要求之下，2023 年改革着力于科技管理与金融管理两个重点领域，组建中央金融委员会、中央金融工作委员会、中央科技委员会等机构，这都体现了党和国家机构改革在系统化基础之上，对重点领域进行重点突破的思路。

整体而言，相较 2013 年的国务院机构改革，2018 年党和国家机构进行了大刀阔斧的改革，不仅极大地扩展了改革对象的范围，同时也进行了较大幅度的机构精简与调整，呈现出系统化设计的特征。2019 年 7 月 5 日，习近平总书记在深化党和国家机构改革总结会议上指出，"深化党和国家机构改革是对党和国家组织结构和管理体制的一次系统性、整体性重构……是推进国家治理体系和治理能力现代化的一次集中行动"。[1]2023 年 2 月 28 日，习近平总书记再次发表讲话提出，"深化党和国家机构改革，是贯彻落实党的二十大精神的重要举措，是推进国家治理体系和治理能力现代化的集中部署。"[2]党和国家机构改革并不单单着眼于推动政府职能转变，而是被置于国家治理现代化的视阈中，进行了系统性、整体性设计。此次改革不再着眼于若干机构进行渐进调整和局部调适，而是以国家治理体系和治理能力现代化为导向，以推进党和国家机构职能优化协同高效为着力点，以功能为导向，对党和国家机构进行了系统性设计。这种系统化的设计呈现出如下特点：一是党和国家机构被作为一个整体进行统筹考虑，政府职能、政党职能、人大和政协等组织的职能都被视作实现国家治理现代化的工具，如何实现职能间的优化整合是改革的出发点和落脚点；二是以功能为导向的机构改革措施，需要打破组织之间的界线，这种打破便不能依靠组织的自我演化，而必须依赖于更高层级的设计与统筹，于是，2018 年党和国家机构改革方案便由中共中央负责出台并实施。整体而言，2018 年和 2023 年的两次党和国家机构改革在"以加强党的全面领导为统领"之下，搭建了以党的全面领导为基础的系统化的基本制度框架，带来的是党的机构、政府机构和全国人大机构、政协机构的整体性重构。

---

〔1〕 新华社：《习近平出席深化党和国家机构改革总结会议并发表重要讲话》，载中国政府网，https://www.gov.cn/xinwen/2019-07/05/content_ 5406606. htm，最后访问时间：2024 年 3 月 1 日。

〔2〕 习近平：《深化党和国家机构改革 推进国家治理体系和治理能力现代化》，载中国政府网，https://www.gov.cn/govweb/yaowen/liebiao/202307/content_ 6892146. htm，最后访问时间：2024 年 3 月 1 日。

二、职能转变：变动调整的职能边界与内容

政府职能体系是一个多层次的概念，反映了党和国家机构活动的基本方向、根本任务和主要作用。[1]它既包括基于宏观原则确立的组织功能，也包括党和国家机构所承担的具体职责。现有研究在讨论职能转变之时，或者以宏大原则的变化为切入点来阐明职能的变化，或者以机构的变动情况为分析对象来论证职能的变动。这两种做法都可以在一定程度上体现出职能的变化情况，但是宏大原则难以精准反映职能设置与履行，用机构变动来代表职能变化又容易陷入重复论证的困境。正如周志忍教授所言，机构的变动并不必然带来职能的转变。[2]为了更好地理解职能转变情况，本部分希望从职能转变服务于国家治理现代化的具体定位和现实功用来切入。具体而言，政府职能转变不仅包括职能的内容变化，还包括职能的内部结构、实现方式等的变化。

（一）变动调整的职能边界与内容

政府的职能边界一直在随着外部政治经济社会环境的变化而不断变动。一方面，在加强党的全面领导的原则下，政党对全面深化改革、依法治国、国家安全、宣传、统战等重大工作的领导得以全面加强。另一方面，政府的职能体系依据其与市场和社会关系而不断调适。基于此，政府的职能边界在市场和社会中实现双重收缩。其一，基于市场在资源配置中从"基础性作用"到"决定性作用"的转变，政府需要继续收缩在资源配置中的作用边界，减少对市场的干预，发挥"服务市场在资源配置中的决定性作用"的功能。实践中，行政审批制度作为政府与市场关系的关键节点，成为政府改革的重点。在此过程中，行政审批事项的一批一批精简，佐证了政府对市场干预的减少。除此之外，政府在市场体系中的功能还缺乏更为有效的观测点。其二，基于国家与社会的关系，政府需要发挥的功能在于"增强社会发展活力，提高社会治理水平"，这样的功能定位较之以前，变化主要体现在政府对社会组织的

---

〔1〕郑小强：《政府职能转变动力机制研究——系统动力学观点》，载《上海行政学院学报》2013年第3期。

〔2〕周志忍：《机构变动：正确处理"形似"与"神似"的关系》，载《中国行政管理》2003年第4期。

管理与对社会主体参与治理的积极性发动两个方面。于是，政府开始逐步减少对社会组织登记注册的干预，积极培育社会组织，并通过构建社会治理体系，推进基层治理，不断创新激发社会活力。

在既有职能边界收缩的基础之上，经济社会事务的发展又会生产出新的政府职能，最具代表性的便是数据治理职能。需要指出的是，数据治理职能不同于自然资源治理等职能。具体而言，自然资源治理职能虽然被整合到了一个新组建的政府部门之中，但是这些职能在改革前就存在，只是分散在不同部门之中；政府通过"自然资源治理"重新整合了相关职能的内容，这并不属于职能生产，而是职能的整合。数据治理职能则不同，在信息时代到来之前，政府并不具有数据治理的职能，数据本身都并未出现；即便后来出现，数据也并未成为政府治理的对象。随着信息技术的发展，政府将其列为管理对象，并生产出一项新的职能进行数据的管理。随着经济社会的发展，政府职能的边界扩展仍然会发生。

在党的领导不断强化的同时，政府的职能总量仍然处在变动之中。诸如数据治理等新兴领域的出现，扩展了政府已有的职能边界；而政府不断推行的"放管服"改革，又在总量上减少了政府职能。同时，科技、出版、金融、社会工作等领域的职能也逐步从政府手中统筹至党中央，相应的，政府在这些领域的职能总量势必发生变化。在这个变动的体系中，政府职能的内容也呈现出强化与弱化并存、取消与新增并举的现象。一方面，环境保护职能、公共服务职能在政府五大职能体系中的位置变得更为重要。其中，环境保护职能成为政府五大职能中的一类；而伴随着人民满意的服务型政府建设，在持续十余年的"放管服"改革中，公共服务职能一直被置于极为重要的位置。另一方面，政府并不弱化自身在强化经济调节与促进经济发展中的积极作用，经济领域职能的强化也可以在机构改革结果和改革政策中得以体现。换言之，政府提供公共服务、维护公共秩序的职能与推动经济发展的职能并不是此消彼长的关系，促进经济发展的职能并不会因为公共服务职能的强化而被弱化。甚至有学者直接指出，对于政府而言，"推动经济发展是不变的首要目的"[1]，政府的公共服务、市场监管和环境保护职能的强化仍然要通过经济发展来提

---

〔1〕 宋世明：《中国行政体制改革 70 年回顾与反思》，载《行政管理改革》2019 年第 9 期。

供物质基础。

（二）中央与地方政府职能差异凸显

中央与地方政府履职层级差异进一步凸显。中央政府以强化宏观管理和优化社会监管为主，地方政府则以履行公共服务职能为主，二者彼此衔接，各有侧重。简言之，中央政府重宏观调控、地方政府重公共服务，这成为政府职能体系的主要格局。就地方而言，以公共服务为首要职能的地方政府是履职方式转变的主体。目前学术界关注的履职方式转变也主要聚焦于地方政府，这是因为其履职方式转变的动力来自于社会公众诉求的变化，公众诉求变化要求以提供公共服务为主的地方政府对履职方式进行相应转变。因此，与主要履行宏观调控等职能的中央政府相比，地方政府是直接面对社会公众诉求的政府层级。

相对而言，中央政府的宏观调控职能比较稳定，但这并不意味着中央政府的履职方式一成不变。事实上，在地方政府履职方式发生重要变化的同时，中央政府承担宏观调控职能的方式也在转变，其"变"主要体现在宏观调控对象更加精准、调控力度更大两个方面。宏观调控是中央政府的主要职责，也是首要职责。在政策工具箱中，财政政策、货币政策、产业政策、投资政策等是中央政府履行宏观调控职能的主要手段。对中央政府而言，如何用好四大宏观政策工具，完善运行稳定、彼此协调的宏观调控政策框架，对于国家的经济稳定运行具有举足轻重的作用。当前，中央一级政府在保增长、稳就业等全局性问题上投入的政策关注度更高、宏观调控力度更大，通过制定GDP增长区间等关键经济指标、实施供给侧结构性改革、运用一系列货币政策与财政政策手段支持实体经济发展等方式，扩大有效投资，确保中国经济在新的内外挑战之下平稳运行；从宏观调控的精准性来看，财政、货币与产业政策等调控手段更加突出政策针对性，根据实际情况对相应政策进行延长、优化的情况更加普遍。例如，近年来持续推进的减税降费政策，国家在政策结束期根据实际情况提出了"该延续的延续、该优化的优化"的要求，使有关部门进一步完善税费优惠政策，增强税收政策精准性、针对性，有效减轻了企业负担，激励企业扩大研发投入。在涉及国家重大发展战略的领域，党和国家都运用了更加多元的政策手段提高宏观调控政策的精准性，比如支持新能源产业发展的产业政策、货币政策方面提供普惠小微贷款，等等。

除了宏观调控之外，探索并建立互联网行业监管方式也是中央一级政府优化社会监管的一项重要举措。我国互联网经济发展迅速、平台企业崛起，行业覆盖范围广泛，深刻改变了人们的日常生活，也产生了垄断、大数据杀熟、资本无序扩张等问题。这给政府治理，特别是对平台经济和头部平台企业的监管提出了挑战。互联网平台经济的头部特征，导致对平台经济和平台进行的监管主体主要落脚在中央一级政府机构。监管部门通过出台政策、法规、约谈指导、行政处罚等措施进行监管，逐渐探索确立了包容审慎的监管原则。这个过程，事实上就是中央行政机构转变监管职能履职方式的过程。相应的，互联网平台监管方式也在发生转变。有学者根据新兴产业发展的规律特征，提出其理想型监管理念应该是适应性监管[1]。除此之外，目前我国还在探索新科技在互联网行业监管中的作用，通过打造"互联网平台竞争监管大数据平台"等新方式方法，降低监管成本，促进互联网平台市场竞争监管智能化、敏捷化、精准化。这种对于新兴产业的快速反应和适应性监管，体现了中央政府在传统宏观调控职能之外，积极探索优化自身职能定位的主动性，对完善宏观调控政策体系具有重要作用。

（三）部分领域的职能经过多次调整

政府职能转变始终处在一个动态调整的过程中，会随着经济社会的变化而不断变化。科技领域的管理职能和金融领域的管理职能就历经了两次调整。以科技领域管理职能为例，2023 年科技部门的改革进一步突出体现了职能整合的特征。科技管理体制的改革内容有三：首先，加强党中央对科技工作的集中统一领导，组建中央科技委员会，重新组建科学技术部；其次，实现对科学技术部内部职能分工的调整，将科学技术部现有的多项管理职责和多个下属机构分别划入其他部门；最后，明确科学技术部不再参与具体科研项目的评审与管理，而是主要负责指导监督。这三项主要的机构改革举措均反映了党和国家机构改革的职能分离逻辑，有助于进一步理顺领导与执行、监督与管理、主责与副责之间的关系。

我国金融监管格局出现重大转型、金融监管职能进一步优化，主要体现为"一大转型与两大特征"。"一大转型"主要是金融监管格局的转型，从由

---

〔1〕 薛澜、赵静：《走向敏捷治理：新兴产业发展与监管模式探究》，载《中国行政管理》2019年第 8 期。

各金融监管机构事业单位进行对口业务职能管理，转向在党对金融工作机构协调统一领导下，由国家行政机关统筹行使监管职能。金融领域的机构改革涉及党中央机构与国务院相关机构，在机构改革方案中占据重要地位。2018年国务院机构改革合并中国银行业监督管理委员会与中国保险监督管理委员会，成立中国银行保险监督管理委员会，初步优化了金融监管资源配置。2023年机构改革在上一轮机构改革合并中国银行保险监督管理委员会的基础上，从体制机制与机构设置两个方面对金融监管体制进行了改革。在体制机制上，优化监管职能强调全面加强党对金融工作的统一领导，组建中央金融委员会；在政府机构设置上，金融监督管理职能统一归口管理，除证券行业外，所有金融行业监管均归由新成立的国家金融监督管理总局负责，为填补金融监管空白奠定行政基础。与金融监管机构的大转型相对应，金融监管职能也得到了相应优化，金融监管不再出现九龙治水、各管一块的局面，监管格局呈现统筹监管、合作监管等特征。

三、机构改革与职能转变的系统化整合

党的十九大以来，中国国家治理改革的焦点已经从机构职能调整到治理体系和能力再造，[1]政府改革寓于党和国家机构的总体改革之中，共同成为推进国家治理现代化的重要手段。具体而言，党和国家机构改革背景下的政府改革，遵循着党领导的机构与职能的双重系统化逻辑，借助党的集中统一领导，政府既将部门进行了跨组织整合，又对职能进行了系统性整合，以提高政府机构与职能的整体运作效能。所谓"系统化"，指的是我国现阶段的改革已经打破了部门化行动的方式，将国家视为一个整体系统，通过党的全面领导，实现"从聚焦政府机构和职能调整到国家治理体系和能力提升"的治理目标。[2]实际上，"系统化"与"体系化""统筹型大部制""集成化""系统思维"等表述类似。其中，机构改革的体系化强调对机构的"专业化整合、专业化分工、横向权责统筹、纵向权责统筹"[3]；"统筹型大部制"是

---

〔1〕　燕继荣：《体系与能力再造：新时代十年国家治理改革》，载《中国行政管理》2023年第10期。

〔2〕　燕继荣：《体系与能力再造：新时代十年国家治理改革》，载《中国行政管理》2023年第10期。

〔3〕　何艳玲、李丹：《"体系化"：新时代机构改革的特质与逻辑转换》，载《公共管理与政策评论》2023年第6期。

在大部制基础之上，引入政党的统筹地位对大部制进行的概念调整：大部制依然是机构改革的基础，但部门之间的整合不再局限于政府内部，而是遵循党是领导一切的原则，"横跨党政军群、超越体制内外多类组织"统筹而成的新型大部制；[1]"集成化"指代"将原来分散在若干个部门的相关职能，集中到某一个部门，集中行使该类职能，从而降低协调成本，提高履职效能。这种系统改革的共同特点在于跨部门整合与合并同类项"[2]；"系统思维"则指的是基于国家治理的整体建构，从国家治理角度对政府的职能进行的动态调整。[3]

虽然表述略有不同，但是它们的内涵基本一致，都试图在更为宏观的国家治理视角中，重新解读具备体系化、系统化、整体性特征的机构改革与职能转变的新实践，这表明我国学者对当前机构改革与职能转变的特征达成了初步一致。回到党领导的系统化逻辑，在机构改革与职能转变的实践中，系统化不限于职能的整合，还包括党政军群等机构的整合，甚至还包括基于平台的机构和职能双重整合等，其内涵与形式是比较丰富的。系统化的实现是以国家治理的内容为基础的，通过全面梳理政府职能，对其重新进行优化组合；并在政府职能梳理的基础之上，同步推进党和国家机构的变革。系统化的改革逻辑试图打破不同组织分设的局面，在坚持和全面强化党的领导的基础上，遵循优化、协同、高效的原则，以实现不同机构之间的系统化整合，最终服务于国家治理的现代化建设。

（一）系统化的前提：党的领导

长期以来，我国政府机构改革面临着"改革焦点过于集中在机构设置，缺乏系统性设计"[4]的问题。如果将中央政府视为一个大型的组织的话，那么国务院的组成部门、直属机构、办事机构、直属事业单位便是这个组织内部的部门。从组织的视角来看，我国每五年一次的国务院机构改革方案，便

---

〔1〕 赵立波：《统筹型大部制改革：党政协同与优化高效》，载《行政论坛》2018 年第 3 期。

〔2〕 刘杰：《寻找部门合成的"最大公约数"——政府机构改革中的集成逻辑研究》，载《政治学研究》2023 年第 1 期。

〔3〕 薛澜、李宇环：《走向国家治理现代化的政府职能转变：系统思维与改革取向》，载《政治学研究》2014 年第 5 期。

〔4〕 娄成武、董鹏：《中国政府改革的逻辑理路——从简政放权到供给侧改革》，载《贵州社会科学》2016 年第 7 期。

是对国务院这一组织进行的整体性设计。但是，政府运行并不能脱离整个政治体制，政党、人大、政协甚至是事业单位、社会团体等组织都会直接影响到政府的运行效果。如果政治体制不能与行政体制联动改革，行政体制改革的效果也会大打折扣，因此，我国学者一直呼吁，如何在政府改革中实现政治体制的同步改革。〔1〕从外部系统转入内部结构，只从组织的内部部门改革的视角来看，机构改革调整还会因为部门利益等问题，阻滞政府职能转变实现效果，使改革背离初衷。〔2〕因此，无论是部门主导的改革，还是由整体性组织主导的改革，都难以根本上解决碎片化、运行机制不畅、职责交叉、多头管理等现实问题。

在全面加强党的领导的背景之下，我国开启了新一轮的党和国家机构改革。一方面，机构改革不再囿于行政体制内部。政治体制的联动不仅可以实现对政府内部职责与机构的重新整合，解决行政体制改革内部部门割据、权责分设、运行不畅等问题；而且实现了政府与政党、群团、事业单位等不同性质组织之间的联动改革，将国家治理的总体布局按照治理事项本身，分设给政治机关与行政机关、群团组织、事业单位。另一方面，"政治权威的支持力度是行政改革能否顺利进行的重要因素。"〔3〕高位推动的政治体制改革解决了行政体制改革的动力问题，这种动力源于执政党对强化党的领导、提高执政合法性的现实诉求，它可以为行政体制改革注入极强的外部动力，解决行政体制改革的内循环动力不足的问题。整体而言，政党主导的党和国家机构改革，可以站在国家治理的层面上，基于国家治理中关乎国家发展的重要战略任务，按照"依法治国、网信、财经、外交、审计、教育""金融、科技、社会治理、港澳工作"等领域进行重点的推进和全面的领导〔4〕，使得改革更具系统性和协调性，也能实现在不同治理领域的实质性突破。换言之，如果没有党的领导，政府改革就难以完成治理内容与组织机构之间的双重系统化，

---

〔1〕　何艳玲、李丹：《机构改革的限度及原因分析》，载《政治学研究》2014年第3期。

〔2〕　石亚军、施正文：《我国行政管理体制改革中的"部门利益"问题》，载《中国行政管理》2011年第5期。

〔3〕　宋世明：《论当代国外行政改革的三大主题——对国外行政改革20年的回顾》，载《天津社会科学》1999年第3期。

〔4〕　李军鹏：《新一轮党和国家机构改革的突出亮点与重大意义》，载《国家治理》2023年第7期。

党的领导是系统化得以实现的根本前提。

(二) 系统化的基础: 重新确定国家治理的内容

机构改革系统化得以实现的基础, 是对国家治理内容进行的全面梳理与重新确认。国家治理的内容不同于政府职能, 它是从国家 (而非政府) 层面上, 依据特定原则, 重新确立的党和国家作为治理主体所需要负责的具体事项。而对上述事项的分解方式, 是确定机构改革与职能转变工作如何开展的前提。具体而言, 对国家治理的内容, 有不同的分类标准: 第一种是按照领域来划分, 将国家治理的内容划分为教育、医疗卫生、交通、外交、科技、国家安全等领域, 从而形成不同的、具备专业性质的治理内容, 彼此之间存在着明显差别。第二种是按照管理职能论, 将国家治理的内容划分为计划、组织、指挥、协调和控制等管理职能, 并据此形成决策部门、议事协调部门、决策咨询部门等服务于专业性部门的综合型的管理部门。第三种是按照对内和对外, 将国家治理的内容分为国家机关的自我管理内容与国家机关的外部管理内容。自我管理主要指的是国家机关通过制度设计、机制建设、组织调整来强化对公职人员的内部监督与内部管理, 外部管理则是国家治理主体对政治、经济、文化、社会、环境保护等内容的管理。第四种是按照政府职能的运作流程, 对国家治理的内容进行阶段性划分。例如, 如果将行政权依据市场领域中的运作流程进行切割的话, 可以划分为市场入口处的行政审批权、在场状态中的市场监管权与末端的行政综合执法权等, 并据此进行行政审批、市场监管、综合执法的机构与体制改革。现实中, 大国治理的内容极为复杂, 在改革之时如何对治理内容进行分类, 往往不是遵循同一个原则, 而是不同原则的叠加。

党的十九大以来, 党和国家现代化治理的内容 (对象) 被重新梳理。这种梳理既包括对原有治理内容的再次确认, 也包括基于经济社会发展而对新产生内容的重新认定, 还包括为了治理效果而对不同内容进行整合形成的新的治理内容, 如纪检监察、自然资源、应急管理、环境保护、市场监管、综合执法等。这些治理内容以政府职能为基础, 将党对国家的领导职责囊括进来, 既强化了党和国家的内部约束, 又优化了党和政府的治国责任。例如, "自然资源"便是一个被重新建构的治理内容。其中, 治理内容建构的第一步是提出并明晰何为国家治理中的"自然资源", 之后才能确定如何以及由谁来管理"自然资源"。在何为"自然资源"的问题上，我国将"国土以及附着在国土上的水、森林、草原、海洋资源"全部纳入"自然资源"的概念范畴，[1]这些原本分散的职责被统一归入"自然资源"成为新的治理内容。为了统一管理新的自然资源，国家设立了自然资源部，作为国务院组成部门。[2]与此一致，"应急管理""市场监管""综合执法""农业农村""退役军人事务"等治理内容同样如此，都是党和国家围绕国家治理现代化的要求，对既有治理内容进行的重新认定与组合；在此基础上，国家再通过机构改革，将其集成到同一个部门进行集中统一管理，提高管理的效果。

习近平总书记在总结党和国家机构改革的经验之时指出，各级各类党政机构是一个有机整体，时刻统筹考虑党和国家机构设置是推进国家治理体系、治理能力现代化过程中必须坚持的。[3]在政府治理的内容被重新梳理与分类的过程中，政党在国家治理中担负的责任也被纳入到这一个整体中被通盘考虑。政党治国理政的职责之所以可以和政府治理进行统筹改革，原因在于政党与政府都在国家治理中扮演着主体性角色，如果要基于国家治理对政府治理的内容进行重新认定与分类，那么政党必然不可或缺。实践中，对政府和政党治理内容的梳理标准主要是治理内容的相似性。以国家监察体制改革为例，纪检监察权的本质是对全体公职人员行使的监察权，"是通过预防和惩治腐败来对公职人员实施的专门性监督"[4]。为了整合这种"专门性监督"权力，国家层面的"国家监察权"作为一项独立的治理内容被建构出来。徐汉明教授认为，国家监察权是一种"复合性"的新型国家权力。[5]在此基础上，国家监察权被赋予国家监察委员会来统一行使。国家监察权的整合并不

〔1〕 刘杰：《寻找部门合成的"最大公约数"——政府机构改革中的集成逻辑研究》，载《政治学研究》2023 年第 1 期。

〔2〕 参见新华社：《中共中央印发〈深化党和国家机构改革方案〉》，载《人民日报》2018 年 3 月 22 日，第 1 版。

〔3〕 参见新华社：《习近平出席深化党和国家机构改革总结会议并发表重要讲话》，载中国政府网，https://www.gov.cn/xinwen/2019-07/05/content_ 5406606. htm，最后访问时间：2024 年 3 月 1 日。

〔4〕 陈瑞华：《论国家监察权的性质》，载《比较法研究》2019 年第 1 期。

〔5〕 "国家监察权是对原隶属于政府的行政监察权、行政违法预防权，原隶属于检察机关的反贪污贿赂、反渎职侵权与职务犯罪预防权的整合，使其成为党中央统一领导下人民代表大会产生之下与行政权、审判权、检察权相平行的一种新型国家权力。"参见徐汉明：《国家监察权的属性探究》，载《法学评论》2018 年第 1 期。

囿于政府治理的内容，它将政府、政党、司法机关等主体中涉及到对公务人员监督的权力进行了整合与归并。与此类似，原本分散在中国共产党中央委员会宣传部、国家新闻出版广电总局中的涉及到新闻、出版、电影等内容被重新整合到中国共产党中央委员会宣传部，强化了党对宣传工作的领导；[1]此外，中国共产党中央委员会组织部统一管理公务员工作，中国共产党中央委员会统一战线工作部统一管理侨务工作；[2]无独有偶，在 2023 年党和国家机构改革中，金融、科技、社会工作、港澳台工作等治理内容也在党和政府层面上被进行了重新统筹。[3]

党和国家机构改革的基础是对治理内容的重新梳理和认定，如果无法对治理内容进行新的分类，那么机构与职能都无法实现变革。就现阶段的改革实践来看，治理内容的认定主要基于如下原则：第一，治理内容的相似性。在此原则下，一种整合发生在政府内部，另一种则是在党和国家机构之间的跨部门整合。就政府内部的治理内容整合而言，其目的在于"重组现有政府部门横向职能"[4]，将拥有相同或相近职能的部门整合集中起来，以避免出现职能交叉、政出多门和多头管理。[5]就党和国家机构治理内容的整合而言，涉及的治理内容突破了政府的管理边界，将政党和政府负责的事项进行统筹考虑，归并相同或相近的治理内容，避免党政之间的职责交叉，强化党对治国理政的全面领导，提高职能运行的整体性。第二，依据国家治理现代化的诉求，将原本分散的治理内容进行重新归类，纳入新的治理事项，既服务于国家重大发展战略，又有利于职能运行的协同、科学、高效。具体而言，新的治理内容可能之前也存在，但并非之前就作为一个独立的部分而存在的，而是从

〔1〕 参见新华社：《国务院机构改革和职能转变方案》，载《人民日报》2013 年 3 月 15 日，第 5 版。

〔2〕 参见新华社：《中共中央印发〈深化党和国家机构改革方案〉》，载《人民日报》2018 年 3 月 22 日，第 1 版。

〔3〕 参见新华社：《中共中央国务院印发〈党和国家机构改革方案〉》，载《人民日报》2023 年 3 月 17 日，第 2 版。

〔4〕 冯贵霞：《党的十九大后新一轮大部制改革的内容与特点》，载《理论与改革》2018 年第 4 期。例如，国务院将原国家人口和计划生育委员会和卫生部合并为国家卫生和计划生育委员会，以更好地统筹全国医疗卫生和计划生育服务的资源配置；将原国家新闻出版总署和国家广播电影电视总局合并为国家新闻出版广电总局，以统筹规划和监督新闻出版广播电影电视事业产业的发展。

〔5〕 王佃利、吕俊平：《整体性政府与大部门体制：行政改革的理念辨析》，载《中国行政管理》2010 年第 1 期。

不同的治理事项中被拆解、重组为一项新的治理内容，"自然资源""国家监察""退役军人事务"等内容便是基于国家治理的变化而产生的需要加以整合的治理内容。这些治理内容或者是基于特定群体，或者是需要特定的物质资源，或者具有特定的权力属性，对这些内容的合并与重新归类也成为党和国家机构改革的基础。

（三）系统化的形式：机构与职能之间的重新排列组合

基于国家治理现代化的要求，党和国家机构需要重新梳理并确定国家治理的内容，这是机构改革的基础。在此过程中，诸如自然资源这样的治理内容完成了认定，被直接整体赋予一个新的机构进行集中管理。这既是机构改革与职能转变的一种形式，也是两者并行推进关系的真实体现，政府职能的重组与组织机构的设立是同步发生的。一方面，一个新的机构成立，本身就代表着组织结构的变革；另一方面，伴随着新机构的组建，政府职能必然发生了转变，这种转变可能并非职能总量意义上的，而只是特定职能在政府内部的结构发生了变化，职能结构变化本身也是政府职能转变的题中之义。现实中，机构改革与职能转变的系统化还存在着其他多种形式。这些形式或表现为机构与职能之间的重新排列组合，或表现为不同机构中的特定内容被整合到一个新的机构，或是多个机构直接被整合为一个新的机构，或是一个特定的机构吸纳了其他机构中类似的治理内容、扩展了该机构的管理外延等，这些丰富的形式共同体现了机构改革与职能转变并行推进的良性关系。

第一种形式是直接合并不同的机构为一个新的机构。伴随着机构合并，机构的原有职能也被完整归并到这个新的机构之中。例如，2018年，中国银行业监督管理委员会和中国保险监督管理委员会被整合为中国银行保险监督管理委员会；[1] 2023年国家金融监督管理总局也属类似的情况。[2] 机构合并的目的在于"减少部门职责交叉和分散，最大限度地整合分散在国务院不同部门相同或相似的职责，理顺部门职责关系。"[3]

第二种形式是将不同机构中的相似事项抽离，划入新的机构。例如，自

---

〔1〕参见新华社：《中共中央印发〈深化党和国家机构改革方案〉》，载《人民日报》2018年3月22日，第1版。

〔2〕竺乾威：《国家治理体系现代化与政府职能转变》，载《求索》2023年第4期。

〔3〕参见新华社：《国务院机构改革和职能转变方案》，载《人民日报》2013年3月15日，第5版。

然资源部、生态环境部、中央社会工作部、国家金融监督管理总局等的设立都是将原本分散在不同机构的职能进行了抽离，并划入一个新的机构来集中统一行使。不仅中央政府在进行职责合并、组建新的机构，地方政府也在探索将同类项抽离、整合，组建出新的机构。例如，行政审批局便是对行政审批职能的系统化，它将原本分散在不同职能部门中的行政审批事项进行了划转。以银川市行政审批局为例，银川市人民政府于 2014 年发布《银川市人民政府关于划转市发展和改革委员会等部门审批事项的通知》，一次性将分属于 26 个部门的 153 项事项统一划入行政审批局，实现了人员编制与审批职责的整体划转。截至 2018 年 2 月，银川市共分 4 批次将 30 个行政部门的 179 类行政审批及相关涉审事项划转至行政审批局。

第三种形式是一个机构整合（合并）其他机构的职能，扩展该机构的治理内容，这种形式类似于一个机构的自我扩张。例如，2018 年新组建的生态环境部是在原环境保护部的基础之上，将其他机构所负责的与环境保护有关的职能整合进入新的生态环境部。[1]重新组建的司法部并入了国务院法制办公室的职责，中国共产党中央委员会宣传部也从国家新闻出版广电总局并入了部分与新闻、出版、电影管理等相关的职责。中国共产党中央委员会组织部基本整体纳入了原国家公务员局的公务员管理的所有职能。2023 年，农业农村部并入了国务院直属机构国家乡村振兴局的大部分职责，从而叠加了乡村振兴的职责；应对老龄化的职能也从国家卫生健康委员会转移到了民政部，民政部的职责也实现了一定的扩展。[2]

第四种形式是机构与职能之间的交错整合。这种整合既不是机构之间的合并，也不是对同一类型职能的归纳，更不是由一个机构去归并其他组织中的相似职能，而是职能在不同部门之间的动态调整，目的在于实现特定职能在部门中的优化配置与顺畅、高效运行。这种职能系统化的形式在机构改革

---

〔1〕 这些职责包括国家发展和改革委员会的应对气候变化和减排职责，国土资源部的监督防止地下水污染职责，水利部的编制水功能区划、排污口设置管理、流域水环境保护职责，农业部的监督指导农业污染治理职责，国家海洋局的海洋环境保护职责，国务院南水北调工程建设委员会办公室的南水北调工程项目区环境保护职责等。参见新华社：《中共中央印发〈深化党和国家机构改革方案〉》，载《人民日报》2018 年 3 月 22 日，第 1 版。
〔2〕 高小平：《我国行政管理制度创新的重大实践——对 2023 年机构改革的行政学分析》，载《行政管理改革》2023 年第 5 期。

方案中，多以"重新组建""优化"等表述出现。例如，2018年，水利部将国务院三峡工程建设委员会及其办公室、国务院南水北调工程建设委员会及其办公室并入；[1]在2023年的党和国家机构改革中，科学技术部将部分职能划转到农业农村部、国家发展和改革委员会、生态环境部、国家卫生健康委员会、工业和信息化部和人力资源和社会保障部。[2]这种形式比较普遍，是在机构设置不产生大变动的前提下，通过对机构职能的调整，减少职能交叉与分散；它更多体现的是职能整合的逻辑，改革遇到的阻力较之机构改革要小。[3]

第五种形式是借助现代信息技术，通过"平台""界面"等形式对机构与内容进行的流程再造。对于一些无法通过机构改革来实现的职能整合，党和国家充分利用现代化的信息技术，打通不同部门之间的分界，提高职能运行效率。在地方上，比较有代表性的是行政审批制度改革中的网上审批系统的建立。信息技术为"互联网+行政审批"提供了整体性的组织基础，也同样为审批流程系统化提供了技术支持。"一网通办"打通了工商、公安、人力资源和社会保障、住建、国土等部门之间的信息系统，整合了不同政府部门之间的审批职能，提高了行政审批的效率，"最多跑一次"的改革贡献了行政审批职能整合的"中国方案"。[4]整体而言，信息技术的应用打通了信息壁垒、理顺了部门关系、疏通了审批流程、整合了各项资源，实现了线上线下事项简化、流程瘦身、服务提效的同步优化，让真正的审批"零跑腿"成为可能——"不见面""网上办"等一系列网上审批服务模式变"群众跑"为"数据跑"，使行政审批方式更加灵活、便捷、高效。

（四）系统化的价值整合：以人民满意统筹政治价值与管理价值

基于治理内容的梳理与整合，配备恰当的组织形式，就完成了党和国家

---

〔1〕　参见新华社：《中共中央印发〈深化党和国家机构改革方案〉》，载《人民日报》2018年3月22日，第1版。

〔2〕　参见新华社：《中共中央国务院印发〈党和国家机构改革方案〉》，载《人民日报》2023年3月17日，第2版。

〔3〕　高小平：《中国式现代化公共管理创新的重大探索——对2023年机构改革的理论分析》，载《学海》2023年第3期。

〔4〕　郁建兴等：《"最多跑一次"改革：浙江经验，中国方案》，中国人民大学出版社2019年版，第62页。

机构改革中最为重要的两项内容。作为系统化的改革，党和国家机构改革包含了狭义的行政体制和政治体制两个组成部分，且两个体制所致力于实现的目标存在一定的差异，这是改革必须要面对的现实。具体而言，政治体制改革更多的是考虑政治价值、公民权利、公平与正义、政治合法性等纯政治问题，相对而言较少考虑效率问题，而行政体制改革既有政治体制改革中关于政治合法性的考虑，也有提高组织行政效率的考虑。[1]但是，这些看似不一致的价值追求却被统一在了改革战略目标和具体实施过程当中，并未出现明显的或者根本性的分歧或冲突。

进一步讲，行政管理体制所追求的效率本质上是一种基于公平的效率，而不是企业管理中所追求的完全的市场效率。社会问题的解决不能仅仅依靠效率的提高，政府的社会管理职能最大的特点，就在于"它以维护社会公平与公正为首要目标"[2]。现实中，"基于公平的效率"必须是以人民为中心、追求人民满意的，这也是建设人民满意的服务型政府的必然要求；与此同时，政治体制所追求的政治价值，其中所涉及到的公民权利、公正与正义、政治合法性等，[3]最终的评判主体依然是民众，行政体制改革与政治体制改革最终被统一到人民满意的根本价值之中。于是，党和国家的机构改革最终遵循的终极价值便是以人民为中心的基本原则。

在当代中国，以人民为中心已获得了政治上的高度确认。它既作为执政党的指导思想，也作为国家制度安排的根本准则，国家的治理实践也在积极探索其可能的实现形态。[4]由此可见，行政体制改革与政治体制改革不同的价值追求之所以没有出现明显的冲突，是因为这些价值共同服务于一个更高位阶的价值——人民满意，这也是在国家治理现代化中所呼吁的政治伦理价值"由注重工具理性对于单一效率的物化追求，转向注重价值理性对人的发

〔1〕 何哲：《行政体制改革中的管理问题与政治问题——基于组织变革和流程再造视角的分析》，载《中国行政管理》2013年第9期。

〔2〕 陈振明、李德国、蔡晶晶：《政府社会管理职能的概念辨析——〈"政府社会管理"课题的研究报告〉之一》，载《东南学术》2005年第4期。

〔3〕 何哲：《行政体制改革中的管理问题与政治问题——基于组织变革和流程再造视角的分析》，载《中国行政管理》2013年第9期。

〔4〕 需要说明的是，"以人民为中心""人民性""人民满意"都在强调机构改革与职能转变必须服务于人民，所以不必去严加区分三个词语的具体使用。

展境遇与社会公平的追求。"[1]追本溯源，人民的主体性决定了"以人民为中心"的改革理念，在党的统一领导下，政党治理、政府治理和社会治理都必须以实现人民的美好生活为根本价值追寻。

---

〔1〕　李思然：《新时代政府职能转变的伦理转向探析》，载《中国行政管理》2023 年第 7 期。

◆ 第五章 ◆

对政府改革的再阐释：机构改革与
职能转变的关系

党和国家机构改革已取得显著成效，基本实现了预定的职能转变和机构精简的改革目的，党和国家机构无论在数量还是管理方式和效率效能方面都较改革前有了很大的改变。机构改革与职能转变，在国家治理现代化建设中共同发挥着"双引擎"作用，既通过平时的改革持续释放市场和社会活力，又通过机构改革集中释放制度创新的能量。[1]党的十九大以来，中国国家治理改革的焦点已经从机构职能调整到治理体系和能力再造，[2]机构改革与职能转变寓于总体改革之中，共同成为推进国家治理改革的重要手段。在此过程中，机构改革与职能转变在国家治理体系的总体框架中被系统化统筹，机构改革带来了政府职能的转变，职能转变又会进一步促进机构改革的实现，两者互为因果、协同共进。但是，作为改革的两条进路，机构改革与职能转变遵循的逻辑并不同，前者基于国家整体层面的组织设计，后者则遵循适应外部环境的演变逻辑。如何更好地理解两者之间的关系，需要深入机构改革与职能转变的实践中进行整体性把握和系统性梳理。

一、理解二者关系的前提：动态演变与整体设计的平衡

实践中，机构改革与职能转变是政府改革的"一体两面"，两者互为表

---

〔1〕 高小平：《我国行政管理制度创新的重大实践——对 2023 年机构改革的行政学分析》，载《行政管理改革》2023 年第 5 期。

〔2〕 燕继荣：《体系与能力再造：新时代十年国家治理改革》，载《中国行政管理》2023 年第 10 期。

里、相互依存、不可分割，这是解读两者关系的一种方式。但是，这种判断会掩盖掉两者的本质性区别。就目前来看，我国的机构改革呈现出了典型的周期性特征，大规模的机构改革基本上都发生在政府换届之际，以 5 年为一个改革周期。职能转变不同于机构改革，政府职能所需要回应的社会经济事务本身是处在不断变动之中的[1]，一旦政府所处的外部环境发生变化，政府便需要调适职能以适应外部经济社会的新特征。在这种情况之下，当政府职能需要回应社会事务的变动而机构改革却需要等待确定的周期才能启动时，机构改革与职能转变的矛盾便会出现。我国政府改革始终在平衡机构改革的周期性与职能转变的长期性之间的关系，如何通过机构改革体现并进一步推进政府职能转变是两者关系的核心。

（一）职能转变：自下而上的需求回应

政府职能指的是政府"根据国家和社会发展的需要，依法承担的职责和功能"[2]，包括政治、经济、文化、社会、环境保护等方面的职能。然而，"国家与社会发展的需要"并非一成不变，它会在变动的过程中影响政府职能体系。因此，党和国家机构的职能体系在阶段性地确立之后，需要依据所处的历史阶段的特征不断调整。识别职能转变的演化特征，是理解职能转变与机构改革关系的切入点。整体而言，政府职能转变具有如下几个基本特点：

第一，职能转变需要回答的根本问题，是政府"做什么、不做什么、重点做什么的问题"[3]。在这个过程中，政府始终在探索职能体系的最佳边界，这个边界主要依据国家与社会的关系、政府与市场的关系而定。国家与社会、政府与市场的关系看似组织设计的结果，其实不然。国家与社会的关系、政府与市场的关系始终处在一个动态的调适过程中，虽然职能的市场化与社会化贯穿了我国改革的始终，但是究竟哪些职能可以市场化、哪些职能可以社会化仍然没有定论。我国政府的职能体系始终在探索实现政府、市场、社会关系的动态协调，旨在打造一个党的领导、高效政府、有效市场、稳定社会与人民满意的国家治理体系。

---

〔1〕 杨弘、郜清攀、徐勇：《论新时代中国政府改革的方向和着力点》，载《东北师大学报（哲学社会科学版）》2018 年第 4 期。

〔2〕 王浦劬：《论转变政府职能的若干理论问题》，载《国家行政学院学报》2015 年第 1 期。

〔3〕 朱光磊、候绪杰：《"双线合一"：论服务型政府的建设逻辑》，载《南开学报（哲学社会科学版）》2023 年第 3 期。

第二，职能转变并非设计而来，它随着外部环境的变动而不断演化，遵循的是适应逻辑（或称回应逻辑）。这要求政府的现行职能既要适应经济社会发展阶段的特征，又要能够随着实践的不断发展进行适当调整。[1]例如，进入 21 世纪以来，我国政府不断强化其公共服务职能，也是在适应社会主义市场经济发展的要求[2]。公共服务职能并非凭空产生，也不完全由政府主动设计；而是伴随着市场经济发展到一定程度，因为市场带来的贫富分化、分配不均等问题需要政府转变其过分关注经济发展的职能导向。在某种程度上，政府职能能否及时转变以适应新的社会发展阶段，是判断其治理能力的最重要的指标。

第三，职能转变的过程是一个自下而上回应需求的过程。社会需求是多样化的、客观的、多层次的、动态演变的，不以人的意志为转移；党和国家机构需要不断识别出并致力于满足国家治理中的新诉求，并在政府职能中反映出来，这个过程是连续的、动态演变且不可分割的。例如，伴随着信息技术不断发展，政府既需要引入技术辅助政府治理现代化，也需要强化对信息技术的监管，这便对政府职能提出了新的诉求。政府需要在现有的职能体系中生产出一项新的职能来负责此项事务，在这个过程中，数据治理的职能并不是机构组建后才实现转变，相反，机构组建只是职能转变的一个结果。或者说，政府如若不能及时识别数据治理这一新的社会需求并在职能体系中反映出来，会使得国家治理滞后于经济社会发展的现实；如果这种滞后性比较严重的话，还会带来新的社会治理问题。

（二）机构改革：自上而下的整体设计

深化党和国家机构改革是一个长期的过程，[3]绝不能一蹴而就，也不可能一劳永逸。这种改革的长期性主要体现在党和国家机构需要依据外部政治、经济、社会乃至国际环境的调整，来适时调适职能的配置与结构的设置；而在此过程中，尚没有一个最优的模型可以作为参考。因此，党和政府需要不断探索特定时空中最为适宜的组织规模、组织形式和组织结构、组织功能。按照管理学原理，不同的组织结构适用于实现不同的组织职能，而合理的组

〔1〕 王浦劬：《论转变政府职能的若干理论问题》，载《国家行政学院学报》2015 年第 1 期。
〔2〕 朱光磊：《中国政府职能转变问题研究论纲》，载《中国高校社会科学》2013 年第 4 期。
〔3〕 毛寿龙：《中国机构改革的基本逻辑》，载《中国经济报告》2018 年第 4 期。

织结构会适当提高组织绩效。因此，组织需要依据其所承担的职责，来选择或者科学设计其内部的层级与部门。在我国，机构改革具有明显的周期性特征，以 5 年为一个周期。不同于职能转变自下而上的回应性特征，机构改革具有如下明显特征。

第一，机构改革可以通过自上而下的设计来推动。对于任何一项职能设置与履行来说，组织中一般会存在一种更为适配的组织结构。在党和国家机构的改革中，为了实现特定的职能转变，组织可以选择依据流程、要素、对象、地域等不同的内容进行机构的设置，并通过要素整合、流程优化、地域组合、对象识别等方式，完成机构与职能的系统、高效配置，提高职能的运行效率和效果。这便带来了机构改革的一个最为重要的特征，即机构改革可以通过自上而下的设计来推动，这是机构改革不同于职能转变的最大特点。这种自上而下设计的特征，使得机构改革会受到"机构改革主导者"的性质、层级、重视程度等因素的多重影响，导致机构改革呈现出特定领域的机构被反复调整，而一些领域的机构始终未进入改革的日程等改革的多重样貌。

第二，机构改革是职能转变的重要抓手。持续的、动态演变的职能转变往往需要依靠机构改革加以确认并得以继续推动。在这种情况下，职能转变便会带来相应的机构变革。或者说，职能转变既是机构变革需要达成的目的，也可能是触发机构变革的前提条件。在改革实践中，职能转变虽然处在动态演变中，但是确保职能转变得以实现的一定是组织基础。例如，在行政审批制度改革中，我国在国务院层面组建了一个专门的机构来系统推进此项工作；伴随着多轮的行政审批事项取消、下放，政府的行政审批职能得以实现转变，这是机构改革实现职能转变的典型案例。因此，如何充分利用周期性机构改革的"改革之窗"效应，实现机构改革与职能转变之间的因果效应，是处理机构改革与职能转变两者关系的重要切入点。

（三）机构改革与职能转变中的平衡与失衡

"不同时期经济发展情况对政府职能有着不同的要求，适宜于不同经济发展阶段的政府部门结构也就不同。"[1]职能是机构设立的根本依据，"职能对

---

〔1〕　潘墨涛：《中国特色社会主义市场经济与政府机构改革的内在逻辑——"强度—跨度"政府架构分析框架的视角》，载《国家行政学院学报》2018 年第 3 期。

机构设置具有决定性作用"〔1〕。机构与职能、人员等共同构成了一个完整的国家治理的组织体系，机构与职能互为表里，任何一方都不可能脱离另外一方单独存在。因为任何一个不具有职能的结构，都是无意义的；同理，空有职能却无得以实施的组织载体，也只能是空中楼阁。但是，机构改革与职能转变之间的关系不同于机构与职能之间的关系，机构改革往往通过自上而下完成，而职能转变则是自下而上地满足需求，前者的周期性与后期的长期性、前者的设计性与后者的演变性，使得两者之间的关系会在一个动态的平衡与失衡中交错进行。

当机构改革与职能转变之间的步骤无法统一时，我国的政府改革便会容易出现"怪圈"〔2〕。具体而言，机构精简是出于提高行政效率、减少冗余和降低成本的目的，通常是通过合并部门、减少人员、简化程序和压缩预算等措施来实现。然而，随着外部环境的变化，新的国际环境、社会需求、政治压力和政策目标会不断对国家治理提出新的要求，反映在党和国家机构上，便是需要它们在职能与机构上进行双重回应，带来的结果便可能是新的部门或机构的组建、职能的扩展、人员的增加和预算的扩大。然而，当机构和职能膨胀到一定程度，就又会导致政府运行效率下降和资源供给压力增大，于是，政府可能需要再次对机构和职能进行精简。

机构改革与职能转变之间的关系需要在常态化和周期性之间找到平衡。常态化改革指的是政府职能需要随着外部环境的变动而动态调适，即便机构改革具有周期性，也可以通过内设机构、临时机构、运作机制调整等方式来确保职能的转变，并最终借由周期性的机构改革加以实现。这种改革方式通常是渐进的、分散的，涉及多个部门和层级，且都要经过精细的管理和协调。因此，政府需要在日常运作中不断地审视和调整自身的结构和职能，以适应不断变化的外部环境和内部需求。同时，在面对重大治理挑战时，党和国家也需要能够迅速进行集中的、全局性、系统性的改革，以实现结构和职能的

---

〔1〕 周志忍、徐艳晴：《基于变革管理视角对三十年来机构改革的审视》，载《中国社会科学》2014年第7期。

〔2〕 改革"怪圈"指的是，人员及部门调整的"精简—膨胀—再精简—再膨胀"、职能调整的"膨胀失调—紧缩调整—再膨胀失调—再紧缩调整"以及权力调整的"下放—上收—再下放—再上收"。参见何艳玲、李丹：《机构改革的限度及原因分析》，载《政治学研究》2014年第3期。

根本性调整。

二、机构改革与职能转变的复杂关系

实践中，机构改革与职能转变的关系存在多种形式。一是机构改革与职能转变在改革方案中和改革实践中同步出现，以党政机构融合最具代表性。党政融合存在着党政合一、党政合署、归口管理等多种形式，其中机构并入是 2018 年党和国家机构改革的重点模式。[1]在这种形式中，机构改革与党政职能调整同步进行。二是机构先行，推动职能转变。以国家监察委员会成立为例，作为推动国家监察体制改革的起点，国家监察委员会的成立，意味着党和国家通过整合机构、整合职能，建立了一个更高位阶且性质迥异的组织机构，统一行使监察权，改变了我国以往监察权分设、覆盖范围不足的问题。[2]三是机构改革作为职能转变的结果而出现，典型案例便是地方组建行政审批局。我国行政审批制度改革的历史已有二十余年，仅从党的十九大以来，国务院各部门已经取消、下放了 40% 以上的行政审批项目[3]。在此背景下，地方政府成立行政审批局，可以理解为进一步深化政府行政审批职能转变的起点。或者说，行政审批局这一机构的组建，既是职能转变到这一阶段的结果，也是继续推进职能转变的新方式。在行政审批局成立之后，地方政府便需要为其配备新的职能，将行政审批职能从此前的职能部门剥离、统一划转至行政审批局，这便直接实现了职能的重新分配。

然而，现有研究多采用"优化政府组织结构有利于推动政府职能转变"[4]的表述方式，将政府组织结构调整视为推动职能转变的前提条件或者重要手段；而职能转变的效果往往又只能通过机构调整的结果来反映。于是，机构改革既是达成职能转变的手段，又成为了职能转变的表现和结果，这带来的后果是无法准确解读两者之间的关系。现实中，机构改革与职能转变可能先后交替出现，也可能会同时出现，仿佛无规律可循。虽然有更多的学者将机构改革视为推动职能转变的手段，但是两者之间的因果关系也仍然难以确认，

---

〔1〕 林鸿潮：《党政机构融合与行政法的回应》，载《当代法学》2019 年第 4 期。

〔2〕 陈光中、邵俊：《我国监察体制改革若干问题思考》，载《中国法学》2017 年第 4 期。

〔3〕 李军鹏：《十九大后深化放管服改革的目标、任务与对策》，载《行政论坛》2018 年第 2 期。

〔4〕 薄贵利：《论优化政府组织结构》，载《中国行政管理》2007 年第 5 期。

我们仍然无法剥离其他改革举措对职能转变的影响。考虑到机构改革的周期性与职能转变的动态演变性，引入时间这个维度，我们初步得出结论：机构改革与职能转变是设计与演变共存的关系。周期性设计的机构改革不断回应长期性演变的职能转变，并不断达成两者之间的均衡，在设计与演化中，共同促进改革整体目标的实现。在这个过程中，职能会在回应外部环境的变化中或快速或缓慢地转变，机构改革则是落实职能转变的组织载体。机构改革与职能转变的设计与演变共存关系论修正了主辅关系论、因果关系论和从属关系论，并将后三者视为机构改革与职能转变关系处理中的实践形式。

（一）机构改革与职能转变的关系实质：设计与演变共存

机构改革与职能转变之间设计与演变共存的关系，指的是两者始终在处理基于设计的机构改革与基于动态演变的职能转变之间的关系。实践中，机构改革与职能转变呈现了复杂的关系，或为因果、或为先后、或为包含与被包含，根源在于机构改革是可以通过设计来实现的。不同的关系形态，源于不同的机构改革设计，源于不同阶段对两者关系的不同处理。具体而言，机构改革与职能转变之间的设计与演变共存关系具有如下特征。其一，机构改革的周期性与职能转变的长期性是一对固有矛盾。即便不依赖大规模的机构改革，职能转变过程的不可预测性、长期性、动态性，也使得职能转变无法即刻反映在机构改革上，于是，两者的脱节会带来国家治理的缺位。其二，机构改革与职能转变的关系优化关键在于如何调和设计与演变之间的时间差，并在实践中通过提高机构设计的科学性与前瞻性，实现设计与演化之间的阶段性均衡，共同促进改革整体目标的实现。其三，机构改革更像是职能转变时间序列中的"断点"，职能转变到何种程度时需要通过机构改革予以确认，是一个考验国家整体治理能力的重要问题。

党的十九大以来，机构改革与职能转变之间的设计与演变共存的关系具有如下特征：其一，机构改革的设计者是中共中央，其为机构改革注入了极强的动力，解决了之前机构改革系统性不足、整体性不够的问题。在这个过程中，机构改革得以在国家治理的层面上回应职能转变的现实需求；机构改革范围的扩大，也相应扩展了机构改革回应的职能范围。其二，在政党主导的机构改革中，自上而下的机构设置会回应自下而上的需求，这在一定程度上有助于实现机构改革与职能转变的内在统一。党和国家机构改革回应自下而上的需求主要是基于党的执政理念，"以人民为中心的服务型政府"建设便是这种理念的集中体现。诚然，政府改革也会致力于追求回应性和满意度，但是科层制组织对效率的追求，可能会在一定程度上耗损回应性等政治指标。政党则不然，合法性、回应性是政治体制追求的重要价值，这些价值体现在机构改革上，便是自上而下的机构设置会基于自下而上的社会需求。而且，政党的参与和主导可以在国家治理层面上，识别职能转变的趋势；并借助党中央的参与，减少机构回应的缺失，缩短机构回应的周期。其三，机构设计的层次性特征明显。机构改革被分为明显不同的层次，党中央的机构改革处在第一个层次，用于强化党对重大工作的全面领导；党政机构协调处在第二层次，在强化党的领导的前提下，加强党对治国理政的指导；第三个层次是在政府机构内部，解决权责交叉、多头管理等问题。不同层次的机构改革有着不同的目标，且这些目标不仅仅限于职能转变，这再次证明了机构改革与转变之间并非一一对应的因果关系。

　　通过引入周期性的机构改革与长期性的职能转变之间的设计与演变共存的关系，可以发现，我国以往改革中机构改革与职能转变之间的主辅、因果、包含和协同共进等关系类型，都相继出现或者共同存在于改革的特定阶段。在职能长期演变的过程中，机构改革是可供党和国家使用的重要手段，如何通过机构改革来实现并继续推进职能转变，成为历次改革的核心问题。无论是主辅关系论主张的以职能转变为主、以机构改革为辅，还是因果关系论中的以机构改革推动职能转变的实现，抑或是包含关系论中的职能转变从属于机构改革，这些论断的根源都在于机构改革具有自上而下的设计属性，党和国家可以依据当时的经济社会背景确定机构改革的具体方案，并合理处理机构改革与职能转变的关系。因此，党和国家试图通过机构改革达成的目的，一定不是机构改革本身，而是旨在实现职能转变、优化党政关系、实现国家治理的现代化。换言之，机构与职能之间虽然内含了"职能决定机构"的逻辑上的因果关系，但这种因果关系并不意味着在实践中机构改革与职能转变存在先有因后有果的先后关系；而是指在机构改革与职能转变的设计阶段，党和国家需要依据职能转变的目标来设计组织机构。无论是何种关系形态，需要考察的核心问题都是机构改革能否及时回应职能的转变并预测职能转变的方向，其考察的仍然是机构改革的科学性与前瞻性。

　　在实践中，机构改革并不是总能够及时回应职能的转变，这就会带来演变与设计之间的失衡状态。具体而言，在改革的某些阶段，依据外部经济社会环境变动出现的职能转变，会体现在周期性的机构改革中，并通过机构改革的合并、组建、拆分等常规路径予以实现。但在改革的另外一些阶段，政府职能转变的结果可能无法及时反映在机构改革中，这会带来两种可能的结果：一是政府职能理应回应的诉求无法通过实体机构予以实现，造成政府职能的缺位；二是政府职能已经发生变化，但是机构仍然未调整，使得实体机构的职能运行存在越位。一旦机构改革与职能转变无法实现同步推进，两者之间的关系就会出现一定的失衡或者脱节，改革后的机构和人员都可能会出现回潮等问题。这主要源于机构设置无法与职能转变相适配，即周期性的机构改革无法及时回应职能转变的现实需求。如何实现机构改革与职能之间设计与演变共存的协同共振，是处理两者关系的关键点。

在两者关系的动态演变中，五年一期的机构改革也开始逐渐将改革重心置于职能转变上，这在 2013 年机构改革中体现得较为明显。此前，改革内容主要集中在机构调整上，通过重组、合并或裁撤部门来优化管理结构，而对职能的实质性转变关注不足。这种做法虽然能够在表面上简化机构，但未能真正触及政府职能的深层次变革，导致所谓的"简政"实际上并未伴随相应的"放权"。2013 年的国务院机构改革和职能转变方案则更侧重于职能转变，机构改革不再被视为确保职能转变的唯一工具。但是，在这种情况下，虽然政府试图减少对市场和社会的直接干预程度，将权力取消和下放；但如果机构框架未作相应调整，可能也会导致职能转变不彻底，无法有效促进市场对配置资源的决定性作用和社会的自主性发挥。这看似在否定两者之间的设计与演变共存关系，但实质上，政府职能转变的目标并非设计而来，而是政府对职能转变趋势的再次确认，即市场在资源配置中起决定性作用的需求，反映在了政府职能转变方案之中。但是，通过改革方案来提高对职能转变引导，已经越来越体现在我国现阶段机构改革与职能转变的过程之中。

（二）基于系统化的体制是处理两者关系的抓手

我国历经多次机构改革，政府职能定位也经历了从统治型到管理型再到服务型的演变过程。[1]尤其是伴随着新公共管理理论在职能转型中的运用，

---

〔1〕 竺乾威：《政府职能的三次转变：以权力为中心的改革回归》，载《江苏行政学院学报》2017 年第 6 期。

促使政府职能向市场化和社会化转变，政府职能重心也逐步从促进经济发展转向完善社会管理和公共服务，以解决市场经济发展过程中面临的阻碍。改革围绕着市场经济的确立和完善进行，"使中国行政管理体制和机构改革始终能和经济发展以及社会主义市场经济的不断推进结合起来。机构改革与政府职能转变同步进行。"〔1〕但是，回顾改革开放以来的历次机构改革可以发现，为了匹配市场需求，解决问题的方式偏向运动式治理，难以触及深层次体制机制，机构改革带来的人员、职能流动始终处于复杂的动态之中。〔2〕于是，这带来的结果是，部分机构经历了整合、分开、再整合、再重组的调整过程，职能也从一个部门转移到另一个部门再重新回到一个部门，转移到市场和社会的职能也可能会"回潮"，这便使得改革成果的持续性较差。整体而言，我国党和国家机构改革仍然面临着"制度短缺和法制不健全的问题，现实的法律与政府的自身改革经常会出现一定程度的张力。"〔3〕

党的十九大以来，机构改革将改革单元更多置于体制而非部门，这种处理方式对于优化机构改革与职能转变之间的关系可以产生诸多益处。其一，社会经济事务的复杂性日益剧增，无论如何精细地进行部门化设置，都会存在部门之间的协调与合作问题。实践中，基本上任何一个部门都难以依靠一己之力处理特定的事务。将改革的单元置于体制，可以最大程度上避免过于关注部门的职责配置而忽略整体的治理效能。其二，将职能实现的单元置于体制，可以在更为宏观的层面上，实现机构改革对职能转变的回应。职能转变依据于外部经济社会政治技术与国家环境的变化而动态演变，这种演变更多关涉的职能定位，是国家与社会关系、政府与市场关系中的框定性内容，必然不会过于细致。将职能转变反映在机构设置上，如果以部门为单位，将涉及巨大的工作量，而且党和国家需要对职能进行再解读并体现在机构设置上。一旦提高机构改革的层次，更多地关注体制之间职能的优化配置，再在完成机制改革的基础上进行更为细致的部门化设置，可以提高机构改革对职能转变回应的及时性。

---

〔1〕 应松年：《完善行政组织法制探索》，载《中国法学》2013 年第 2 期。

〔2〕 何艳玲、李丹：《"体系化"：新时代机构改革的特质与逻辑转换》，载《公共管理与政策评论》2023 年第 6 期。

〔3〕 熊文钊、史艳丽：《试论行政组织法治下的行政体制改革》，载《行政法学研究》2014 年第 4 期。

(三) 关于"因果论"的再解释

虽然机构改革与职能转变的因果关系论非常具有解释力,其经典表述为"机构改革要以职能转变为目标"。但是,在实践中,机构改革与职能转变之间的因果关系难以确立,这是因为政府职能转变的实现不只依赖历次机构改革,还依赖于一些重要的载体和机制,如中央各种工作会议、五年规划、年度计划、专项计划等,"它们在目标具体性、方案系统性、进程精细化诸方面明显优于历次机构改革方案"。[1]因此,职能转变的实现是否仅仅源于机构的变动,可能缺乏更为有力的论证。例如,为了更有效地应对生态环境问题[2],2018 年国务院机构改革对生态环境部进行了重组,改革方案中有关职能转变举措的规定,使用的多是"完善""加强""改进"等字眼,对于实践的指导和约束力非常有限;而如果职能转变的重大举措从改革方案里找不到具体依据,就很难构建职能转变与机构改革之间的因果关联。与此相对应,同样以生态环境保护为例,"十四五"规划详细规定了政府生态环境保护职能转变的路径措施,如在生态文明方面,规划从"提升生态系统质量和稳定性""持续改善环境质量""加快发展方式绿色转型"[3]三方面着手,详细规定了职能转变的措施,如全面加强天然林和湿地保护,湿地保护率提高到 55%;完善国家公园管理体制和运营机制,整合设立一批国家公园等。[4]这些措施都为政府职能转变提供了更为具体的依据,比起笼统性、原则性的机构改革方案,可能可以更为直接地推动政府职能转变。

在机构改革与职能转变关系的现有研究中,我们可以观察到一种趋势:机构改革通常被作为改革的起点,由此推导出作为结果的职能转变。这种做法理论上看似合理,因为结构性的改革可以带来职能的整合,进而有效转变职能;但是,这一逻辑在实践中存在因果关系不明确的问题。具体来说,哪个机构需要改革,往往是根据预设的职能转变目标而确定的。职能转变的目

---

〔1〕 周志忍、徐艳晴:《基于变革管理视角对三十年来机构改革的审视》,载《中国社会科学》2014 年第 7 期。

〔2〕 参见新华社:《国务院机构改革和职能转变方案》,载《人民日报》2013 年 3 月 15 日,第 5 版。

〔3〕 参见《中华人民共和国国民经济和社会发展第十四个五年规划和 2035 年远景目标纲要》,载《人民日报》2021 年 3 月 13 日,第 1 版。

〔4〕 参见《中华人民共和国国民经济和社会发展第十四个五年规划和 2035 年远景目标纲要》,载《人民日报》2021 年 3 月 13 日,第 1 版。

标在很大程度上设定好了机构改革的方向和范围，在这个过程中，机构改革被视为实现预定职能转变目标的手段。例如，2013 年成立的国家食品药品监督管理总局，目的在于加强对食品药品的安全监管。这项改革的背景之一是此前我国发生了多起食品安全事件，引发了公众对食品药品安全的广泛关注。于是，职能转变的目标明确指向了提高食品药品安全监管，机构改革随之进行，以实现这一目标，国家食品药品监督管理总局便完成了组建，这是机构改革服务于职能转变的典型案例。但是，这种观测方法的问题在于，它可能导致对职能转变理解的覆盖面有限，仅局限于改革后机构所触及的范围和内容，忽略了机构与职能之间的复杂动态关系。例如食品药品监督管理还关涉其他的部门和社会公众，其他部门围绕着与市场监管相关的职能产生的转变，也是政府职能转变的内容。因此，如果只关注一个机构带来的职能变化，其实是不能全面展现该领域职能转变的全貌的。

◆ 第六章 ◆

对中国政府改革的展望

党的十九大以来，政府改革中的机构改革与职能转变逐步形成了协同推进的良性互动关系，"党的领导全面加强，以服务为导向的政府机构与职能不断增设与强化，人民在改革中的获得感更强。"[1] 2022 年，习近平总书记在党的二十大报告中要求继续"深化党和国家机构改革""推进国家治理体系和治理能力现代化"，赋予了政府改革新的目标和要求。[2] 当前，随着党和国家机构改革进入深水区和攻坚期，以全面加强党的领导、建设人民满意的服务型政府为目标的改革需要对上述问题进行厘清和回应。党和国家机构改革仍需坚持党的领导、坚持以人民为中心，通过持续推进政府职能根本转变，优化机构改革与职能转变的关系和运行保障，推动国家治理体系和治理能力的现代化建设，不断满足人民日益增长的对美好生活的向往和追求。

一、目标的合价值性：以人民为中心

鉴于政府改革被置于党和国家改革的总体方案之中，其在进行过程中会关涉行政管理体制与政治体制两个体系。一般而言，行政管理体制贯彻效率与公平的价值，[3] 而政治体制追求回应性与政治合法性等政治价值。当党和

---

〔1〕 石亚军主编：《建设人民满意的服务型政府——新中国行政改革 70 年沉思与展望》，中国政法大学出版社 2022 年版。

〔2〕 习近平：《高举中国特色社会主义伟大旗帜 为全面建设社会主义现代化国家而团结奋斗——在中国共产党第二十次全国代表大会上的报告（2022 年 10 月 16 日）》，载《人民日报》2022 年 10 月 26 日，第 1 版。

〔3〕 王浦劬：《论新时期深化行政体制改革的基本特点》，载《中国行政管理》2014 年第 2 期。

国家机构被置于同一改革进程之时，不同的价值追求之间就容易出现冲突。例如，效率包含对投入—产出比的追求，而政党在回应民众诉求、重塑合法性之时并不会过多计算成本；一旦政府过于追求效率，又可能会忽略掉回应性的问题，改革中到底应该如何兼顾效率目标与政治目标是一个比较难操作的问题。然而，这两组同时出现在党和国家机构改革当中、看似不可兼得的价值，却未引起明显或者根本性的冲突，这主要源于行政管理体制与政治体制的价值诉求在具体化为改革目标之时，被整合为"以人民为中心"的价值追求。行政管理体制追求的效率与公平演变为"以人民为中心的效率与公平"，而政治体制追求的回应性与合法性本身便内含了"以人民为中心"的价值内核，演变为"以人民为中心的回应性与合法性"。在此过程中，政党对民众的无限责任被转移到了政府，强化了政府的治理责任[1]，双方在改革中共同回应社会的多元化需求。

（一）以人民为中心对机构改革的指导意义

党的十八届五中全会通过的《中共中央关于制定国民经济和社会发展第十三个五年规划的建议》首次提出"坚持以人民为中心"的重大命题。[2]在推进国家治理现代化的进程中，"以人民为中心"的官方话语表达，已经将"人民"从整体的、同质的、模糊的政治语言，逐渐具象化为个体的、差异的、具体的国家治理体系的组成部分。[3]"人民"话语的转向，使得"以人民为中心"作为我国国家治理的价值传统和制度秉性，获得了更为丰富的内涵，其现实意蕴也发生了微妙的转变。具体而言，"以人民为中心"试图打造的是一种"人民在场"的国家治理体系，而"人民"恰恰是链接国家治理宏大叙事与民众微观生活的关键节点，它可以真正实现将国家治理投射到民众可感可知的现实生活之中。"以人民为中心"摒弃了传统的国家中心主义和政府中心主义的价值导向，将视线置于具象化的"人民"的现实需求之中，并决定了党和国家机构存在与改革的最终意义。

---

〔1〕 潘墨涛：《中国特色社会主义市场经济与政府机构改革的内在逻辑——"强度—跨度"政府架构分析框架的视角》，载《国家行政学院学报》2018年第3期。

〔2〕 王明生：《正确理解与认识坚持以人民为中心的发展思想》，载《南京社会科学》2016年第6期。

〔3〕 资料来源于何艳玲教授在山东大学主办的"公共服务与城市高质量发展论坛"中的主旨发言，山东青岛，2023年。

"人民"的现实诉求又将如何反映到党和国家机构改革的实践中呢？参考何艳玲教授关于"人民城市"的研究，"人民"的价值命题其实可以转变为国家治理的技术命题，这种转变包括五个方面：一是哪些人民群体被侧重考虑，哪些可能被忽略；二是哪些人民需求被侧重考虑，哪些可能被忽略；三是国家治理工具如何设计以实现被侧重群体的需求；四是国家治理技术如何配套以减少对被忽略群体的伤害；五是如果真的无法避免伤害，如何维持国家治理的秩序。作为国家治理的主体，党和国家机构需要在以上五个转变中，完成三项基本任务，分别是"让人民的隐匿需求简单化：被感知、被看见；让人民的多种需求有机化：被关联、被互构；让人民的模糊需求精准化：被测算、被预判。"[1]当"以人民为中心"从一个价值命题演变为一个国家治理的技术问题，党和国家的机构设置与职能转变便有了一个较为清晰的方向：通过改革预判和测算人民在公共服务中的需求，并且通过增量改革将人民的需求进行整合并公平地满足；而对于社会中那些隐匿的需求，则需要及时加以识别并满足。进一步讲，党和国家机构需要不断强化公共服务的职能，实现公共服务的增量，并进行公平分配。这种公共服务职能的实现，不仅依赖作为组织载体的恰当、高效行使职能，而且需要不断提供制度保障、优化运行机制等确保职能得以履行。

（二）机构改革切实体现以人民为中心

"以人民中心"已经深刻体现在了我国党和国家机构改革之中。参考"以人民为中心"的话语表达，郁建兴教授提出了政府治理中的"以民众为中心"的概念，用以指代"在资源有限的前提下，公共服务以民众需求作为设计、供给的核心标准，通过民众与公共服务组织的共同生产，最大限度地实现公共服务供给与民众真实需求相匹配。"[2]这里的公共服务主要指的是维持性的公共服务与社会服务。一方面，我国通过机构改革来强化总体国家安全观，为社会提供稳定的社会秩序，维持国家安全、行政管理、社会生活的正常运作；另一方面，政府不断强化教育、社会保障、公共医疗卫生、科技补贴、

---

〔1〕 资料来源于何艳玲教授在山东大学主办的"公共服务与城市高质量发展论坛"中的主旨发言，山东青岛，2023年。

〔2〕 郁建兴、黄飚：《超越政府中心主义治理逻辑如何可能——基于"最多跑一次"改革的经验》，载《政治学研究》2019年第2期。

环境保护等方面的公共服务职能，[1]加大政府对公共服务的投入，建立中国特色的公共服务模式与公共服务体系。[2]这不仅体现在党和国家机构变动之中，也体现在公共服务职能在改革中被重视程度的变化中。除此之外，当前我国还通过机构改革，整合并强化对特定群体或者特定事项的服务与管理（如退役军人），使得政府的公共服务职能更具针对性和有效性。由此可见，"以人民为中心"的改革理念已经成为指导党和国家机构改革的重要原则，而恰恰也是这个根本性原则的存在，弥合了行政管理体制与政治体制之间的价值分野。但是实践中，"以人民为中心"也容易陷入形式主义的窠臼，主要表现在以下方面：

一是政府对民众的回应演变为"即时回应"。所谓"即时回应"，指的是政府在与民众的互动中，必须"限时"回应民众的个性化诉求，其中尤以北京市的"接诉即办"最具典型性。这种基于问题驱动对政府机构与职能运行的双重重构，可以极大地促进政府对民众负责，[3]但是，如果过多地将国家治理的资源用于极为个性化、个体化问题的解决，可能会在一定程度上耗损整体性公共产品的生产和提供。话虽如此，但并不意味着个体化、个性化的诉求不重要；相反，这是社会治理走向精细化的必然要求。只是为了更好地兼顾公共服务整体质量和可及性，在理论和实践层面廓清"问题驱动"中"问题"的内涵与外延，分辨个性化诉求中哪些属于政府的公共责任，哪些是个人的私人领域，是不断优化并完善政府公共服务职能的一个重要命题。

二是过于夸大满意度指标的使用范围，使得原本作为衡量公共服务质量标尺的满意度指标，演化为上级监督者解决信息不对称的工具。[4]为了提高政府提供公共服务的绩效，我国在各类政务服务事项中均设置满意度指标，但"民众满意度与政府绩效的关系是极其微妙与复杂的，民众满意度并不总

---

〔1〕 李军鹏：《论中国政府公共服务职能》，载《国家行政学院学报》2003 年第 4 期。

〔2〕 唐铁汉：《强化政府公共服务职能 努力建设公共服务型政府》，载《中国行政管理》2004年第 7 期。

〔3〕 孙柏瑛、张继颖：《解决问题驱动的基层政府治理改革逻辑——北京市"吹哨报到"机制观察》，载《中国行政管理》2019 年第 4 期。

〔4〕 李倩：《政府绩效评估何以催生基层繁文缛节负担？——基于多层级治理视角》，载《中国行政管理》2022 年第 7 期。

能真实地反映政府绩效"[1]，它还会受到民众所处的、关于政府信息公开程度与真实性等的舆论环境、政治环境、社会环境的共同影响。[2]如果过度使用满意度指标来考核政府提供公共服务的绩效，导致政府不得不将更多的精力用以回应"不满意者"，使其由"不满意"变得"满意"，这既可能会侵占更具普及性意义的公共服务的供给，也可能不利于规制型政策的执行。

三是发展才能提供"以人民为中心"的物质基础。党的十九大报告指出，"发展是解决我国一切问题的基础和关键"。[3]党和国家需要通过机构改革与职能转变，推动经济的"创新、协调、开放、共享"发展，避免因为过于强调公平而牺牲生产性效率的问题。社会性效率必须与"公共利益、个人价值、平等自由等价值目标结合"[4]，更为重视社会的公平与正义。但是，如若党和国家为了强调公平而忽视生产性效率，那么绝对的公平只能导致绝对的形式主义。因此，"以人民为中心"的价值导向所提供的指引，不能仅仅落在"成果共享"上，"共享"的前提一定是通过发展来"创造成果"。重申基于公平价值下的生产性效率、避免以牺牲效率为代价的绝对公平，才是优化政府公共服务职能的重要原则。

二、坚持党对改革的全面领导

党的十九届三中全会提出，深化党和国家机构改革，要"把加强党对一切工作的领导贯穿改革各方面和全过程。"[5]"加强党对一切工作的领导"是对党和国家机构改革提出的总体要求。具体而言，《中共中央关于深化党和国家机构改革的决定》对党的全面领导作用进行了明确厘定，将其视为"深化

---

〔1〕 闫章荟：《民众满意度在政府绩效评估中的应用》，载《湖南农业大学学报（社会科学版）》2008 年第 5 期。

〔2〕 李文彬、何达基：《政府客观绩效、透明度与公民满意度》，载《公共行政评论》2016 年第 2 期。

〔3〕 习近平：《决胜全面建成小康社会 夺取新时代中国特色社会主义伟大胜利——在中国共产党第十九次全国代表大会上的报告（2017 年 10 月 18 日）》，载《人民日报》2017 年 10 月 28 日，第 5 版。

〔4〕 丁煌：《寻求公平与效率的协调与统一——评现代西方新公共行政学的价值追求》，载《中国行政管理》1998 年第 12 期。

〔5〕 新华社：《中共中央关于深化党和国家机构改革的决定》，载新华网，http://www.xinhuanet.com/politics/2018-03/04/c_ 1122485476.htm，最后访问时间：2024 年 3 月 1 日。

党和国家机构改革的根本保证",在具体的改革任务中,则要优化党的组织结构,提高党把方向、谋大局、定政策、促改革的能力和定力,这是新机构改革的首要任务。[1]为了持续深入推进党和国家机构改革、实现机构改革与职能转变的协同共进,必须要继续强化党对改革工作的全面领导。

(一) 党对改革全面领导的着力点

习近平总书记提出,"办好中国的事情,关键在党。"[2]在机构改革与职能转变的过程中,"党的全面领导"已经是一个基本事实,我国的公共治理结构本质上是一种"以党领政"的治理结构。[3]一方面,它体现在连续两次由党的全会审议通过《深化党和国家机构改革方案》《党和国家机构改革方案》作为改革的纲领性文件,赋予党和国家机构改革最高的政治价值与权威性,解决了行政体制改革动力不足、内循环有余、外循环不足的问题。另一方面,党的全面领导还体现在具体的改革过程中,政党不仅通过组建各类领导小组统领国家安全、财经、依法治国、社会工作、金融、科技、区域协调发展等各大领域的改革,而且通过党政军群之间的联动改革,借由机构合并、合署办公、职责划转等方式,解决了机构间职能重叠的问题,统一领导、统一安排、统一管理的机制增强了机构效能。[4]

具体而言,为了确保党中央对党和国家机构改革的全面领导,党中央组建了多个领域的决策议事协调机构。党中央决策议事协调机构由议事协调机构演化而来,后者本是为解决因职能分散而导致的政出多门、互相推诿等问题,在一定程度上提高了行政效率;但随着治理事务的不断增加,又出现了机构数量庞杂、职能交叉重叠的问题。比如,从中央到地方各级都设置了大量各种名称的"领导小组",它们有的长期存在、地位重要,有的昙花一现、难以发挥实质性影响。[5]为了强化党中央对深化改革的全面领导,以"领导

---

〔1〕 新华社:《中共中央关于深化党和国家机构改革的决定》,载新华网,http://www.xinhuanet.com/politics/2018-03/04/c_1122485476.htm,最后访问时间:2024年3月1日。

〔2〕 习近平:《在庆祝中国共产党成立95周年大会上的讲话》,人民出版社2016年版,第22页。

〔3〕 俞可平:《国家治理的中国特色和普遍趋势》,载《公共管理评论》2019年第3期。

〔4〕 孔凡义、徐张欢:《合署办公的改革动因、实践类型和发展进路》,载《新视野》2021年第1期。

〔5〕 周望:《超越议事协调:领导小组的运行逻辑及模式分化》,载《中国行政管理》2018年第3期。

小组"为代表的议事协商机构转化为"委员会"形式的决策议事协调机构，它们在中国共产党中央委员会政治局及其常务委员会的领导下开展工作，凸显其独立决策权，强调了党政职能重构过程中党对重大工作的集中统一领导和"委员会"服务重大决策的首要职能。[1]此外，党中央决策议事协调机构办事机构的设置同样打破了党政的界限，在加强党的领导的同时，也提高了政府的执行能力。

为了更好地加强党的全面领导，需要进一步明确党在领导机构改革与职能转变中的着力点。一是维持"党和国家机构改革"的政治属性与高权威性。高位推动的机构改革，能有效解决行政体制改革内部动力不足、外部协同不够的双重困境。为了强化党和国家机构改革的系统性与持续性，需要充分发挥党"把方向、谋大局、定政策、促改革"[2]的核心作用，并对内政、外交、国防、民族等各项工作进行顶层设计、总体布局。二是党的领导要从全面深化改革逐步向重点领域突破。在全面深化改革的基础上，结合新的时代条件和实践要求，坚持问题导向，着力推进重点领域、关键环节的机构职能优化和调整[3]。实际上，2023年党和国家机构改革是在2018年改革的基础之上，"按照职能定位与职能转变相结合的思路"[4]，将改革的重点放在了金融、科技、港澳台和社会工作等领域。从全面改革到重点推进，需要党对国家治理中关涉全局、影响深远的重大问题及时作出判断。三是继续深入推进政党、政府、司法机关、事业单位等的协同变革，同步推进内设机构、运行机制等的优化改革。当前，政党与政府的机构得以大规模地重构，但是其他组织的改革仍然比较滞后；同时，改革方案也仅仅约束到组织层面，而并不规范内设机构的设置，只依靠"三定"方案可能会面临强制性不足等问题。

〔1〕 中国共产党新闻网：《从"领导小组"到"委员会"：全面深化改革进入新阶段》，载人民网，http://theory.people.com.cn/n1/2018/0329/c40531-29895329.html，最后访问时间：2024年3月1日。

〔2〕 习近平：《高举中国特色社会主义伟大旗帜 为全面建设社会主义现代化国家而团结奋斗——在中国共产党第二十次全国代表大会上的报告（2022年10月16日）》，载《人民日报》2022年10月26日，第1版。

〔3〕 参见新华社：《中共中央印发〈深化党和国家机构改革方案〉》，载《人民日报》2018年3月22日，第1版。

〔4〕 高小平：《中国式现代化公共管理创新的重大探索——对2023年机构改革的理论分析》，载《学海》2023年第3期。

如何通过立法修法的方式推动和促进改革，并将改革的成果用法治方式加以固化[1]，是党领导立法为机构改革与职能转变提供保障的重要着力点。

（二）党对改革全面领导的注意事项

党的领导在机构改革中有多种实现方式。如果将党组织视为国家治理的一个主体，就这个主体本身而言，党的领导需要通过党组织履行职能加以实现。因此，为了强化党对改革的全面领导，首先便需要在党内维度优化党的机构设置与领导职责，实现党组织运行的优化协同高效；从党组织内部走向外部，党组织必须在同级组织中居于领导地位，这是确保实现党的领导作用的结构基础；在纵向维度，应当维护党中央权威和集中统一领导，发挥好中央和地方两个积极性。[2]与此相对应，在党和国家机构改革方面，先后出现了在党中央设置决策议事协调机构、调整党的工作机构之间的职责关系并对工作机构进行调整、统筹党政机构以实现党政机关合署办公等做法；在职能转变方面，党不断强化其对深化改革工作的领导责任，优化工作机构与议事协调机构的职责，加强归口协调，统筹本系统本领域工作等；[3]在运行机制保障方面，逐步完善以决策议事协调机构为核心的重大工作领导体制机制、党政协调联动机制等。为了进一步强化党对党和国家机构改革的领导作用、优化机构改革与职能转变之间的良性关系，在党的领导的实现过程中，需要注意如下三个问题。

第一，党政合署办公中的问题与规避。党政合署办公在提高运行效率、节约办公资源、统筹使用编制资源等方面发挥了积极作用，但是也需要注意避免出现合署办公标准不统一，合署机构各自为政，权责不清、监督无力等问题。[4]关于党政合署办公，还有两个问题需要通过改革予以回应：一是"职能相近、联系紧密"的标准具体如何认定。[5]在党政合署办公的改革中，

〔1〕 马怀德：《运用法治方式推进党和国家机构改革》，载《中国党政干部论坛》2018年第5期。

〔2〕 张博：《论党的全面领导与党和国家机构改革的关系》，载《当代世界与社会主义》2020年第1期。

〔3〕 张季：《全面深入理解和推进本轮党和国家机构改革》，载《党建研究》2018年第9期。

〔4〕 刘权：《党政机关合署办公的反思与完善》，载《行政法学研究》2018年第5期。

〔5〕 张力：《党政机关合署办公的标准：功能、问题与重构》，载《政治与法律》2018年第8期。

如何更为科学、规范、长效地对不同事项进行整合，仍然是一个在实践中不断摸索的问题。二是长期以来我国"党委领导、政府负责"的责任分配原则，是否需要逐步转换为"党政同责"，以解决党政权责不适配、决策效能低下等问题"〔1〕；三是在党政合署办公的背景下，避免因党组织暴露在矛盾焦点中而使得政治体制绷得太紧，失去一定的弹性和灵活性。〔2〕

第二，科学合理实现党政分工。党的领导和政府行政都是国家治理体系中不可或缺的重要组成部分，要想实现国家治理体系和治理能力现代化，需要在党的统一领导下，进一步在理论与实践层面优化党政分工。对于党的领导而言，党"总揽全局、协调各方"的领导核心作用并不意味着党包办一切。新中国成立以来，"党的一元化领导""寓党于政""党政合一"等模式都曾出现过不少问题。〔3〕在党的领导之下，党和政府要实现党务和政务在国家治理功能上科学合理的区分与相互配合〔4〕，既要强化党对重大决策、干部人事、宣传、纪检监察等工作的全面领导，维护和巩固党的执政地位；〔5〕又要充分发挥政府的作用，不断优化政府的职能体系、理顺职能运行机制，最终"形成总揽全局、协调各方的党的领导体系，职责明确、依法行政的政府治理体系"〔6〕。

第三，不断优化党内法规制度体系，为党和国家机构改革提供法律遵循。现阶段，党和政府的组织体系业已发生变化，既出现了合并设立和合署办公而成的新机构，也出现了新成立的决策议事协调机构，〔7〕新的组织结构体系

---

〔1〕 林鸿潮：《党政机构融合与行政法的回应》，载《当代法学》2019 年第 4 期。

〔2〕 朱光磊、周振超：《党政关系规范化研究》，载《政治学研究》2004 年第 3 期。

〔3〕 金成波：《行政法总则中的"党的领导"规范：入法必要性及其展开》，载《行政法学研究》2024 年第 2 期。

〔4〕 石亚军：《推进国家治理体系现代化视野下党政分工问题研究》，载《北京教育（高教）》2015 年第 11 期。

〔5〕 沈亚平、范文宇：《党政分工：新时代机构改革的深层逻辑》，载《天津行政学院学报》2020 年第 3 期。

〔6〕 参见《中共中央关于深化党和国家机构改革的决定》。此外，2015 年 10 月 29 日中国共产党第十八届中央委员会第五次全体会议通过的《中共中央关于制定国民经济和社会发展第十三个五年规划的建议》作出规定，政府重大决策由党委批准，国民经济与社会发展规划等法定职权的行使，或由党委提出建议政府通过。

〔7〕 石亚军、霍沛：《深化党和国家机构改革促进党内法规制度建设》，载《政法论坛》2019 年第 4 期。

需要调整现有法律予以回应。其一，要健全将党的主张转换为国法与党规的机制，[1]这是通过规范的制度体系落实并强化党的领导的基础，也是实现党的领导的关键点。其二，不断健全党内法规与国家法律法规协调衔接执行机制[2]，为党政合并设立、合署办公等出现的组织，提供党规与国法的双重约束，避免党规和国法约束中出现空白。其三，要将党内法规纳入国家法律的法源，"认可党内法规的法律规范属性，而不是将其当作党的政策"，[3]以解决"政府应当以法律而非党的政策为依据来行使职权"[4]的问题。

三、实现机构改革与职能转变良性互动的保障

国家治理现代化并不会因机构改革而自然实现，机构改革甚至不能自动成为职能转变的"果"，它只是实现职能转变，或者开启新的职能转变过程的组织载体；机构改革也不能自动成为职能转变的"因"，"只解决结构性问题还达不到目标，还有一系列程序性、过程性的问题需要解决。"[5]因此，在机构改革之后，还需要辅之以科学、高效的内设机构，协调、顺畅的运行机制，既解决部门内部的职能整合与机构调整之后的运行问题，也解决部门之间的协调问题，从而形成一个更为系统化、高效化的党和国家机构体系和职能体系。

（一）科学设置内设机构

伴随着党和国家机构改革的逐步深入，经历过改革的机构为数不少。就以党的十九届三中全会为例，"全面深化党和国家机构改革"中涉及到的机构改革便包括党中央机构改革（20 项）、全国人大机构改革（3 项）、国务院机构改革（23 项）、全国政协机构改革（3 项）、行政执法体制改革（5 项），跨

---

〔1〕　王伟国：《国家治理体系视角下党内法规研究的基础概念辨析》，载《中国法学》2018 年第2 期。

〔2〕　张克、刘馨岳：《党政机关合署办公或合并设立的组织设计与职能履行——基于 2018 年深化党和国家机构改革的实证分析》，载《中国行政管理》2023 年第 3 期。

〔3〕　金国坤：《党政机构统筹改革与行政法理论的发展》，载《行政法学研究》2018 年第 5 期。

〔4〕　林鸿潮：《坚持党的领导和建成法治政府：前提和目标约束下的党政关系》，载《社会主义研究》2015 年第 1 期。

〔5〕　朱光磊、侯绪杰：《"双线合一"：论服务型政府的建设逻辑》，载《南开学报（哲学社会科学版）》2023 年第 3 期。

军地改革（6项）、群团组织改革、地方机构改革（8大类）等。[1]这些党和国家机构被取消、合并设立、重新组建，机构之间的边界发生明显的变化；相应的，机构承载的职能也发生了变化。从机构改革的效果来看，尽管一些业务相近的部门实现了机构和人员的合并，但是合并后部门职能的整合和人员的合理配置尚未完全到位，原先分属不同部门的机构仍可能继续独自运作。如果机构合并与职能整合只是表面上的"物理整合"，即只是将原先存在于部门之间的协调与合作转换成了部门内部的协调与合作，反而增加了部门内部的协调难度，无法达到深化党和国家机构改革的目的。

机构改革绝非部门之间简单的、机械的合并，而且部门合并、职责拆分之后的新机构也不会必然实现良好的运行。因此，必须要在科学划定部门职能的前提下，按照部门履行的新职能，重新划分和配置内设机构，避免出现"原班人马管原先事务"的问题，从根本上实现内设机构与职能设置的整合和统一。对于内设机构如何设置，应以政府功能作为内设机构重置的依据，[2]遵循科层制及部门化、专业化等的基本规律；又需要充分结合我国党和国家机构整体性变革中党政关系的协调，还需要考虑政府改革中的职能市场化、职能社会化的总体趋势等因素。一方面，按照理想的科层制所要求的专业化、部门化分工的原则，"整合与重组业务类内设机构，达到内设机构精干、全面设置的目标"[3]，实现部门设置的优化、协同、高效；另一方面，在全面加强党的领导之下，强化党在组织内部的决策权，这是在内设机构设置阶段需要完成的组织建设任务，也是强化党的归口管理等措施的前提和基础。

（二）优化职能运行机制

虽然党和国家机构改革在一定程度上改善了职能交叉和政出多门的问题，但是，如若部门内部不能形成统一的文化、认识和理念，整合后的机构仍容易成为一个由松散的内部结构形成的混合体，而不是一个紧密结合的统一体。施雪华教授在研究大部制的内部运行机制之时提出，"部门内部有效协调是大

---

　　[1]　胡鞍钢、程文银、杨竺松：《坚持党的全面领导 推进党和国家机构改革》，载《行政管理改革》2018年第5期。

　　[2]　邱实、韩淼：《功能分类与职责重构：政府部门内设机构的优化进路》，载《天津行政学院学报》2021年第5期。

　　[3]　杜倩博：《政府部门内设机构改革的逻辑与策略——基于公共机构治理的整体框架》，载《中南大学学报（社会科学版）》2018年第4期。

部制改革顺利推进的保障"。[1]实际上，部门内部协调机制不仅仅是大部制改革的保障，而应该是所有经历改革之后的机构得以顺利运行的必要保障或必要前提。除了内部运行机制，部门间的协同机制同样重要。不断变动的组织结构，打乱了组织之间的边界，并会产生新的部门之间的协同问题，这都是党和国家机构改革中必须要关注的内容。因此，在静态的机构改革的基础之上，需要不断优化职能的运行机制以确保改革之后的机构与职能实现协同高效运行。

现实中，"机构改革具有高度可见性、阶段性和突击性等特征，运作管理的改进却是一个长期的过程"[2]，两者需要相辅相成。实现党和国家机构职能运行的有效协调，可以从以下两个方面着手：一是提高新机构的内聚力。改革后的机构由不同的部门合并而成，其结构本身便具有松散性，如果不加整合，这些被新组合或者调整的部门便很难形成共享的组织文化，"各自为政的局面会造成内部协调困难"[3]。在这种情况下，新机构内部的凝聚力与向心力是一切运行机制建立的基本保障，它可以为一切正式与非正式的内部沟通协调机制、决策机制等提供心理上的基础。二是建立切实可行的、常态化与非常态并存的沟通协调机制。随着组织规模的增大和管理幅度的变宽，新机构内部的管理事务也会变得越来越复杂，新机构的人员构成也可能来源于不同的组织。为了应对人员和事务的双重复杂性，必须要建立部门内部协调机制，加强机构内部协调机制建设，实现部内协调的程序化。

党的十八大以来，我国在进行改革之时，多采用了职能较宽、综合性强的大部门制的设计思路，系统整合并重构了党和国家的机构。但就国务院而言，其机构的组成部门类型多样、履行的职能及方式存在差异、组织形式与运行机制也有所不同。如何在这些机构之间建立起相互协调配合的权力结构与运作机制，是进行整体性治理的基础，也是党和国家机构改革的应有之义。具体而言，国家治理目标的实现，不可能完全依赖于相互独立的不同部门，

---

〔1〕 施雪华、陈勇：《大部制部门内部协调的意义、困境与途径》，载《深圳大学学报（人文社会科学版）》2012 年第 3 期。

〔2〕 周志忍：《深化行政改革需要深入思考的三个问题》，载《中国行政管理》2010 年第 1 期。

〔3〕 傅金鹏、陈晓原：《"大部制"的形态与前景：一项比较研究》，载《南京社会科学》2010 年第 7 期。

也无法完全依赖于建立"超大部门"。围绕特定治理目标,在不取消部门界限的前提下,实现跨部门合作是"大部制"机构改革必要的补充。[1]为此,需要建立起部门间的协调合作机制,如常态化部际联席会议、基于特定事项的协调小组等,加强部门间信息共享,积极探索部门间合作的激励机制,解决部门协调与合作动力不足的问题。

四、积极运用现代信息技术

21世纪,人类已经进入信息时代。[2]信息时代的数字技术,不仅改变着全球经济发展的模式、深刻影响着人类的生产生活方式,政府传统治理体制和治理模式也受到了深刻的影响。[3]在一个数字化信息时代,信息技术所能提供给国家的治理资源,主要包括三个方面:一是影响政府治理思维,从封闭、层级、控制导向转向了开放、扁平、网络化、治理导向。信息技术的发展,使得民众获取信息的渠道增多,大幅降低了个人对组织特别是对政府的依赖程度,弱化了传统政府强制性管理的社会基础。[4]政府需要不断更新理念,从治理的角度而非控制的逻辑中进行公共事务管理与公共服务提供。二是现代信息技术可以有效提高政府的数据采集能力以及处理海量数据的能力,也可以通过电子政府建设来服务于政府信息公开、网上办事等工作。三是提供了层级政府之间、政府部门之间、政府与民众之间更为高效和丰富的沟通方式,打破组织边界、促进了部门合作,重构职能过程、优化了政府与民众之间的互动关系。

(一)现代信息技术对政府改革的影响

政府改革一般会受到结构设置科学与否、职能运行高效与否、人员编制合理与否等内容的影响。然而,在一个现代信息社会中,政府改革还会受到

---

〔1〕 朱玉知:《跨部门合作机制:大部门体制的必要补充》,载《行政与法》2011年第10期。

〔2〕 我国陆续颁行了多部关于现代信息时代技术治理、大数据治理的文件。例如,"大数据"首次出现在2014年的《政府工作报告》中;党的十八届五中全会提出实施"互联网+"行动计划,实施国家大数据战略;国务院印发《促进大数据发展行动纲要》提出"加快政府数据开放共享,推动资源整合,提升治理能力"。2017年,习近平总书记强调,要实施国家大数据战略,加快数字中国建设,运用大数据提升国家治理现代化水平。

〔3〕 米加宁、彭康珺、章昌平:《大数据能驱动地方政府机构改革吗?》,载《电子政务》2020年第1期。

〔4〕 陈娟:《数字政府建设的内在逻辑与路径构建研究》,载《国外社会科学》2021年第2期。

信息技术的影响。一方面，信息技术可以提供职能有效运行的载体，使得基于流程设计的部门化可以借助信息技术得以有效运行；另一方面，信息技术还可以打破政府的组织边界，使得原本部门分立的组织架构有所改变；通过搭建信息平台等方式，强化部门之间的合作。陈振明教授提出，现代信息技术的运用，可以为政府改革提供强大的动力，以达成新时代改革撬动长期以来习以为常的体制壁垒，激活闲置、沉睡的机构和编制要素，重构各类机构的职能结构的任务[1]。

第一，现代信息技术可以优化组织结构，促进组织形态变迁。以大数据为代表的现代信息技术的运用，对我国政府组织形态产生的第一个影响，便是催生了一个新的机构——2023 年组建的国家数据局，来专门进行数据管理。实际上，在国家层面的数据局组建之前，我国部分地方政府已经先行探索。据孟庆国教授等的统计，"截至 2019 年 6 月，我国省级、地级地方政府已基本完成机构改革任务，在全国 31 个省级行政区中，共有 18 个省（直辖市、自治区）设有省级大数据管理机构"。[2]这是政府机构改革对信息时代的积极回应。现代信息技术对组织结构的影响还主要体现在两个方面：其一，改变了传统的政府治理结构，并基于网络信息技术重新建构了一个具备整体政府、开放政府、协同政府、智慧政府特征的现代化政府结构，这个治理结构将逐步趋于"网络化、扁平化、分布式、小型化、开放性以及自下而上等"[3]。其二，改变了政府传统的数据采集和处理形式，进而改变了政府之间的沟通方式。数据的共享和交换可以使得一些政府部门之间的沟通和协调更为顺畅，这会进一步带来组织与组织之间、组织内设部门之间的重新调整。

第二，现代信息技术优化政府治理路径、重构政府运作流程。进入大数据时代，借助现代信息技术，政府的公共事务流程、社会管理方式等均变得

---

〔1〕　石亚军：《深化机构和行政体制改革 推动国家治理体系创新》，载《政法论坛》2018 年第 2 期。

〔2〕　孟庆国等：《中国地方政府大数据管理机构建设与演变——基于第八次机构改革的对比分析》，载《电子政务》2020 年第 10 期。

〔3〕　陈振明：《政府治理变革的技术基础——大数据与智能化时代的政府改革述评》，载《行政论坛》2015 年第 6 期。

更为精简、精准和智慧〔1〕。实践中，现代信息技术为政府提供了更多的技术路径，"为解决社会治安、卫生医疗、交通安全等公共领域的问题提供更加精细、高效的途径。"〔2〕政府治理的所有环节都需要依赖信息数据的采集与分析，预判公共问题、评估公共问题、为公共问题解决提供方案、评估方案的实施效果等全过程都需要依赖即时的、客观的、大量的数据，因此，信息技术时代可以解决数据采集与数据分析的技术难题，提高了政府的治理能力。当前，大数据已经广泛运用于政府治理的方方面面，在城市管理、交通、城市建设、医疗卫生、教育资源等领域，形成了"大数据+公共服务"的新格局；现代信息技术还被运用于行政审批、市场监管、综合执法等领域，打通部门之间的壁垒、实现政府运作流程的重构、促进运行机制的体系化，提高组织机构的运行效率。

（二）运用大数据改进政府改革绩效

现代化政府应该是基于信息网络技术支撑的政府体系。〔3〕"互联网+"催生了新一轮的技术革命，这对提升国家治理能力而言，既是机遇又是挑战。党的十八大以来，为契合信息化发展与国家"互联网+"行动计划的战略要求，政府改革可以充分借助现代信息技术的优势。

第一，继续深化大数据在政府治理中的运用，整合政府治理体系，提高政府运行效率；通过职能运行的优化，进一步巩固机构改革的效果。一方面，实现大数据在政府治理中的全流程、全领域覆盖，不断深化大数据在环境保护、医疗卫生、教育、公共安全、市场监管、行政审批、综合执法等领域的运用，借助大数据实现政府职能的整合与高效运行。例如，在生态环境保护领域，作为全国首个省级生态环境大数据平台，福建省生态云平台"建立了环境质量监测、污染源监管和公众服务三大信息化信息支撑体系"〔4〕。积极利用信息技术手段，对大数据进行收集、整理和分析，对有效提高政府治理能力

〔1〕 陈琳：《精简、精准与智慧 政府数据治理的三个重要内涵》，载《国家治理》2016年第27期。

〔2〕 黎智洪：《大数据背景下地方政府治理工具创新与选择》，载《湖南大学学报（社会科学版）》2018年第5期。

〔3〕 汪玉凯：《"互联网+政务"：政府治理的历史性变革》，载《国家治理》2015年第27期。

〔4〕 曾盛聪、卞思瑶：《走向大数据治理：地方治理的政策工具创新趋势——基于多个经验性案例的考察》，载《社会主义研究》2018年第5期。

具有重要价值。另一方面，不断整合政府部门政务信息以联通共用。我国政府在整合信息和数据的基础上，积极推进、继续完善全国统一政务服务平台的建设，进而推进政务服务事项上网办理，在层级间和部门间实现信息和数据的联通共用，实现行政效能增速提质的效果。

第二，打破数字壁垒，促进部门整合，切实推动机构改革。当前，我国政府的不同条线基本都建立了数据库，用于数据的采集、分析、处理，以辅助行业管理部门进行科学决策。[1]大数据在辅助实现决策精细化与科学化中发挥重要了作用，但也容易带来"数据烟囱"的问题。以山西省晋城市行政审批局为例，该局所承担的313个事项，涉及20个国家专网、15个省级专网（见表6-1）。即便晋城市行政审批局积极开发一体化在线政务服务平台，受专网限制，当前依然存在严重的信息不通畅、数据不共享的问题。银川市行政审批局也面临着这个问题：行政审批局构建的"一张网"政务服务平台系统，涵盖了银川市政务服务管理平台、网上市民大厅、微政务平台、移动审批APP、政务数据共享交换平台、安全保障平台等，其实已经在行政体制上打破了各部门和地域之间的界限，方便了企业和公民个人办理相关业务；但是目前行政审批局实施的行政审批项目大多涉及"条线"上的多套软件系统，网络信息平台系统之间不能实现信息共享，行政审批局被这些专网再次分割成了各个部门，行政审批信息不能得到很好的共享，增加了数据采集、挖掘和应用的难度，[2]造成办理业务时普遍存在多套系统、多个流程的问题，影响行政审批效率的提升。因此，如何充分利用信息技术促进部门的信息交流，实现数据、信息等在部门之间和层级之间的高效互动与共享，"将分散在政府内外的、部门之间的碎片化数据进行统一的管理与协调，实现整体化、协同化的数据治理"[3]，是大数据运用需要重点解决的问题。

---

〔1〕 于浩：《大数据时代政府数据管理的机遇、挑战与对策》，载《中国行政管理》2015年第3期。

〔2〕 银川市委党校课题组、马建英：《加大简政放权力度 深化行政审批制度改革》，载《银川日报》2015年10月19日，第4版。

〔3〕 蒋敏娟：《机构改革背景下的政府数据治理：逻辑理路与行动框架》，载《学海》2023年第3期。

表 6-1 因无法对接而二次录入、多次录入的网络

> 1. 国家核技术利用辐射安全监管系统；2. 国家水资源监控能力建设—取水许可台账登记系统；3. 全国排污许可证管理信息平台；4. 全国建设项目使用林地审核审批管理系统；5. 医疗机构印鉴卡系统；6. 外国人来华登记；7. 医疗机构注册联网管理系统；8. 全国旅游监督服务平台；9. 中国海事协同管理平台；10. 医师执业注册联网管理系统；11. 护士执业注册联网管理信息系统；12. 中国教师资格网；13. 医疗器械生产经营许可（备案）信息系统；14. 食品生产许可电子化管理系统。

资料来源：晋城市行政审批局提供的内部资料

五、政府改革中需要平衡的三大关系

在政府改革的实践中，需要从国家治理的角度梳理几组从宏观到微观的、极为重要的关系，包括发展与安全（秩序）的关系、目的与手段的关系、大部制的大和小的关系。发展与安全（秩序）的关系是国家治理要处理的根本性问题，这决定了机构设置中提供秩序与促进发展的部门之间的比例以及政府职能之间的基本比例；目的和手段的关系是更具操作性的关系，即虽然机构改革与职能转变在理论上始终被认为是手段和目的的关系，但是现实中如何理解并处理这种关系，会直接影响机构设置与职能配备之时的应然关系与实然状态；虽然大部制不能代表改革的全部，[1]但它无疑是党的十八大以来实现机构改革与职能转变的重要方式，尽管如此，并不是所有职能部门都要大[2]，需要在确定部门规模与职能总量的时候明确大部制中的部门类型、管理范围等要素的差异。

（一）发展与安全（秩序）的关系

我国社会的主要矛盾已经发生变化，党和国家要不断适应新的社会矛盾提出的新要求。就我们生活于其中的社会而言，安全稳定是一种基本的需要，发展与多元也是一种基本的需要，两种需要缺一不可。习近平总书记曾明确指出："安全和发展是一体之两翼、驱动之双轮。安全是发展的保障，发展是安全的目的。"[3]置于国家治理的层面，安全与发展的关系还体现为国家在社

---

〔1〕 燕继荣：《中国政府改革的定位与定向》，载《政治学研究》2013 年第 6 期。

〔2〕 沈荣华：《国外大部制梳理与借鉴》，载《中国行政管理》2012 年第 8 期。

〔3〕 习近平：《习近平谈"一带一路"》，中央文献出版社 2018 年版，第 92 页。

会治理中需要平衡"秩序与活力"〔1〕，既为社会提供稳定的安全与秩序，又努力维系社会的多元价值与主体活力，实现经济社会的不断发展。就两者的关系而言，如果过于强调安全与秩序，会导致社会的活力不足、经济发展的动力不够，而长期的发展停滞又会反过来危及社会的安全和秩序；反之，如若过于强调社会的多元与活力，风险社会中的各种不可控因素持续增加，社会的安全与秩序便可能无法得到保障。

现阶段，"安全"指的是"总体国家安全"，其强调做好国家安全工作要坚持系统思维和科学方法。"总体安全"关键在于"总体"，突出的是"大安全"的理念，范围涵盖政治、军事、国土、经济、文化、社会、科技、网络、生态、资源、核、海外利益、太空、深海、极地、生物等诸多领域。〔2〕基于此，"安全"主要包括了两个向度：一是在对外方面，国家通过机构设置与职能配置，维护"国家利益、特别是重大国家利益免受威胁或危害"〔3〕。这种外部安全的要求反映在党和国家机构改革实践之中，便是国家安全职能被逐步强化；而在机构的设置上则是"中央国家安全委员会是我国国家安全工作的最高领导机构"〔4〕。二是在对内的社会管理中，需要平衡维护社会的秩序与维持社会的活力，实现经济社会的不断发展。社会结构本身就具有复杂性，"社会治理是一门科学，管得太死，一潭死水不行；管得太松，波涛汹涌也不行。"〔5〕就社会治理中的安全与秩序而言，安全与秩序的获得既可以通过强化社会管理的方式实现，又可以通过社会建设来供给足够丰富的公共产品、满足社会的多元需求来实现，这是两种不同的治理取向。例如，应急管理部的成立，便是社会管理走向科学化和高效化、专业化的必然趋势。通过组建一个机构专责应急管理，供给专业化的制度与治理技术，"有效、及时、和平地处理各种类型的危机事件"〔6〕，可以有效维系社会秩序与安全。再如，

---

〔1〕　李友梅：《秩序与活力：中国社会变迁的动态平衡》，载《探索与争鸣》2019年第6期。

〔2〕　钟开斌：《统筹发展和安全：理论框架与核心思想》，载《行政管理改革》2021年第7期。

〔3〕　马维野：《国家安全·国家利益·新国家安全观》，载《当代世界与社会主义》2001年第6期。

〔4〕　鞠丽华：《习近平总体国家安全观探析》，载《山东社会科学》2018年第9期。

〔5〕　参考郭晔：《中国社会治理为人类治理文明注入新内涵》，载《光明日报》，2023年3月24日，第11版。

〔6〕　薛澜、张强、钟开斌：《危机管理：转型期中国面临的挑战》，载《中国软科学》2003年第4期。

2023 年中央社会工作部组建后，将社会组织管理、社区治理、社会工作政策等治理内容纳入到中央社会工作部。这是在"大治理"的原则之下，对社会治理事务的一次系统性整合，提高了对党和国家对社会治理的统筹协调能力。总体而言，当前我国通过机构建立完成了社会管理职能的初步整合，进而通过完善制度、建立机制、科技赋能，不断强化对社会管理的秩序供给；[1]除此之外，我国还不断在教育和医疗卫生、养老等关系国计民生的领域，优化和丰富各类公共服务，致力于实现公共服务的均等化，弥合社会中不同阶层的差异化需求，并在此基础之上实现经济社会的持续发展。

但是，平衡安全与发展的关系重在"平衡"二字，安全是发展的保障，发展是安全的目的，维护安全与秩序的根本目的仍然是为了实现发展。诚如周志忍教授所言，政府的不同职能必须实现平衡，党和国家机构的职能体系更要平衡。"如果社会经济发展出现滑坡，政府财政资源的汲取必然受到负面影响。这时，纵然有强化公共服务和社会职能的良好愿望，政府也会心有余而力不足。"[2]因此，无论是维护国际安全还是国内安全，都不能忽略掉要"在安全中实现发展"这一基本要务，即国家必须在维系安全的基础之上，"通过改革激发市场活力，培育增长动力；切实完善社会保障制度，为可持续增长创造条件"[3]，促进本国的经济发展，这是党和国家机构改革致力于服务的目标，也是对国家治理内容进行重新梳理与再次分类的基本原则，更是"坚持在发展中保障和改善民生"[4]的生动体现。简而言之，政府要在实现发展中扮演积极角色，"在经济社会发展全过程和各领域形成创新发展、协调发展、绿色发展、开放发展、共享发展的系统集成和精准施策的行政保障。"[5]

（二）目的和手段的关系

在逻辑上廓清机构改革对职能转变的推动作用是非常重要的，这可以更

〔1〕 刘银喜：《组建中央社会工作部的重大现实意义——以社会治理现代化为视角》，载《国家治理》2023 年第 20 期。

〔2〕 周志忍：《政府多项职能之间应合理平衡》，载《紫光阁》2009 年第 7 期。

〔3〕 余斌、吴振宇：《中国经济新常态与宏观调控政策取向》，载《改革》2014 年第 11 期。

〔4〕 习近平：《高举中国特色社会主义伟大旗帜 为全面建设社会主义现代化国家而团结奋斗——在中国共产党第二十次全国代表大会上的报告（2022 年 10 月 16 日）》，载《人民日报》2022 年 10 月 26 日，第 1 版。

〔5〕 石亚军：《以新发展理念落实深化行政体制改革要务》，载《人民论坛·学术前沿》2021 年第 13 期。

为精准地评估机构改革对职能转变的现实意义。2003 年，我国在原国家经济贸易委员会、对外经济贸易合作部和国家计划委员会职能整合的基础上成立了商务部，希望实现的效果是，通过职能转变适应入世后的新形势，在管理体制上自觉与国际实践接轨。但是，周志忍教授在研究成立商务部对职能转变的影响之时提出，"商务部的成立并不会自动带来上述期望的结果，就像高质量的舞台并不能保证演出高质量一样。机构设立和职能确定可以说搭建了一个更好的舞台，但机构的运作和履职方式却决定着演出的质量和社会效果。"〔1〕在此后的机构改革与职能转变中也是如此，新部门的成立是否是实现职能转变的原因仍然难以确定。因为在政府职能转变的过程之中，除了必要的机构调整，各类"中央各种工作会议、五年规划、年度计划、专项规划等"〔2〕都会共同作用于政府职能的转变，而且这些方案本身可能比五年一次的机构改革更具操作性和具体性，这便使得这些改革举措对职能转变的影响无法与机构改革完全分离。

即便如此，机构改革的意义仍然非常重要。在应然层面，机构的设置是为了实现特定的职能，这是组织设计遵循的基本原理。无论机构改革在推动职能转变中扮演的角色是轻是重，它都必须在逻辑上服务于职能转变的目标，这也是机构改革最为直接的目的。与此同时，机构改革的意义不能局限于机构自身，而必须从更为长远的角度来理解，因为"机构改革并不是政府自身建设的终极目标，机构改革必须有一个超越自我的目标和明确的方向，而且这个方向应当在相当长的时期内贯穿于每一次具体的机构改革过程之中。"〔3〕因此，机构改革无论是作为逻辑上还是实然上的举措，都必须要服务于政府职能的转变，这是机构改革的应然目标。但对于政府职能转变而言，"只解决结构性问题还达不到目标，还有一系列程序性、过程性的问题需要解决"〔4〕，机构调整应该作为实现职能转变的第一步，相伴而来的，应该是关系变动与程序性变革，最终实现组织机构和运作管理的相辅相成，共同致力于职能的

〔1〕　周志忍：《机构变动：正确处理"形似"与"神似"的关系》，载《中国行政管理》2003年第 4 期。

〔2〕　周志忍：《机构改革的回顾与展望》，载《公共管理与政策评论》2018 年第 5 期。

〔3〕　张康之：《走向服务型政府的"大部制"改革》，载《中国行政管理》2013 年第 5 期。

〔4〕　朱光磊、候静杰：《"双线合一"：论服务型政府的建设逻辑》，载《南开学报（哲学社会科学版）》2023 年第 3 期。

根本转变。〔1〕在此期间，必须逐步培养出符合改革之后的机构设置与职能运行的文化和价值，〔2〕这才是机构改革与职能转变所追求的初衷。需要指出的是，职能转变也并非机构改革的终极目的，两者最终都要服务于国家治理的现代化建设。

在机构改革与职能转变过程中，必须要警惕改革工具与改革目标的置换。无论是党和国家机构改革，抑或是职能转变，落脚点都在国家治理体系与治理能力的现代化。置于宏观的改革图景中，机构改革与职能转变都只是改革的手段，不能成为改革的目标。因此，在推动机构改革与职能转变的过程中，要将其置于国家整体的改革目标中加以考量，避免陷入以往的改革循环之中。在这个意义上来看，机构改革与职能转变都只是实现国家治理现代化的手段，而国家治理现代化又必须落脚于人民满意，"机构改革—职能转变—国家治理现代化—人民满意"形成一个逻辑闭环：静态结构调整服务于政府职能转变，而两者又必须助力国家治理现代化，最终提高人民的幸福感与获得感。反过来，这个逻辑依然成立，即为了提高人民的幸福感与获得感，国家需要通过现代化治理体系建设来提高治理能力，而治理能力的提升最终需要通过职能转变与机构改革予以实现。

（三）大部制的"大"与"小"

大部制改革是"一种新的治理形式和治理载体"，它不仅意味着公共治理结构的优化，而且预示着"大部门行政思维向大部制治理理念的转变"〔3〕2013年《国务院机构改革和职能转变方案》中提出，要"稳步推进大部门制改革"；党的十九大报告继续提出更加坚定地走大部制改革的道路。〔4〕2018年《深化党和国家机构改革方案》不仅强调在政府内部实现大部制，而且在党政机构之间也要实行大部制，由此形成"双大部制"的整合。〔5〕2023年，

〔1〕 Patricia W. Ingraham, B. Guy Peters, "The Conundrum of Reform: A Comparative Analysis", *Review of Public Personnel Administration*, Vol. 8, 1988, No. 3, pp. 3~16.

〔2〕 Tom Christensen, Per Lægreid. "The Whole-of-Government Approach to Public Sector Reform", *Public Administration Review*, Vol. 67, 2007, No. 6, pp. 1059~1066.

〔3〕 徐晓林、朱国伟：《大部制治理结构优化的推进策略与支持机制》，载《公共管理与政策评论》2013年第3期。

〔4〕 习近平：《决胜全面建成小康社会 夺取新时代中国特色社会主义伟大胜利——在中国共产党第十九次全国代表大会上的报告（2017年10月18日）》，载《人民日报》2017年10月28日，第5版。

〔5〕 许耀桐：《党的十九大报告提出深化机构改革的新特点》，载《南海学刊》2017年第4期。

"双大部制"改革继续深入推进,"大金融""大科技""大社会"的体系已初步建立。但是在实践中,大部制的稳步推进也需要考虑限度问题,即机构整合存在一定的限度,如果将过多的政府职能整合到一个部门,反而会耗散大部制的优势,甚至连大部本身都会出现运转困难。[1]

大部制之"大",大在整合职能相近、业务性质雷同的部门。汪玉凯教授指出,大部制改革就是"侧重于横向的宏观管理,避免和减少政府部门对微观经济的干预活动。"[2]"侧重横向的宏观管理"并不意味着要盲目扩大综合管理部门,因为在实践中,综合管理部门的设置往往不是过小,而是存在过大的问题,其中尤以国家发展和改革委员会为例。[3]石亚军教授亦指出,在国务院大部制改革中,"综合管理部门权力过于集中",行业管理部门在管理之时,关键事项都需要经过综合管理部门的层层审批[4],影响了行业管理部门的管理效率。因此,如何强化行业或产业部门的管理职能、避免出现权力分割,是大部制改革的重要方向。2008年,国务院的大部制改革着力于打造了大的工业和信息化部、人力资源和社会保障部、住房和城乡建设部、交通运输部和环境保护部,在此基础上,有学者提出下一步应该着力整合"大文化、大科教、大医卫、大农业、大财政、大交通、大国安"[5]。与此基本一致,我国"大环保""大市场""大科技""大金融""大宣传""大医卫""大农业""大交通""大国安"等改革在逐步推进,基于业务的机构整合已经初步完成,横跨党和政府的统筹型大部制的组织架构业已形成。

大部制之"小","小"在部际协调机制与内设机构运行的精细化。在大部制改革中,如何设置更为精细化的内设机构以完善内部的职能配置与职能运行,是需要重点关注的操作性问题。当前,党和国家机构从"部"到"大部"的改革实践,可以最大限度地避免职能交叉带来的政出多门和多头管理,

---

〔1〕 沈荣华:《国外大部制梳理与借鉴》,载《中国行政管理》2012年第8期。

〔2〕 汪玉凯:《冷静看待"大部制"改革》,载《理论视野》2008年第1期。

〔3〕 国家发展和改革委员会是国务院的综合协调部门,几乎和每个专业部门都有关系,劳动和社会保障部、卫生部、教育部等,所有这些都和发展和改革委员会的某个处、司对应。参见汪玉凯:《冷静看待"大部制"改革》,载《理论视野》2008年第1期。

〔4〕 石亚军、施正文:《探索推行大部制改革的几点思考》,载《中国行政管理》2008年第2期。

〔5〕 石亚军、于江:《大部制改革:期待、沉思与展望——基于对五大部委改革的调研》,载《中国行政管理》2012年第7期。

并理顺部门间的权责关系，确保机构能有效履行其职责[1]。但是，"大部"并不意味着就不需要与其他"部"或"大部"进行横向的协调与合作，这便带来分工基础之上的协调问题。也就是说，"部"无论大小，都需要"通过建立正式或者非正式的协调机制来实现部门之间的整合"[2]。实际上，随着部门数量的减少和职能的扩大[3]，大部制对部门内外协调提出了更高的要求。例如，2013 年的工业和信息化部整合了多个机构的职责，并内设了 24 个机构；在这些机构中，仅管理电子的司局就有 6 个。[4]如何避免部际之间的职能交叉内化为内设机构的职能交叉，是大部制改革中看似小而不小的问题。考虑到部内与部际之间的协调问题，必须要因地制宜推行大部制改革，机构改革不能盲目追求内设部门的数量减少，而是必须要从建设人民满意的服务型政府的角度出发；[5]具体到大部门的内设机构设置方面，"大部"要实现对内设机构与内部职能的系统性整合，避免"部门间问题内部化"[6]。

六、兼顾改革的周期性与长期性

职能与机构之间本就存在"动态与稳定"的矛盾关系。政府职能总是处于经常的发展变化之中，它会随着社会政治经济文化的发展而变化；而作为政府职能载体的政府机构一经设立，则会在一定时期内保持自己在结构、功能、制度、人员等各个方面的相对稳定性。在我国，机构变革的周期一般为 5 年，这意味着一个新的机构一经组建，便在 5 年中保持了相当程度的稳定性。于是，当政府职能随政治经济社会环境的变化而变化时，相对稳定的政府机

〔1〕 徐艳晴、周志忍：《基于顶层设计视角对大部制改革的审视》，载《公共行政评论》2017 年第 4 期。

〔2〕 王佃利、吕俊平：《整体性政府与大部门体制：行政改革的理念辨析》，载《中国行政管理》2010 年第 1 期。

〔3〕 倪星、付景涛：《大部门体制：英法经验与中国视角》，载《天津行政学院学报》2008 年第 1 期。

〔4〕 罗重谱：《我国大部制改革的政策演进、实践探索与走向判断》，载《改革》2013 年第 3 期。

〔5〕 施雪华、赵忠辰：《党的十九大后中国新一轮大部制改革的背景和思路》，载《理论与改革》2018 年第 4 期。

〔6〕 王湘军：《大部门内部机构设置和权力结构研究》，载《中共中央党校学报》2014 年第 3 期。

构与政府职能之间便可能会出现不相匹配的情况；而当两者的关系从相互之间"基本适合"发展到"基本不适合"再发展到"完全不适合"之后，新一轮的机构改革便会进入改革的议程。也即是说，现实中政府职能的微观调整，并不会即刻反映在组织机构的变动上，这就需要在改革中兼顾机构改革的周期性与职能转变的长期性之间的动态平衡关系。

为了最大限度发挥更具操作性的机构改革对职能转变的积极意义，必须要更为清晰地确立机构与职能之间的对应关系。一方面，在实践中，当政府职能已然发生转变或者不得不转变之时，政府需要不断对职能的边界与内部结构进行系统调整；即使机构暂时无法变革，也可以通过运行机制优化或者组建一些非正式机构的方式，实现政府职能的转变，并及时在周期性的机构改革中予以落实。由此来看，政府职能转变的目标一定是在机构改革之前确立的，而机构改革的方案往往是为了对前一阶段机构运行与职能转变中"不对应"的关系予以解决。另一方面，机构改革不应局限于"应对政府职能的转变"，还必须要更具前瞻性、整体性和系统性。机构改革既要为职能转变提供方向或者保障，也需要预判我国政府职能转变的走向并提前完成机构的改革，尽量在源头上避免出现机构改革的周期性与职能转变的长期性之间不相匹配的矛盾。

整体而言，机构改革与职能转变的理想关系可以表述为：组织目标决定组织职能、组织职能决定组织结构。一旦组织目标发生变化，组织职能与组织结构都需要进行调适，这便产生了机构改革与职能转变；这两者必须协同并进，不可顾此失彼。为了实现这种理想关系，机构改革与职能转变必须有一个统一的改革目标；且这个目标不是僵化的，它会随着外部环境的变动而进行动态调整，服务于国家治理的大局而非局限于特定体系、特定组织或者特定部门。在确定了改革目标之后，党和国家机构都需要重新梳理职能以服务于改革目标，并依据特定的原则来设计运行更为高效的组织结构以保证职能的实现。而且，两者理想关系的实现离不开党的领导，更离不开"以人民为中心"的价值引领，需要通过操作性层面的内设机构设置与运行机制优化，借助现代化的信息技术手段，兼顾改革的周期性与长期性，达成两者协同并进的理想状态，避免出现为了改革而改革的循环反复。

◆ 结论与讨论 ◆

　　党的十九大以来，党中央关于深化机构和行政体制改革的部署，蕴含着党和国家机构改革承前启后的崭新视域和意境。与前 7 轮改革相比，党和国家机构改革具有一些新的特点：第一，机构改革的外延从行政领域扩展到了政治领域，机构改革的对象从政府内部延伸到了政党组织、司法系统等，国家所有的公共机构都被统筹纳入改革之中，这是党和国家机构改革与以往历次改革最为不同的一点。第二，职能转变所涉及的政府、政党、市场的关系，以及中央与地方的关系都要重新调整，实现公共管理权力和职责在党政机构以及各类机构之间的统筹设置，该管的事管好管到位、该放的权放足放到位、该提供的服务提供到位、该发展的高效发展。在此背景下，政府改革研究开始出现一些新的特点。在系统梳理党和国家机构历次改革的重要文件、学术研究成果的基础上，本研究采用归纳的逻辑，尝试对我国政府改革实践及其经验进行理论概括和学理抽象，提炼出我国政府改革的如下观点。

一、研究结论

　　第一，政府机构改革逐步从部门化迈向了体制化与系统化。在党和国家机构改革之前，我国政府改革重在政府部门的优化设置，遵循整合与精简并存的"减量"改革逻辑。党的十九大以来，政府被纳入党和国家机构的系统中被统筹考虑，这带来的结果是政府将改革单元更多置于体制而非部门。这种基于系统化的体制化改革方式可以产生诸多益处：其一，社会经济事务的复杂性与日俱增，无论如何精细地进行部门化设置，都会带来部门之间的协调与合作问题。实践中，基本上任何一个部门都难以依靠一己之力处理特定的事务。将改革的单元置于体制，可以最大程度地避免过于关注部门的职责配置而忽略掉整体的治理效能。其二，将职能实现的单元置于体制，可以在更为宏观的层面上，实现机构改革对职能转变的回应。职能转变依据外部经济社会政治技术与国家环境的变化而动态演变，这种演变更多关涉的职能定位，是在国家与社会关系、政府与市场关系中的框定性内容，必然不会过于细致。将职能转变反映在机构设置上，如果以部门为单位，涉及到的工作量将十分巨大，而且党和国家需要对职能进行再解读并体现在机构设置上。一旦提高机构改革的层次、更多地关注体制之间职能的优化，在完成机制改革的基础上进行更为细致的部门化设置，可以提高机构改革对职能转变回应的及时性。

第二，政府改革之所以呈现出体制化与系统化特征，是因为党和国家机构改革中的政府改革遵循的是党领导的系统化逻辑。党的领导为政府改革提供了强大动力，无限责任的政党强化了政府责任，政党、政府和全国人大、全国政协、事业单位等整体性的机构改革提高了对职能转变回应的及时性与完整性，于是，自上而下的机构改革兼顾了职能转变自下而上的需求回应。在党的领导的前提下，系统化以国家治理的内容为基础，遵循相似的事项被整理为同一事项的基本原则，并结合国家重大发展战略，建构"自然资源""应急管理""退役军人事务""农业农村"等治理事项，形成职能与机构重新排列组合的四种形式：一是直接合并不同的机构为一个新的机构；二是将不同机构中的相似事项抽离组成新的机构；三是机构整合其他机构的职能、扩展该机构的治理内容，这种形式类似于一个机构的自我扩张；四是借助现代信息技术，通过"平台""界面"等形式对机构与内容进行流程再造。

第三，机构改革与职能转变是设计与演变共存的关系，我国政府改革始终在平衡机构改革的周期性与职能转变的长期性。一方面，考虑到机构改革自上而下的主动设计特征与职能转变自下而上的回应特征，机构改革与职能转变是设计与演变共存的关系。周期性设计的机构改革不断回应长期性演变的职能转变，并不断达成两者之间的均衡，在设计与演化中，共同促进改革整体目标的实现。另一方面，实践中，机构改革与职能转变是"一体两面"，两者互为表里、相互依存、不可分割，这是解读政府改革的一种方式。但是，这种判断会掩盖掉两者的本质性区别。就目前来看，我国的机构改革呈现出了典型的周期性特征，每一次大规模的机构改革基本上都发生在政府换届之际，以 5 年为一个改革周期。职能转变不同于机构改革，政府职能所需要回应的社会经济事务本身是处在不断变动之中的[1]，一旦政府所处的外部环境发生变化，政府便需要调适职能以适应外部经济社会的新特征。在这种情况之下，当政府职能需要回应社会事务的变动而机构改革却需要等待确定的周期才能启动时，机构改革与职能转变的矛盾便会出现，我国机构改革与职能转变始终在平衡机构改革的周期性与职能转变的长期性之间的关系。如何使机构改革回应职能转变的时间差逐步缩短、机构回应的缺失减少是每一轮机构改革都需要解决的重要问题。

第四，政府改革处在一个具体的、历史的变迁过程，既受到历史路径的影响，又需要考量当前的改革情势与人民的现实需求。党和国家机构改革已经突破了传统的行政管理体制改革的范畴，纳入了政党组织、司法组织等政治组织，将行政体制改革拓展到了政治体制改革，体现了中国特色社会主义体系不断向现代形态转型的过程。[2]其一，党和国家机构改革要重视以往多轮机构改革形成的"组织记忆"，"走过的路、说过的话、讲过的道理等，必须有一个系统的记忆，只有经过梳理形成知识，才能审视当下并指导未来。"[3]其二，改革要从现实出发，在机构改革与职能转变关系的处理中，兼顾行政体制改革追求的"基于公平的效率"价值，与政治体制改革追求的合法性、代表性、人民满意等政治价值，并将两种不同类型的价值统一到人民满意的服务型政府的建设之中，因为这才是国家治理现代化追求的根本目标。其三，在考量当前改革背景的基础上，尊重组织管理的一般原理，在组织设计与组织变革中，将组织目标与组织职能、组织结构结合起来；当外界环境发生变化，组织目标也需要相应进行调整，组织的职能与组织结构也需要加以调适，在此过程中，结构调整需要与政府过程的调整很好地结合起来。

第五，警惕改革工具与改革目标的置换。无论是党和国家机构改革，抑或是职能转变，落脚点都在国家治理体系与治理能力的现代化。置于宏观的改革图景中，机构改革与职能转变都只是改革的手段，不能成为改革的目标。

〔1〕 杨弘、邸清攀、徐勇：《论新时代中国政府改革的方向和着力点》，载《东北师大学报（哲学社会科学版）》2018 年第 4 期。

〔2〕 施雪华：《中国经济社会发展与国家理性成长——兼论"两个维护"和中国特色社会主义政治发展道路的历史文化渊源》，载《学术研究》2023 年第 12 期。

〔3〕 周志忍：《机构改革的回顾与展望》，载《公共管理与政策评论》2018 年第 5 期。

因此，在推动机构改革与职能转变的过程中，应当将政府置于国家整体的改革目标中加以考量，避免陷入以往的改革循环之中。在这个意义上来看，机构改革与职能转变都只是实现国家治理现代化的手段，而国家治理现代化又必须落脚于人民满意，机构改革—职能转变—国家治理现代化—人民满意形成一个逻辑闭环，静态结构调整服务于政府职能转变，而两者又必须助力国家治理现代化，最终提高人民的幸福感与获得感，反过来这个逻辑依然成立，即为了提高人民的幸福感与获得感，国家需要通过现代化治理体系建设来提高治理能力，而治理能力最终需要通过职能转变与机构改革予以实现。

二、需要进一步讨论的问题

现有发现有助于我们解读和理解政府改革的新特点和新趋势，但是改革仍然在继续。就目前而言，为了更好地记录"组织记忆"，提炼更具一般性的改革规律，结合改革的实践发展，后续仍有一些问题进一步讨论。

第一，如何观测政府职能转变。周志忍教授曾经提出，"使市场在资源配置中起决定性作用"已被提出十年有余，"但就使市场起决定性作用而言，推进历程和进展如何？按照哪些维度和标准向社会展示实实在在的成效？"[1]市场的这种决定性作用到底如何体现仍然缺乏有力的证据。梳理现有研究发现，政府职能转变的证据主要来自于政府的"做法"。学者们倾向于从中央到地方政府在"放管服"改革中的做法，尤其是行政审批制度改革与商事登记制度改革中的做法来论证我国政府在减少对市场的干预，从而论证"市场在资源配置中起决定性作用"。一方面，对于干预减少的程度，现有研究还是缺乏较为充足的证据与科学的判断。另一方面，行政审批制度与商事登记制度改革只是政府与市场关系变革的一个组成部分，我国大量存在的政府规制与国家直接经营行为等，无不在影响或参与市场的运作；机构改革和职能转变中如何处理这部分内容，还缺乏必要的观测与讨论。进一步讲，对于政府职能转变效果的评估，除了从"做法"进行判断之外，如何辅之以更为合理的效果评估是今后研究政府职能转变可以重点关注的内容。

第二，机构改革与职能转变的关系如何摒弃掉其他改革举措的影响。在

---

〔1〕 周志忍：《政府治理现代化的管理维度》，载《中国行政管理》2021 年第 12 期。

政府运行的实践中，政府职能得以转变还依赖 "中央各类工作会议、五年规划、年度计划、专项规划"，[1] 以及理顺关系、优化运行机制、引入信息技术手段等，这些因素也都共同作用于政府职能转变的过程中，那么究竟哪些转变是机构改革所带来的、哪些是其他要素影响的，甚至哪些变动是若干要素共同影响的，仍然缺乏更为系统的研究。摒弃这些要素对职能转变的干预，才能更为精准地考察机构改革对职能转变的真实影响，这需要在研究方法与研究资料两个方向上着力。而之所以要持续解读机构改革对职能转变的影响，是因为相比较职能转变，机构改革更容易操作。职能转变是一个审时度势的动态过程，五年一度的改革无法动态指导这一过程；加上推进职能转变有其他更有效的机制和平台，因此，五年一度的改革没有必要也不可能成为职能转变的系统方案和运作规范，而应该定位于战略性纲领。[2] 因此，将机构改革作为自变量，不断去探究机构改革对职能转变的影响，进而思考两者对国家治理现代化的积极意义，可以从更为长远和宏观的视角为机构改革提供兼具前瞻性、科学性、操作性、合目的性的方案。

第三，信息技术（大数据）的引入对于政府改革的影响。在大数据时代，信息技术的引入既可以重建地方政府架构，又可以不断规范政府职能、优化政府业务流程。例如，浙江省 "最多跑一次" 改革并未将所有行政审批权整合到行政审批局这一实体机构中，而是借助信息技术手段，"尤其是信息通信技术和大数据技术，尽可能地数字化、电子化公共服务各个过程以及民众使用公共服务的行为，使民众得以参与公共服务全过程，实现低成本、客观化的需求识别和民意集聚，并逐渐形成基于数据的精确治理网络"。[3] 然而与此同时，信息化所带来的信息割据、"信息烟囱" 问题也依然严重，不同部门在 "条线" 上所建立的信息系统并未完全打通，造成了信息重复采集、使用效率低下等问题。在这种语境中，信息化反而会进一步强化科层制中的部门化问题。如何理解信息技术对机构改革与职能转变的影响，尤其是如何发挥其积极影响助力党和国家机构改革，是信息化时代的重要命题。

〔1〕 周志忍：《机构改革的回顾与展望》，载《公共管理与政策评论》2018 年第 5 期。

〔2〕 徐艳晴、周志忍：《基于顶层设计视角对大部制改革的审视》，载《公共行政评论》2017 年第 4 期。

〔3〕 郁建兴、黄飚：《超越政府中心主义治理逻辑如何可能——基于 "最多跑一次" 改革的经验》，载《政治学研究》2019 年第 2 期。

第四，公共服务职能过度强化的问题。围绕着人民满意的服务型政府建设，公共服务职能的不断强化是政府职能转变的重要方面。例如，《中共中央关于全面深化改革若干重大问题的决定》第一次将"公共服务"提到了地方政府职责的首位。[1]一方面，国家不断优化在基础公共服务领域的职能，以提供更具普及性和可及性的教育、医疗、卫生等公共产品；另一方面，在持续了十余年的"放管服"改革中，尤其是在行政审批制度改革中，当政府职能总量取消的空间越来越小的时候，如何通过进一步优化政府职能的运行方式，提供更为高效且优质的公共服务，是我国地方政府探索较多的领域。当前，各地出现了诸如"最多跑一次""群众零跑路""不见面，码上办""不见面审批""好差评"等制度，这些都是着眼于如何提供更为高效和便捷的审批服务。但需要注意的是，要警惕出现过度服务的情况。除此之外，还需要警惕在公共服务提供中对满意度指标的使用，理应让满意度指标成为衡量公共服务质量的标尺，而不是成为上级监督者解决信息不对称的工具。[2]

第五，当前地方政府承担公共服务职能中出现的问题也需要被重视。其一，履行公共服务职能的财政保障不足。从公共服务的财政支出的角度来看，尽管公共服务支出占财政总支出的比重并没有显著增长，但从央地支出结构来看，地方政府承担服务民生有关的职能的增加非常直观地展现为地方政府对于公共服务的财政支出在央地公共服务财政支出中的占比逐年提高，近年来已经高达85%左右。换言之，尽管财政收入来源的结构是中央与地方政府各占半壁江山，但支出责任主要落在地方政府这一层级，中央与地方财政收入与支出结构极为不平衡。其二，公共服务的具体内涵仍不清晰。我国长期实行计划经济的传统与管制型政府时期的历史惯性导致人民群众习惯"有事找政府"，政府也习惯于对所有事务大包大揽，因而造成政府承担了一些不必要的工作。这也影响其关键核心公共服务职能的发挥，削弱了地方政府履职能力。对此，地方政府承担公共服务职能时，既要在纵向角度与中央政府区分公共服务职能的具体归属，在省—市—县—乡镇（街道）各级政府以及村民（居民）自治组织这几个层级上细化责任与职能归属；也要在横向的角度

---

〔1〕 朱光磊：《全面深化改革进程中的中国新治理观》，载《中国社会科学》2017年第4期。

〔2〕 李倩：《政府绩效评估何以催生基层繁文缛节负担？——基于多层级治理视角》，载《中国行政管理》2022年第7期。

划分清楚政府与市场、政府与社会之间的服务边界，明确公共服务这个框架内各项职能的内涵，不能笼统以"公共服务"概括之。比如，基础教育、医疗卫生、环境保护、市场监管、治安管理等都属于公共服务的范畴，那么具体哪些职责主要由地方政府承担、主要由哪一级政府承担、相应的财政资源保障和人力资源配备是否合理等问题都应该予以细化和厘清。

◆ 参考文献 ◆

一、著作类

1. 中国行政体制改革研究会编：《新时代新征程：行政体制改革理论与实践》，国家行政学院出版社 2023 年版。

2. 习近平：《论把握新发展阶段、贯彻新发展理念、构建新发展格局》，中央文献出版社 2021 年版。

3. 田凯等：《组织理论：公共的视角》，北京大学出版社 2020 年版。

4. 石亚军主编：《建设人民满意的服务型政府——新中国行政改革 70 年沉思与展望》，中国政法大学出版社 2022 年版。

5. 郁建兴等：《"最多跑一次"改革：浙江经验，中国方案》，中国人民大学出版社 2019 年版。

6. 周三多等编著：《管理学——原理与方法》，复旦大学出版社 2018 年版。

7. 习近平：《习近平谈"一带一路"》，中央文献出版社 2018 年版。

8. 高尚全：《有效市场和有为政府》，中国金融出版社 2016 年版。

9. 石亚军主编：《破题政府职能转变——内涵式政府改革新路径实证研究》，中国政法大学出版社 2016 年版。

10. 魏礼群主编：《中国行政体制改革报告（2016）No. 5——政府自身建设与改革》，社会科学文献出版社 2016 年版。

11. 魏礼群主编：《中国行政体制改革报告（2014—2015）No. 4——行政审批制度与地方治理创新》，社会科学文献出版社 2015 年版。

12. 沈荣华、曹胜：《政府治理现代化》，浙江大学出版社 2015 年版。

13. 黄小勇：《中国行政体制改革研究》，中共中央党校出版社 2013 年版。

14. 辛传海主编：《中国行政体制改革概论》，中国商务出版社 2006 年版。

15. 陈玲：《制度、精英与共识：寻求中国政策过程的解释框架》，清华大学出版社 2011
    年版。

16. 《全国两会文件学习问答·2008》编写组编著：《全国两会文件学习问答·2008》，人
    民出版社 2008 年版。

17. 中央编办事业发展中心、北京大学电子政务研究院编著：《世界百国政府机构概览》
    （中卷），北京出版社 2006 年版。

18. 沈亚平主编：《转型社会中的系统变革：中国行政发展 30 年》，天津人民出版社 2008
    年版。

19. 汪玉凯等：《中国行政体制改革 30 年回顾与展望》，人民出版社 2008 年版。

20. 青锋：《行政管理体制改革新思维》，法律出版社 2008 年版。

21. 周志忍：《政府管理的行与知》，北京大学出版社 2008 年版。

22. 卓越主编：《国外政府改革与发展前沿》，福建人民出版社，2007 年版。

23. 孙浩然：《全球化背景下的中国行政改革》，山东大学出版社 2006 年版。

24. 颜廷锐等编著：《中国行政体制改革问题报告》，中国发展出版社 2004 年版。

25. 夏海：《政府的自我革命——中国政府机构改革研究》，中国法制出版社 2004 年版。

26. 王军主编：《中国行政管理概论》，中国城市出版社 2003 年版。

27. 中国行政管理学会编：《新中国行政管理简史（1949-2000）》，人民出版社 2002
    年版。

28. 金太军主编：《政府职能梳理与重构》，广东人民出版社 2002 年版。

29. 车江洪编著：《改革公共部门》，华东师范大学出版社 2001 年版。

30. 乌杰主编：《中国政府与机构改革》，国家行政学院出版社 1998 年版。

31. 潘小娟：《法国行政体制》，中国法制出版社 1997 年版。

32. 世界银行《1997 年世界发展报告》编写组编著：《1997 年世界发展报告：变革世界中
    的政府》，蔡秋生等译，中国财政经济出版社 1997 年版。

33. ［美］莱斯特·M. 萨拉蒙等：《全球公民社会：非营利部门视界》，贾西津等译，社
    会科学文献出版社 2007 年版。

34. Perri, et al., *Towards Holistic Governance*：*The New Reform Agenda*, New York：Palgrave, 2002.

35. James D. Thompson, *Organizations in Action*, New York：McGraw-Hill, Inc., 1967.

二、论文期刊类

1. 施雪华：《中国经济社会发展与国家理性成长——兼论"两个维护"和中国特色社会主
   义政治发展道路的历史文化渊源》，载《学术研究》2023 年第 12 期。

2. 郑永年：《中国跨越"中等技术陷阱"的策略研究》，载《中国科学院院刊》2023 年第

11 期。

3. 燕继荣：《体系与能力再造：新时代十年国家治理改革》，载《中国行政管理》2023 年第 10 期。

4. 钱振明：《新时代基本公共服务体系的现代化发展：基于均衡性和可及性的考察》，载《中国行政管理》2023 年第 10 期。

5. 朱锋：《总体国家安全观下如何统筹发展和安全》，载《人民论坛·学术前沿》2023 年第 20 期。

6. 刘银喜：《组建中央社会工作部的重大现实意义——以社会治理现代化为视角》，载《国家治理》2023 年第 20 期。

7. 刘帮成：《新一轮党和国家机构改革的鲜明特点与深层逻辑》，载《中国党政干部论坛》2023 年第 8 期。

8. 宋世明：《2023 年党和国家机构改革研究——以战略管理为分析视角》，载《国家现代化建设研究》2023 年第 4 期。

9. 周绍东、刘阳：《构建以满足人民需要为核心的中国特色宏观调控目标体系》，载《西北工业大学学报（社会科学版）》（网络首发）。

10. 李思然：《新时代政府职能转变的伦理转向探析》，载《中国行政管理》2023 年第 7 期。

11. 蒋硕亮：《论政府机构改革与职能转变的中国经验：政府与市场关系视角》，载《上海商学院学报》2023 年第 6 期。

12. 赖先进：《机构改革的创新逻辑：战略驱动型组织变革——以 2023 深化党和国家机构改革为例》，载《江苏行政学院学报》2023 年第 6 期。

13. 何艳玲、李丹：《"体系化"：新时代机构改革的特质与逻辑转换》，载《公共管理与政策评论》2023 年第 6 期。

14. 陈振明：《党和国家机构改革与国家治理现代化——机构改革的演化、动因与效果》，载《行政论坛》2023 年第 5 期。

15. 江必新：《论习近平法治思想中的社会公平正义观》，载《政法论坛》2023 年第 5 期。

16. 高小平：《我国行政管理制度创新的重大实践——对 2023 年机构改革的行政学分析》，载《行政管理改革》2023 年第 5 期。

17. 张克、刘馨岳：《新一轮地方机构改革的理论逻辑与重点任务》，载《行政管理改革》2023 年第 5 期。

18. 巫云仙、张智建：《1978 年以来我国金融改革开放的顶层设计研究》，载《同济大学学报（社会科学版）》2023 年第 5 期。

19. 李军鹏：《新一轮党和国家机构改革的突出亮点与重大意义》，载《国家治理》2023 年第 7 期。

20. 汪玉凯：《党和国家机构职能体系重组与全方位改革》，载《紫光阁》2018 年第 4 期。

21. 竺乾威：《国家治理体系现代化与政府职能转变》，载《求索》2023 年第 4 期。

22. 高小平：《中国式现代化公共管理创新的重大探索——对 2023 年机构改革的理论分析》，载《学海》2023 年第 3 期。

23. 蒋敏娟：《机构改革背景下的政府数据治理：逻辑理路与行动框架》，载《学海》2023 年第 3 期。

24. 蓝志勇、秦强：《行政改革对我国经济社会发展贡献的评估模型之探》，载《理论探讨》2023 年第 3 期。

25. 张克、刘馨岳：《党政机关合署办公或合并设立的组织设计与职能履行——基于 2018 年深化党和国家机构改革的实证分析》，载《中国行政管理》2023 年第 3 期。

26. 竺乾威：《进入调整和完善时期的机构改革：建构高质量的政府》，载《行政论坛》2023 年第 3 期。

27. 朱光磊、候绪杰：《"双线合一"：论服务型政府的建设逻辑》，载《南开学报（哲学社会科学版）》2023 年第 3 期。

28. 钟开斌：《统筹发展和安全：党和国家机构改革的基本价值取向》，载《学海》2023 年第 3 期。

29. 陈潭、王颖：《人工智能时代政府监管的实践转向》，载《中南大学学报（社会科学版）》2023 年第 2 期。

30. 汪仕凯：《当代中国的国家治理观》，载《中国治理评论》2023 年第 2 期。

31. 盛明科、贺清波：《数字技术治理风险的生成与防治路径探析——以技术与制度互构论为视角》，载《湘潭大学学报（哲学社会科学版）》2023 年第 2 期。

32. 米加宁、彭康珺、孙源：《第四次工业革命与"数字空间"政府》，载《治理研究》2023 年第 1 期。

33. 刘杰：《寻找部门合成的"最大公约数"——政府机构改革中的集成逻辑研究》，载《政治学研究》2023 年第 1 期。

34. 薛澜、陈颖、张洪汇：《深化政府职能转变　推进国内统一大市场建设》，载《中国行政管理》2022 年第 8 期。

35. 石亚军、马擎宇：《我国法定机构的再思考：理念更新与制度改进》，载《中国行政管理》2022 年第 8 期。

36. 李倩：《政府绩效评估何以催生基层繁文缛节负担？——基于多层级治理视角》，载《中国行政管理》2022 年第 7 期。

37. 鞠丽华、公维友：《社会治理共同体视域下的社会风险防范研究》，载《东岳论丛》

2022 年第 5 期。

38. 舒绍福：《党领导下的纪检监察合署办公的历史变迁与实践探索》，载《理论视野》
    2022 年第 5 期。

39. 王广辉、郭文博：《数字政府建设面临的多重风险及其规避策略》，载《改革》2022 年
    第 3 期。

40. 王清、刘子丹：《统领式改革：新时代党政体制的结构功能分析——基于 A 省的案例
    研究》，载《政治学研究》2022 年第 3 期。

41. 张楠迪扬、张子墨、丰雷：《职能重组与业务流程再造视角下的政府部门协作——以我
    国"多规合一"改革为例》，载《公共管理学报》2022 年第 2 期。

42. 胡税根、结宇龙：《行政审批局模式：何以有效，何以无效？——基于市场主体视角的
    政策效果实证》，载《上海行政学院学报》2022 年第 1 期。

43. 周志忍：《政府治理现代化的管理维度》，载《中国行政管理》2021 年第 12 期。

44. 王刚、宋锴业：《海洋综合管理推进何以重塑？——基于海洋执法机构整合阻滞的组织
    学分析》，载《中国行政管理》2021 年第 8 期。

45. 孔繁斌、郑家昊：《建设人民满意的服务型政府——中国共产党对行政体制理论的创
    新探索》，载《中国行政管理》2021 年第 7 期。

46. 石亚军：《以新发展理念落实深化行政体制改革要务》，载《人民论坛·学术前沿》
    2021 年第 13 期。

47. 钟开斌：《统筹发展和安全：理论框架与核心思想》，载《行政管理改革》2021 年第
    7 期。

48. 朱光磊、张梦时：《"放管服"改革背景下的审管关系演进逻辑》，载《南开学报（哲
    学社会科学版）》2021 年第 6 期。

49. 邱实、韩森：《功能分类与职责重构：政府部门内设机构的优化进路》，载《天津行政
    学院学报》2021 年第 5 期。

50. 何艳玲、宋锴业：《社会治理的国家逻辑：基于警务改革史的分析》，载《社会学研
    究》2021 年第 4 期。

51. 陈振明：《全球政府治理变革浪潮的回顾与反思——了解政府改革与治理的区域类
    型》，载《公共管理与政策评论》2021 年第 4 期。

52. 潘小娟：《政府的自我革命：中国行政审批制度改革的逻辑起点与发展深化》，载《行
    政管理改革》2021 年第 3 期。

53. 肖静华等：《信息技术驱动中国制造转型升级——美的智能制造跨越式战略变革纵向
    案例研究》，载《管理世界》2021 年第 3 期。

54. 陈娟：《数字政府建设的内在逻辑与路径构建研究》，载《国外社会科学》2021 年第

2 期。

55. 陈丽君、童雪明：《科层制、整体性治理与地方政府治理模式变革》，载《政治学研究》2021 年第 1 期。

56. 孔凡义、徐张欢：《合署办公的改革动因、实践类型和发展进路》，载《新视野》2021 年第 1 期。

57. 孟天广：《政府数字化转型的要素、机制与路径——兼论"技术赋能"与"技术赋权"的双向驱动》，载《治理研究》2021 年第 1 期。

58. 沈亚平、范文宇：《党政分工：新时代机构改革的深层逻辑》，载《天津行政学院学报》2020 年第 3 期。

59. 吕普生：《我国制度优势转化为国家治理效能的理论逻辑与有效路径分析》，载《新疆师范大学学报（哲学社会科学版）》2020 年第 3 期。

60. 岳宗福：《中国退役军人管理保障体制变革的理路与前瞻》，载《行政管理改革》2020 年第 3 期。

61. 韩自强：《应急管理能力：多层次结构与发展路径》，载《中国行政管理》2020 年第 3 期。

62. 燕继荣：《制度、政策与效能：国家治理探源——兼论中国制度优势及效能转化》，载《政治学研究》2020 年第 2 期。

63. 何艳玲：《中国行政体制改革的价值显现》，载《中国社会科学》2020 年第 2 期。

64. 周文彰：《数字政府和国家治理现代化》，载《行政管理改革》2020 年第 2 期。

65. 邓岩：《论社会主要矛盾转化条件下人民满意的服务型政府建设——学习习近平总书记关于建设人民满意的服务型政府的重要论述》，载《社会主义研究》2020 年第 1 期。

66. 张博：《论党的全面领导与党和国家机构改革的关系》，载《当代世界与社会主义》2020 年第 1 期。

67. 宋锴业：《中国平台组织发展与政府组织转型——基于政务平台运作的分析》，载《管理世界》2020 年第 11 期。

68. 王钦敏：《统筹协调 共建共享 推进数字政府信息化系统建设》，载《中国行政管理》2020 年第 11 期。

69. 孟庆国等：《中国地方政府大数据管理机构建设与演变——基于第八次机构改革的对比分析》，载《电子政务》2020 年第 10 期。

70. 陈振明：《新场景与新思考：新发展阶段的公共治理前瞻》，载《国家治理》2020 年第 33 期。

71. 龚维斌：《当代中国社会风险的特点——以新冠肺炎疫情及其抗击为例》，载《社会学评论》2020 年第 2 期。

72. 张成福、谢侃侃：《数字化时代的政府转型与数字政府》，载《行政论坛》2020 年第 6 期。

73. 朱光磊、杨智雄：《职责序构：中国政府职责体系的一种演进形态》，载《学术界》2020 年第 5 期。

74. 熊超：《我国生态环境部门职责履行责任清单机制构建—以环保部门机构垂直管理改革为背景》，载《学术论坛》2020 年第 5 期。

75. 唐皇凤、梁新芳：《党的领导制度体系：构成要素、逻辑结构和优化路径》，载《新疆师范大学学报（哲学社会科学版）》2020 年第 4 期。

76. 陈升、李兆洋、唐云：《清单治理的创新：市场准入负面清单制度》，载《中国行政管理》2020 年第 4 期。

77. 石亚军、吕勇：《政务服务"好差评"制度对强化监督深化改革的可预期性探析》，载《中国行政管理》2019 年第 12 期。

78. 高小平：《深化机构改革的"立"与"破"》，载《人民论坛》2019 年第 31 期。

79. 吕志奎：《从职能带动到体系驱动：中国政府机构改革的"三次跃迁"》，载《学术研究》2019 年第 11 期。

80. 王浦劬、汤彬：《当代中国治理的党政结构与功能机制分析》，载《中国社会科学》2019 年第 9 期。

81. 宋世明：《中国行政体制改革 70 年回顾与反思》，载《行政管理改革》2019 年第 9 期。

82. 张占斌、孙飞：《改革开放 40 年：中国"放管服"改革的理论逻辑与实践探索》，载《中国行政管理》2019 年第 8 期。

83. 薛澜、赵静：《走向敏捷治理：新兴产业发展与监管模式探究》，载《中国行政管理》2019 年第 8 期。

84. 沈荣华：《推进"放管服"改革：内涵、作用和走向》，载《中国行政管理》2019 年第 7 期。

85. 李友梅：《秩序与活力：中国社会变迁的动态平衡》，载《探索与争鸣》2019 年第 6 期。

86. 吕芳：《回顾与反思：中国行政体制改革 40 年》，载《中央社会主义学院学报》2019 年第 5 期。

87. 万岩、高世楫：《国家治理现代化视野下的监管能力建设》，载《中国行政管理》2019 年第 5 期。

88. 王小芳、王磊：《"技术利维坦"：人工智能嵌入社会治理的潜在风险与政府应对》，载《电子政务》2019 年第 5 期。

89. 石亚军、霍沛：《深化党和国家机构改革促进党内法规制度建设》，载《政法论坛》

2019 年第 4 期。

90. 孙柏瑛、张继颖：《解决问题驱动的基层政府治理改革逻辑——北京市"吹哨报到"机制观察》，载《中国行政管理》2019 年第 4 期。

91. 刘纪达、王健：《变迁与演化：中国退役军人安置保障政策主题和机构关系网络研究》，载《公共管理学报》2019 年第 4 期。

92. 林鸿潮：《党政机构融合与行政法的回应》，载《当代法学》2019 年第 4 期。

93. 中国行政管理学会课题组、张定安、鲍静：《深化"放管服"改革　建设人民满意的服务型政府》，载《中国行政管理》2019 年第 3 期。

94. 张海波：《新时代国家应急管理体制机制的创新发展》，载《人民论坛·学术前沿》2019 年第 5 期。

95. 钱锦宇、刘学涛：《营商环境优化和高质量发展视角下的政府机构改革：功能定位及路径分析》，载《西北大学学报（哲学社会科学版）》2019 年第 3 期。

96. 颜晓峰：《论新时代我国社会主要矛盾的变化》，载《中共中央党校（国家行政学院）学报》2019 年第 2 期。

97. 李文钊：《党和国家机构改革的新逻辑——从实验主义治理到设计主义治理》，载《教学与研究》2019 年第 2 期。

98. 文宏：《从实验主义到整体设计：2018 年党政机构改革的深层逻辑分析》，载《学海》2019 年第 2 期。

99. 桑玉成：《着力推进党领导一切原则下的党政领导制度化规范化建设》，载《探索与争鸣》2019 年第 2 期。

100. 郁建兴、黄飚：《超越政府中心主义治理逻辑如何可能——基于"最多跑一次"改革的经验》，载《政治学研究》2019 年第 2 期。

101. 王丛虎、门钰璐：《"放管服"视角下的行政审批制度改革》，载《理论探索》2019 年第 1 期。

102. 俞可平：《国家治理的中国特色和普遍趋势》，载《公共管理评论》2019 年第 3 期。

103. 陈瑞华：《论国家监察权的性质》，载《比较法研究》2019 年第 1 期。

104. 贾圣真：《行政任务视角下的行政组织法学理革新》，载《浙江学刊》2019 年第 1 期。

105. 沈荣华：《我国政府机构改革 40 年的启示和新趋向》，载《行政管理改革》2018 年第 10 期。

106. 张季：《全面深入理解和推进本轮党和国家机构改革》，载《党建研究》2018 年第 9 期。

107. 陈国平、韩振峰：《把握新时代人民群众美好生活需要的三个维度——基于新时代社会主要矛盾的分析》，载《人民论坛·学术前沿》2018 年第 9 期。

108. 左然、左源：《40 年来我国机构改革的经验和启示》，载《中国行政管理》2018 年第 9 期。

109. 高小平、陈宝胜：《党的理论创新引领行政管理体制改革》，载《行政管理改革》2018 年第 9 期。

110. 江小涓：《大数据时代的政府管理与服务：提升能力及应对挑战》，载《中国行政管理》2018 年第 9 期。

111. 鞠丽华：《习近平总体国家安全观探析》，载《山东社会科学》2018 年第 9 期。

112. 李玉倩、陈万明：《当前我国退役军人管理保障机构的设置研究》，载《中国行政管理》2018 年第 8 期。

113. 张力：《党政机关合署办公的标准：功能、问题与重构》，载《政治与法律》2018 年第 8 期。

114. 张康之：《新时代机构改革的新探索》，载《公共管理与政策评论》2018 年第 5 期。

115. 孙涛、张怡梦：《从转变政府职能到绩效导向的服务型政府——基于改革开放以来机构改革文本的分析》，载《南开学报（哲学社会科学版）》2018 年第 6 期。

116. 石亚军、王琴：《完善清单制：科学规范中的技术治理》，载《上海行政学院学报》2018 年第 6 期。

117. 高小平：《整体性治理与应急管理：新的冲突与解决方案》，载《公共管理与政策评论》2018 年第 6 期。

118. 郭菊娥、袁忆、张旭：《改革开放 40 年政府职能转变的演进过程》，载《西安交通大学学报（社会科学版）》2018 年第 6 期。

119. 李慎明：《正确认识中国特色社会主义新时代社会主要矛盾》，载《红旗文稿》2018 年第 5 期。

120. 黄小勇：《机构改革的历程及其内在逻辑》，载《行政管理改革》2018 年第 5 期。

121. 黎智洪：《大数据背景下地方政府治理工具创新与选择》，载《湖南大学学报（社会科学版）》2018 年第 5 期。

122. 曾盛聪、卜思瑶：《走向大数据治理：地方治理的政策工具创新趋势——基于多个经验性案例的考察》，载《社会主义研究》2018 年第 5 期。

123. 周志忍：《机构改革的回顾与展望》，载《公共管理与政策评论》2018 年第 5 期。

124. 李君如：《正确认识坚持党的全面领导与深化党和国家机构改革的关系》，载《中国党政干部论坛》2018 年第 5 期。

125. 竺乾威：《机构改革的演进：回顾与前景》，载《公共管理与政策评论》2018 年第 5 期。

126. 许耀桐：《党和国家机构改革：若干重要概念术语解析》，载《上海行政学院学报》

2018 年第 5 期。

127. 胡鞍钢、程文银、杨竺松：《坚持党的全面领导 推进党和国家机构改革》，载《行政管理改革》2018 年第 5 期。

128. 高小平、刘一弘：《应急管理部成立：背景、特点与导向》，载《行政法学研究》2018 年第 5 期。

129. 石亚军：《深化党和国家机构改革是一场彰显四个着力的深刻变革》，载《中国行政管理》2018 年第 5 期。

130. 刘权：《党政机关合署办公的反思与完善》，载《行政法学研究》2018 年第 5 期。

131. 宋世明、王君凯：《我国政府机构改革历程与取向观察》，载《改革》2018 年第 4 期。

132. 施雪华、赵忠辰：《党的十九大后中国新一轮大部制改革的背景和思路》，载《理论与改革》2018 年第 4 期。

133. 秦前红、陈家勋：《党政机构合署合并改革的若干问题研究》，载《华东政法大学学报》2018 年第 4 期。

134. 冯贵霞：《党的十九大后新一轮大部制改革的内容与特点》，载《理论与改革》2018 年第 4 期。

135. 杨弘、邰清攀、徐勇：《论新时代中国政府改革的方向和着力点》，载《东北师大学报（哲学社会科学版）》2018 年第 4 期。

136. 王臻荣、郎明远：《从"领导小组"到"委员会"：制度逻辑与政治价值》，载《山西大学学报（哲学社会科学版）》2018 年第 4 期。

137. 沈荣华：《国家治理变革视角下深化政府机构改革的重点和思路》，载《行政管理改革》2018 年第 4 期。

138. 石亚军、邱倩：《赋予省级及以下机构更多自主权的改革意涵》，载《行政法学研究》2018 年第 4 期。

139. 唐皇凤：《社会主要矛盾转化与新时代我国国家治理现代化的战略选择》，载《新疆师范大学学报（哲学社会科学版）》2018 年第 4 期。

140. 陈鹏：《改革开放四十年来我国机构改革道路的探索和完善》，载《浙江社会科学》2018 年第 4 期。

141. 杜倩博：《政府部门内设机构改革的逻辑与策略——基于公共机构治理的整体框架》，载《中南大学学报（社会科学版）》2018 年第 4 期。

142. 周望：《超越议事协调：领导小组的运行逻辑及模式分化》，载《中国行政管理》2018 年第 3 期。

143. 赵立波：《统筹型大部制改革：党政协同与优化高效》，载《行政论坛》2018 年第 3 期。

144. 高小平、陈宝胜：《改革开放以来政府机构改革的理性历程——基于政府机构改革阶段性特征的研究》，载《学海》2018 年第 3 期。

145. 潘墨涛：《中国特色社会主义市场经济与政府机构改革的内在逻辑——"强度—跨度"政府架构分析框架的视角》，载《国家行政学院学报》2018 年第 3 期。

146. 王伟国：《国家治理体系视角下党内法规研究的基础概念辨析》，载《中国法学》2018 年第 2 期。

147. 李军鹏：《改革开放 40 年：我国放管服改革的进程、经验与趋势》，载《学习与实践》2018 年第 2 期。

148. 赵中源：《新时代社会主要矛盾的本质属性与形态特征》，载《政治学研究》2018 年第 2 期。

149. 石亚军：《深化机构和行政体制改革 推动国家治理体系创新》，载《政法论坛》2018 年第 2 期。

150. 何艳玲：《理顺关系与国家治理结构的塑造》，载《中国社会科学》2018 年第 2 期。

151. 李军鹏：《十九大后深化放管服改革的目标、任务与对策》，载《行政论坛》2018 年第 2 期。

152. 谢新水：《从服务型政府到人民满意的服务型政府——一个话语路径的分析》，载《探索》2018 年第 2 期。

153. 季正聚、许可：《我国社会主要矛盾的变化与全面深化改革的纵深推进》，载《中共中央党校学报》2018 年第 1 期。

154. 宋世明：《从公共行政迈向公共管理——当代西方行政改革的基本发展趋势》，载《国家行政学院学报》2018 年第 1 期。

155. 江必新：《以党的十九大精神为指导　加强和创新社会治理》，载《国家行政学院学报》2018 年第 1 期。

156. 徐汉明：《国家监察权的属性探究》，载《法学评论》2018 年第 1 期。

157. 吕炜、周佳音：《新时代政府与市场关系的再诠释——基于经济风险化解与政府职能转变的分析》，载《财经问题研究》2017 年第 12 期。

158. 石亚军、高红：《做实简政放权必须拉近政府间的政策距离》，载《中国行政管理》2017 年第 12 期。

159. 朱佳木：《深刻认识中国特色社会主义进入新时代的依据和意义——学习党的十九大报告的一点体会》，载《马克思主义研究》2017 年第 11 期。

160. 高小平：《新时代行政体制改革的基本思路》，载《人民论坛》2017 年第 A2 期。

161. 林毅夫：《中国经验：经济发展和转型中有效市场与有为政府缺一不可》，载《行政管理改革》2017 年第 10 期。

162. 金国坤：《组织法视角下的市场监管体制改革研究》，载《行政法学研究》2017年第1期。

163. 郁建兴、朱心怡：《"互联网+"时代政府的市场监管职能及其履行》，载《中国行政管理》2017年第6期。

164. 竺乾威：《政府职能的三次转变：以权力为中心的改革回归》，载《江苏行政学院学报》2017年第6期。

165. 刘祺、许耀桐：《改革开放以来政府机构改革的历程和启示》，载《海南大学学报（人文社会科学版）》2017年第5期。

166. 朱光磊：《全面深化改革进程中的中国新治理观》，载《中国社会科学》2017年第4期。

167. 陈光中、邵俊：《我国监察体制改革若干问题思考》，载《中国法学》2017年第4期。

168. 徐艳晴、周志忍：《基于顶层设计视角对大部制改革的审视》，载《公共行政评论》2017年第4期。

169. 许耀桐：《党的十九大报告提出深化机构改革的新特点》，载《南海学刊》2017年第4期。

170. 石亚军、高红：《政府职能转移与购买公共服务关系辨析》，载《中国行政管理》2017年第3期。

171. 韩兆柱、张丹丹：《整体性治理理论研究——历程、现状及发展趋势》，载《燕山大学学报（哲学社会科学版）》2017年第1期。

172. 曾铮、刘志成：《"十三五"时期重大市场风险新特征》，载《经济研究参考》2016年第48期。

173. 陈琳：《精简、精准与智慧 政府数据治理的三个重要内涵》，载《国家治理》2016年第27期。

174. 竺乾威：《国家治理现代化与机构改革》，载《学术界》2016年第11期。

175. 张定安：《关于深化"放管服"改革工作的几点思考》，载《行政管理改革》2016年第7期。

176. 杨渊浩：《西方民生建设背景下政府职能的演变及特征》，载《中国行政管理》2016年第7期。

177. 马怀德：《国家监察体制改革的重要意义和主要任务》，载《国家行政学院学报》2016年第6期。

178. 宋林霖：《"行政审批局"模式：基于行政组织与环境互动的理论分析框架》，载《中国行政管理》2016年第6期。

179. 王湘军、邱倩：《大部制视野下美国独立监管机构的设置及其镜鉴》，载《中国行政管理》2016 年第 6 期。

180. 王明生：《正确理解与认识坚持以人民为中心的发展思想》，载《南京社会科学》
　　　2016 年第 6 期。

181. 陈天祥、赵慧：《从财政支出结构变迁看地方政府职能转变——基于广东省 1978—
　　　2013 年的数据分析》，载《中山大学学报（社会科学版）》2016 年第 6 期。

182. 付建军：《当代中国公共治理中的清单制：制度逻辑与实践审视》，载《当代世界与
　　　社会主义》2016 年第 5 期。

183. 宋世明：《优化政府组织结构：中国行政体制改革不可回避的关口》，载《理论探讨》
　　　2016 年第 4 期。

184. 娄成武、董鹏：《中国政府改革的逻辑理路——从简政放权到供给侧改革》，载《贵
　　　州社会科学》2016 年第 7 期。

185. 李文彬、何达基：《政府客观绩效、透明度与公民满意度》，载《公共行政评论》2016
　　　年第 2 期。

186. 陈振明：《简政放权与职能转变——我国政府改革与治理的新趋势》，载《福建行政
　　　学院学报》2016 年第 1 期。

187. 何艳玲：《"无变革的改革"：中国地方行政改革的限度》，载《学海》2016 年第
　　　1 期。

188. 陈天祥、何荟茹：《从机构改革历程透视地方政府职能转变的轨迹——基于广东省
　　　1983–2014 年的实证分析》，载《理论与改革》2016 年第 1 期。

189. 丁煌、方堃：《基于整体性治理的综合行政执法体制改革研究》，载《领导科学论坛》
　　　2016 年第 1 期。

190. 汪玉凯：《"互联网+政务"：政府治理的历史性变革》，载《国家治理》2015 年第
　　　27 期。

191. 薛澜、张帆、武沐瑶：《国家治理体系与治理能力研究：回顾与前瞻》，载《公共管
　　　理学报》2015 年第 3 期。

192. 叶托：《国务院议事协调机构的变迁及其逻辑》，载《中国行政管理》2015 年第
　　　12 期。

193. 郑磊：《开放政府数据研究：概念辨析、关键因素及其互动关系》，载《中国行政管
　　　理》2015 年第 11 期。

194. 石亚军：《推进国家治理体系现代化视野下党政分工问题研究》，载《北京教育（高
　　　教）》2015 年第 11 期。

195. 吕芳：《中国地方政府的"影子雇员"与"同心圆"结构——基于街道办事处的实证
　　　分析》，载《管理世界》2015 年第 10 期。

196. 邓雪琳：《改革开放以来中国政府职能转变的测量——基于国务院政府工作报告（1978-2015）的文本分析》，载《中国行政管理》2015 年第 8 期。

197. 竺乾威：《地方政府的组织创新：形式、问题与前景》，载《复旦学报（社会科学版）》2015 年第 4 期。

198. 石亚军：《当前推进政府职能根本转变亟需解决的若干深层问题》，载《中国行政管理》2015 年第 6 期。

199. 陈振明：《政府治理变革的技术基础——大数据与智能化时代的政府改革述评》，载《行政论坛》2015 年第 6 期。

200. 李扬、张晓晶：《"新常态"：经济发展的逻辑与前景》，载《经济研究》2015 年第 5 期。

201. 石亚军、高红：《政府在转变职能中向市场和社会转移的究竟应该是什么》，载《中国行政管理》2015 年第 4 期。

202. 李文彬：《我国行政管理体制改革的理论进展与路径选择——一个综述》，载《经济与管理评论》2015 年第 3 期。

203. 孟天广、李锋：《网络空间的政治互动：公民诉求与政府回应性——基于全国性网络问政平台的大数据分析》，载《清华大学学报（哲学社会科学版）》2015 年第 3 期。

204. 于浩：《大数据时代政府数据管理的机遇、挑战与对策》，载《中国行政管理》2015 年第 3 期。

205. 陈天祥、李倩婷：《从行政审批制度改革变迁透视中国政府职能转变——基于 1999—2014 年的数据分析》，载《中山大学学报（社会科学版）》2015 年第 2 期。

206. 王浦劬：《论转变政府职能的若干理论问题》，载《国家行政学院学报》2015 年第 1 期。

207. 林鸿潮：《坚持党的领导和建成法治政府：前提和目标约束下的党政关系》，载《社会主义研究》2015 年第 1 期。

208. 张占斌：《中国经济新常态的趋势性特征及政策取向》，载《国家行政学院学报》2015 年第 1 期。

209. 陈光中、魏晓娜：《论我国司法体制的现代化改革》，载《中国法学》2015 年第 1 期。

210. 姜晓萍：《国家治理现代化进程中的社会治理体制创新》，载《中国行政管理》2014 年第 2 期。

211. 王浦劬：《论新时期深化行政体制改革的基本特点》，载《中国行政管理》2014 年第 2 期。

212. 张康之：《论主体多元化条件下的社会治理》，载《中国人民大学学报》2014 年第 2 期。

213. 过勇：《中国纪检监察派驻制度研究》，载《国家行政学院学报》2014 年第 2 期。

214. 何增科：《怎么理解国家治理及其现代化》，载《时事报告》2014 年第 1 期。

215. 余斌、吴振宇：《中国经济新常态与宏观调控政策取向》，载《改革》2014 年第 11 期。

216. 陈水生：《国外法定机构管理模式比较研究》，载《学术界》2014 年第 10 期。

217. 周志忍、徐艳晴：《基于变革管理视角对三十年来机构改革的审视》，载《中国社会科学》2014 年第 7 期。

218. 胡象明、杨拓：《政府职能创新：公共服务市场化改革的视角——评〈我国公共服务市场化改革与政府管制创新〉》，载《中国人口·资源与环境》2014 年第 7 期。

219. 王连伟：《政府职能转变进程中明晰职权的四个向度》，载《中国行政管理》2014 年第 6 期。

220. 薛澜、李宇环：《走向国家治理现代化的政府职能转变：系统思维与改革取向》，载《政治学研究》2014 年第 5 期。

221. 熊文钊、史艳丽：《试论行政组织法治下的行政体制改革》，载《行政法学研究》2014 年第 4 期。

222. 刘伟、苏剑：《"新常态"下的中国宏观调控》，载《经济科学》2014 年第 4 期。

223. 竺乾威：《地方政府大部制改革：组织结构角度的分析》，载《中国行政管理》2014 年第 4 期。

224. 何艳玲、李丹：《机构改革的限度及原因分析》，载《政治学研究》2014 年第 3 期。

225. 王湘军：《大部门内部机构设置和权力结构研究》，载《中共中央党校学报》2014 年第 3 期。

226. 沈亚平、李洪佳：《人民满意的服务型政府及其建设路径研究》，载《东岳论丛》2014 年第 3 期。

227. 王浦劬：《国家治理、政府治理和社会治理的含义及其相互关系》，载《国家行政学院学报》2014 年第 3 期。

228. 竺乾威：《行政体制改革的目标、指向与策略》，载《江苏行政学院学报》2014 年第 3 期。

229. 石亚军：《转变政府职能须防止因形式主义和官僚主义转而不变》，载《中国行政管理》2013 年第 12 期。

230. 张毅：《从国务院机构改革看我国政治发展》，载《理论界》2013 年第 12 期。

231. 蓝煜昕：《地方政府机构改革轨迹、阶段性特征及其下一步》，载《改革》2013 年第 9 期。

232. 何哲：《行政体制改革中的管理问题与政治问题——基于组织变革和流程再造视角的

分析》，载《中国行政管理》2013 年第 9 期。

233. 许耀桐、许达锋：《大城市政府机构改革和职能转变探讨》，载《上海行政学院学报》2013 年第 4 期。

234. 燕继荣：《中国政府改革的定位与定向》，载《政治学研究》2013 年第 6 期。

235. 吕志奎：《渐进整合式改革：2013 年国务院机构改革述评》，载《中国行政管理》2013 年第 5 期。

236. 张康之：《走向服务型政府的"大部制"改革》，载《中国行政管理》2013 年第 5 期。

237. 李章泽：《新一轮国务院机构改革和职能转变的五大亮点》，载《中国机构改革与管理》2013 年第 5 期。

238. 青锋、张水海：《我国政府职能转变的历史演进及法制特点》，载《行政法学研究》2013 年第 4 期。

239. 毛寿龙：《2013 年机构改革的逻辑和未来预期》，载《行政论坛》2013 年第 3 期。

240. 郑小强：《政府职能转变动力机制研究——系统动力学观点》，载《上海行政学院学报》2013 年第 3 期。

241. 杨宏山：《大部门制改革的行动逻辑与整合机制》，载《政治学研究》2013 年第 3 期。

242. 徐晓林、朱国伟：《大部制治理结构优化的推进策略与支持机制》，载《公共管理与政策评论》2013 年第 3 期。

243. 罗重谱：《我国大部制改革的政策演进、实践探索与走向判断》，载《改革》2013 年第 3 期。

244. 应松年：《完善行政组织法制探索》，载《中国法学》2013 年第 2 期。

245. 本刊编辑部：《改革以来我国历次政府机构改革回顾》，载《重庆行政（公共论坛）》2013 年第 1 期。

246. 石亚军：《推进实现三个根本转变的内涵式大部制改革》，载《中国行政管理》2013 年第 1 期。

247. 沈荣华：《国外大部制梳理与借鉴》，载《中国行政管理》2012 年第 8 期。

248. 石亚军、于江：《大部制改革：期待、沉思与展望——基于对五大部委改革的调研》，载《中国行政管理》2012 年第 7 期。

249. 施雪华、陈勇：《大部制部门内部协调的意义、困境与途径》，载《深圳大学学报（人文社会科学版）》2012 年第 3 期。

250. 张翔：《从体制改革到机制调整："大部门体制"深度推进的应然逻辑》，载《上海行政学院学报》2012 年第 2 期。

251. 谢志强：《从我国政府机构改革历程看国家治理体系现代化》，载《国家治理》2021

年第 C4 期。

252. 文军：《个体化社会的来临与包容性社会政策的建构》，载《社会科学》2012 年第 1 期。

253. 万方：《西方政府公共服务职能变迁的理论考察：三个阶段的划分》，载《湖南科技大学学报（社会科学版）》2012 年第 1 期。

254. 蒋敏娟：《整体政府改革：日本的实践经验及启示》，载《中共浙江省委党校学报》2011 年第 6 期。

255. 石亚军、施正文：《我国行政管理体制改革中的"部门利益"问题》，载《中国行政管理》2011 年第 5 期。

256. 潘小娟、吕芳：《改革开放以来中国行政体制改革发展趋势研究》，载《国家行政学院学报》2011 年第 5 期。

257. 袁方成、盛元芝：《对新西兰"整体政府"改革的理解》，载《政治学研究》2011 年第 5 期。

258. 孙立平：《走向积极的社会管理》，载《社会学研究》2011 年第 4 期。

259. 樊鹏：《发达国家和地区大部门体制组织结构与运行机制比较》，载《经济社会体制比较》2011 年第 1 期。

260. 曾东萍：《王长江：防止改革"碎片化"》，载《同舟共进》2010 年第 11 期。

261. 李军鹏：《国外政府公共服务经验》，载《决策与信息》2010 年第 9 期。

262. 李文钊、毛寿龙：《中国政府改革：基本逻辑与发展趋势》，载《管理世界》2010 年第 8 期。

263. 傅金鹏、陈晓原：《"大部制"的形态与前景：一项比较研究》，载《南京社会科学》2010 年第 7 期。

264. 蔡立辉、龚鸣：《整体政府：分割模式的一场管理革命》，载《学术研究》2010 年第 5 期。

265. 何颖：《我国政府职能转变问题的反思》，载《行政论坛》2010 年第 4 期。

266. 张成福、李丹婷、李昊城：《政府架构与运行机制研究：经验与启示》，载《中国行政管理》2010 年第 2 期。

267. 周志忍：《深化行政改革需要深入思考的三个问题》，载《中国行政管理》2010 年第 1 期。

268. 白现军：《从怪圈循环到实质突破：新中国 60 年来政府机构改革历程回顾与展望》，载《行政论坛》2010 年第 1 期。

269. 王佃利、吕俊平：《整体性政府与大部门体制：行政改革的理念辨析》，载《中国行政管理》2010 年第 1 期。

270. 王澜明：《改革开放以来我国六次集中的行政管理体制改革的回顾与思考》，载《中国行政管理》2009 年第 10 期。

271. 宋世明：《论大部门体制的基本构成要素》，载《中国行政管理》2009 年第 10 期。

272. 苏宏财、李静：《现代社会风险的复合性特征与综合治理》，载《学理论》2009 年第 9 期。

273. 周志忍：《政府多项职能之间应合理平衡》，载《紫光阁》2009 年第 7 期。

274. 谭桔华：《建国 60 年来政府机构改革的基本经验及启示》，载《湖南行政学院学报》2009 年第 5 期。

275. 周望：《改革开放以来政府机构改革的回溯、反思与展望》，载《行政论坛》2009 年第 5 期。

276. 高小平、孙彦军：《服务·责任·法治·廉洁：服务型政府建设的目标、规律、机制和评价标准》，载《新视野》2009 年第 4 期。

277. 陈水生：《新公共管理的终结与数字时代治理的兴起》，载《理论导刊》2009 年第 4 期。

278. 曾维和：《"整体政府"论——西方政府改革的新趋向》，载《国外社会科学》2009 年第 2 期。

279. 毛寿龙：《中国政府改革的过去与未来》，载《江苏行政学院学报》2009 年第 2 期。

280. 朱光磊、李利平：《回顾与建议：政府机构改革三十年》，载《北京行政学院学报》2009 年第 1 期。

281. 唐亚林：《改革开放 30 年政府机构改革的基本经验及深刻教训》，载《探索与争鸣》2008 年第 12 期。

282. 朱光磊、于丹：《建设服务型政府是转变政府职能的新阶段——对中国政府转变职能过程的回顾与展望》，载《政治学研究》2008 年第 6 期。

283. 崔健：《俄罗斯大部制改革及其评析》，载《中国行政管理》2008 年第 12 期。

284. 何颖：《中国政府机构改革 30 年回顾与反思》，载《中国行政管理》2008 年第 12 期。

285. 王靖：《三十年政府机构改革的反思》，载《党政论坛》2008 年第 11 期。

286. 卢大鹏：《走出政府机构改革困局——地方政府与中央政府的博弈分析与启示》，载《中国行政管理》2008 年第 7 期。

287. 郑巧、肖文涛：《协同治理：服务型政府的治道逻辑》，载《中国行政管理》2008 年第 7 期。

288. 昌忠泽：《国家经济调节方式的转变与新取向的选择——纪念改革开放 30 年》，载《南开经济研究》2008 年第 6 期。

289. 高小平、刘一弘：《1998 年、2008 年两次国务院机构改革"三定"规定比较研究——

基于政府职能转变的视角》，载《江苏社会科学》2008 年第 6 期。

290. 华建敏：《关于国务院机构改革方案的说明——2008 年 3 月 11 日在第十一届全国人民代表大会第一次会议上》，载《中华人民共和国全国人民代表大会常务委员会公报》2008 年第 3 期。

291. 闫章荟：《民众满意度在政府绩效评估中的应用》，载《湖南农业大学学报（社会科学版）》2008 年第 5 期。

292. 张成福、杨兴坤：《建立有机统一的政府：大部制问题研究》，载《探索》2008 年第 4 期。

293. 俞可平：《中国治理变迁 30 年（1978—2008）》，载《吉林大学社会科学学报》2008 年第 3 期。

294. 宋世明：《发达国家政府大部门体制评析》，载《国际资料信息》2008 年第 3 期。

295. 南开大学周恩来政府管理学院课题组、朱光磊、贾义猛：《职能整合与机构重组：关于大部门体制改革的若干思考》，载《天津社会科学》2008 年第 3 期。

296. 周志忍：《大部制溯源：英国改革历程的观察与思考》，载《行政论坛》2008 年第 2 期。

297. 陈炎兵：《2008 年政府机构改革的特点与运行机制探析》，载《党的文献》2008 年第 3 期。

298. 石亚军、施正文：《探索推行大部制改革的几点思考》，载《中国行政管理》2008 年第 2 期。

299. 倪星、付景涛：《大部门体制：英法经验与中国视角》，载《天津行政学院学报》2008 年第 1 期。

300. 汪玉凯：《冷静看待"大部制"改革》，载《理论视野》2008 年第 1 期。

301. 何艳玲：《中国国务院（政务院）机构变迁逻辑——基于 1949-2007 年间的数据分析》，载《公共行政评论》2008 年第 1 期。

302. 周黎安：《中国地方官员的晋升锦标赛模式研究》，载《经济研究》2007 年第 7 期。

303. 汪来杰：《西方国家公共服务的变化：轨迹与特征》，载《社会主义研究》2007 年第 6 期。

304. 薄贵利：《论优化政府组织结构》，载《中国行政管理》2007 年第 5 期。

305. 刘晓峰：《我国行政改革的回顾与展望》，载《甘肃理论学刊》2007 年第 4 期。

306. ［挪威］Tom Christensen，Per Lægreid：《后新公共管理改革——作为一种新趋势的整体政府》，张丽娜、袁何俊译，载《中国行政管理》2006 年第 9 期。

307. 左然：《国外中央政府机构设置研究》，载《中国行政管理》2006 年第 4 期。

308. 郭济、沈荣华：《国外政府改革与依法行政的动向——来自德国、法国和国际行政学会年会的经验》，载《中国行政管理》2006 年第 1 期。

309. 陈振明、李德国、蔡晶晶：《政府社会管理职能的概念辨析——〈"政府社会管理"课题的研究报告〉之一》，载《东南学术》2005 年第 4 期。

310. 中国行政管理学会课题组：《强化政府社会管理职能 提高政府社会治理能力》，载《中国行政管理》2005 年第 3 期。

311. 王英津：《市管县体制的利弊分析及改革思路》，载《理论学刊》2005 年第 2 期。

312. 朱光磊、张志红：《"职责同构"批判》，载《北京大学学报（哲学社会科学版）》2005 年第 1 期。

313. 王家龙：《国外政府行政改革理论与实践对我国公共部门的借鉴意义》，载《江西社会科学》2005 年第 1 期。

314. 胡冰：《行政三分制：制度背景分析》，载《湖北社会科学》2004 年第 7 期。

315. 唐铁汉：《强化政府公共服务职能 努力建设公共服务型政府》，载《中国行政管理》2004 年第 7 期。

316. 周志忍：《英国执行机构改革及其对我们的启示》，载《中国行政管理》2004 年第 7 期。

317. 李军鹏：《政府公共服务模式：国际比较与中国的选择》，载《新视野》2004 年第 6 期。

318. 杨雪冬：《全球化、风险社会与复合治理》，载《马克思主义与现实》2004 年第 4 期。

319. 朱光磊、周振超：《党政关系规范化研究》，载《政治学研究》2004 年第 3 期。

320. 毛寿龙：《中国政府体制改革的过去与未来》，载《江苏行政学院学报》2004 年第 2 期。

321. 刘圣中：《决策与执行的分合限度：行政三分制分析》，载《中国行政管理》2003 年第 6 期。

322. 张康之：《本次机构改革的深层意蕴》，载《中国党政干部论坛》2003 年第 4 期。

323. 薛澜、张强、钟开斌：《危机管理：转型期中国面临的挑战》，载《中国软科学》2003 年第 4 期。

324. 刘素华、杜钢建：《切实推进行政管理体制改革 新一轮政府机构改革的背景和特点》，载《中国党政干部论坛》2003 年第 4 期。

325. 彭向刚：《中国"入世"后政府的职能转变及行为调整》，载《吉林大学社会科学学报》2003 年第 4 期。

326. 李军鹏：《论中国政府公共服务职能》，载《国家行政学院学报》2003 年第 4 期。

327. 周志忍：《机构变动：正确处理"形似"与"神似"的关系》，载《中国行政管理》2003 年第 4 期。

328. 乔耀章：《政府行政改革与现代政府制度——1978 年以来我国政府行政改革的回顾与展望》，载《管理世界》2003 年第 2 期。

329. 黄庆杰：《20 世纪 90 年代以来政府职能转变述评》，载《北京行政学院学报》2003 年第 1 期。

330. 王乐夫、李珍刚：《论中国政府职能社会化的基本趋向》，载《学术研究》2002 年第 11 期。

331. 龙朝双、田芳：《公共服务：政府职能演变及政府改革方向》，载《武汉大学学报（哲学社会科学版）》2002 年第 6 期。

332. 陈振明：《政府再造——公共部门管理改革的战略与战术》，载《东南学术》2002 年第 5 期。

333. 戈世平：《转变政府职能 加强市场监管》，载《国家行政学院学报》2002 年第 A1 期。

334. 徐家良：《WTO 与政府：外在变量的作用——中国政府加入世贸组织后的变化》，载《政治学研究》2002 年第 1 期。

335. 孙亚忠：《论政府职能的社会化》，载《江苏社会科学》2001 年第 6 期。

336. 马维野：《国家安全·国家利益·新国家安全观》，载《当代世界与社会主义》2001 年第 6 期。

337. 史记：《政府规模理念与我国政府机构改革》，载《国家行政学院学报》2001 年第 3 期。

338. 黄仁宗：《论我国政府机构改革"怪圈"的成因》，载《探索》2001 年第 5 期。

339. 周大仁：《全球化与发展中国家公共行政改革》，载《党政干部论坛》2000 年第 10 期。

340. 张尚仁、郑楚宣：《政府机构改革的理性思考》，载《国家行政学院学报》2000 年第 4 期。

341. 孙晋、邓联繁、吴宁：《对政府机构改革之深层次探讨》，载《武汉大学学报（人文社会科学版）》2000 年第 4 期。

342. 何艳玲：《试论我国行政管理系统现代化的三个步骤》，载《云南行政学院学报》1999 年第 4 期。

343. 陈国权：《论政府能力的有限性与政府机构改革》，载《求索》1999 年第 4 期。

344. 宋世明：《论当代国外行政改革的三大主题——对国外行政改革 20 年的回顾》，载《天津社会科学》1999 年第 3 期。

345. 赵肖筠、张建康：《行政权的定位与政府机构改革》，载《中国法学》1999 年第 2 期。

346. 张国庆：《1998 年中国政府机构改革的若干理论问题——大背景、新特点、主要难点、前提条件》，载《中国行政管理》1998 年第 12 期。

347. 丁煌：《寻求公平与效率的协调与统一——评现代西方新公共行政学的价值追求》，载《中国行政管理》1998 年第 12 期。

348. 钱振明：《论现代西方政府公共管理职能的变化：轨迹与特征》，载《中国行政管理》1998 年第 12 期。

349. 潘小娟：《论机构改革的必要性和重要性》，载《求是》1998 年第 8 期。

350. 谢庆奎：《中国行政机构改革的回顾与展望——兼论行政机构改革的长期性》，载《学习与探索》1997 年第 6 期。

351. 周志忍：《当代西方行政改革与管理模式转换》，载《北京大学学报（哲学社会科学版）》1995 年第 4 期。

352. 林海平：《政府机构改革要以转变职能为中心》，载《理论研究》1995 年第 2 期。

353. 南开大学周恩来政府管理学院课题组、贾义猛：《大部门体制的国际借鉴》，载《瞭望》2008 年第 5 期。

354. 熊文钊：《探讨政府职能整合原则》，载《瞭望》2007 年第 35 期。

355. 黄海霞：《地方政府机构改革改什么》，载《瞭望》2003 年第 29 期。

356. 苏明：《中国财政支出管理透视》，载《瞭望》1998 年第 4 期。

357. Hong Gao, Adam Tyson, "Power List Reform: A New Constraint Mechanism for Administrative Powers in China", *Asian Studies Review*, Vol. 42, 2018, No. 1.

358. Tom Christensen, Per Lægreid, "The Whole-of-Government Approach to Public Sector Reform", *Public Administration Review*, Vol. 67, 2007, No. 6.

359. Robert W. Keidel, "Rethinking Organizational Design", *Academy of Management Executive*, Vol. 8, 1994, No. 4.

360. Alex Mintz, Chi Huang, "Guns versus Butter: The Indirect Link", *American Journal of Political Science*, 1991.

361. Patricia W. Ingraham, B. Guy Peters, "The Conundrum of Reform: A Comparative Analysis", *Review of Public Personnel Administratoin*, Vol. 8, 1988, No. 3.

362. William G. Scott, "Organization Theory: An Overview and An Appraisal", *Journal of The Academy of Management Journal*, Vol. 4, 1986, No. 1.

三、政策文件类

1. 《高举中国特色社会主义伟大旗帜 为全面建设社会主义现代化国家而团结奋斗——在中国共产党第二十次全国代表大会上的报告（2022 年 10 月 16 日）》

2. 《国务院关于加强和规范事中事后监管的指导意见》

3. 《中共中央关于坚持和完善中国特色社会主义制度 推进国家治理体系和治理能力现代

化若干重大问题的决定》

4. 《中共中央关于深化党和国家机构改革的决定》

5. 《中共中央 国务院关于构建更加完善的要素市场化配置体制机制的意见》

6. 《中共中央 国务院关于新时代加快完善社会主义市场经济体制的意见》

7. 《中共中央关于制定国民经济和社会发展第十四个五年规划和二○三五年远景目标的建议》

8. 《关于推行地方各级政府工作部门权力清单制度的指导意见》

9. 《数字中国建设整体布局规划》

10. 《国务院机构改革和职能转变方案》（2013 年）

11. 《关于国务院机构改革方案的说明》（2003 年）

12. 《关于国务院机构改革方案的说明》（1998 年）

13. 《关于国务院机构改革方案的说明》（1988 年）

14. 《中共中央关于全面深化改革若干重大问题的决定》

15. 《中国共产党第十八届中央委员会第五次全体会议公报》

16. 《国务院关于印发"十四五"数字经济发展规划的通知》

17. 《国务院办公厅关于全面实行行政许可事项清单管理的通知》

18. 《国务院关于加强数字政府建设的指导意见》

19. 《坚定不移沿着中国特色社会主义道路前进 为全面建成小康社会而奋斗——在中国共产党第十八次全国代表大会上的报告（2012 年 11 月 8 日）》

20. 《高举邓小平理论伟大旗帜，把建设有中国特色社会主义事业全面推向二十一世纪——江泽民在中国共产党第十五次全国代表大会上的报告（1997 年 9 月 12 日）》

21. 《高举中国特色社会主义伟大旗帜 为夺取全面建设小康社会新胜利而奋斗——在中国共产党第十七次全国代表大会上的报告（2007 年 10 月 15 日）》

22. 《中国共产党第十六届中央委员会第六次全体会议公报》

四、网站及其他

1. 郭晔：《中国社会治理为人类治理文明注入新内涵》，载《光明日报》2023 年 3 月 24 日，第 11 版。

2. 郭倩：《多方部署激发数字经济"牵引力"》，载《经济参考报》2022 年 1 月 17 日，第 1 版。

3. 黄坤明：《建设总揽全局协调各方的党的领导体系》，载《人民日报》2018 年 3 月 17 日，第 5 版。

4. 新华社：《习近平出席深化党和国家机构改革总结会议并发表重要讲话》，载中国政府网，https://www.gov.cn/xinwen/2019-07/05/content_5406606.htm，最后访问时间：

2024 年 3 月 1 日。

5. 中国共产党新闻网：《从"领导小组"到"委员会"：全面深化改革进入新阶段》，载人民网，http://theory.people.com.cn/n1/2018/0329/c40531-29895329.html，最后访问时间：2024 年 3 月 1 日。

6. 光明日报：《把握大逻辑 谋求新境界——"新常态"理论引领中国经济稳中有进稳中有好》，载中国政府网，https://www.gov.cn/xinwen/2016-01/06/content_5030861.htm，最后访问时间：2024 年 3 月 1 日。

7. 李克强：《简政放权 放管结合 优化服务 深化行政体制改革 切实转变政府职能——在全国推进简政放权放管结合职能转变工作电视电话会议上的讲话》，载中央政府门户网站，http://www.gov.cn/guowuyuan/2015-05/15/content_2862198.htm，最后访问时间：2024 年 3 月 1 日。

8. 尹深、唐述权：《国务院各部门行政审批事项汇总清单公布共 1235 项》，载人民网，http://politics.people.com.cn/n/2014/0317/c1001-24655460.html，最后访问时间：2024 年 3 月 1 日。

9. 新京报：《李克强见证封存审批章 叹"不知束缚了多少人"》，载中央政府门户网站，http://www.gov.cn/xinwen/2014-09/13/content_2749991.htm，最后访问时间：2024 年 3 月 1 日。

10. 新华社：《授权发布：中央编办负责人就国务院机构改革和职能转变答人民日报、新华社记者问》，载新华网，http://news.xinhuanet.com/2013lh/2013-03/10/c_114967850.htm，最后访问时间：2024 年 3 月 1 日。

11. 李军鹏：《政府机构改革要解决六大问题》，载《学习时报》2007 年 8 月 27 日。

12. 《关于国务院机构改革方案的说明》，载《人民日报》1998 年 3 月 7 日，第 1 版。

13. 连怡：《1998 年国务院机构改革的情况》，载中国机构编制网，https://www.scopsr.gov.cn/zlzx/jgyg/201811/t20181120_326527.html，最后访问时间：2024 年 3 月 2 日。

附　录

一、2013 国务院调整部门的"三定"方案

部委	主要职责	职能转变				内设机构	人员编制			其他职责
		取消	下放	整合	加强		行政编制	领导配置	司局领导职数	
国家卫生和计划生育委员会（正部级）	负责起草卫生和计划生育、中医药事业发展的法律法规草案，拟订政策规划，制定部门规章、标准和技术规范等18项。	5项	5项	3项	4项	21个	545	1正4副	78	管理国家中医药管理局；指导中国计划生育协会的业务工作。
国家新闻出版广电总局（正部级）	负责起草新闻出版广播影视和著作权管理的法律法规草案，制定部门规章、政策、行业标准并组织实施和监督检查等13项	20项	7项		7项	22个	508	1正4副	77	国家新闻出版广电总局加挂国家版权局牌子，在著作权管理上，以国家版权局名义行使职权。

续表

部委	主要职责	职能转变				内设机构	人员编制			其他职责
		取消	下放	整合	加强		行政编制	领导配置	司局领导职数	
国家食品药品监督管理总局（正部级）	负责制定食品、药品、医疗器械、化妆品监督管理的稽查制度并组织实施，组织查处重大违法行为，建立问题产品召回和处置制度并监督实施等10项	4项	5项	5项	4项	17个	345	1正4副	60	国家食药监管总局加挂国务院食品安全委员会办公室牌子。
国家能源局（副部级）	负责起草能源发展和有关监督管理的法律法规送审稿和规章，拟订并组织实施能源发展战略、规划和政策，推进能源体制改革等12项	8项	1项		3项	12个	240	1正4副	42	原国家电力监管委员会设立的6个电力区域监管局以及12个电力监管专员办公室，划给国家能源局实行垂直管理，核定行政编制500名。
国家海洋局（副部级）	负责起草内海、领海、毗连区、专属经济区、大陆架及其他海域涉及海域使用、海洋生态环境保护、海洋科学调查、海岛保护等法律法规、规章草案等10项	5项	1项		2项	11个	372	1正4副	44	设置国家海洋局北海分局、东海分局、南海分局，履行所辖海域海洋监督管理和维权执法职责。

续表

部委	主要职责	职能转变				内设机构	人员编制			其他职责
		取消	下放	整合	加强		行政编制	领导配置	司局领导职数	
国家铁路局（副部级）	起草铁路监督管理的法律法规、规章草案，参与研究铁路发展规划、政策和体制改革工作，组织拟订铁路技术标准并监督实施等6项	14项			3项	7个	130	1正4副	23	设沈阳、上海、广州、成都、武汉、西安、兰州7个地区铁路监督管理局。

二、2018年国务院调整部门的"三定"方案

部委	主要职责	职能转变				内设机构	人员编制			其他职责
		取消	下放	整合	加强		行政编制	领导配置	司局领导职数	
自然资源部（正部级）	履行全民所有土地、矿产、森林、草原、湿地、水、海洋等自然资源资产所有者职责和所有国土空间用途管制职责等21项。					25个	691	1正5副	109	对外保留国家海洋局牌子。

部门化、体制化与系统化——理解中国政府改革的新视角

续表

部委	主要职责	职能转变				内设机构	人员编制			其他职责
		取消	下放	整合	加强		行政编制	领导配置	司局领导职数	
生态环境部（正部级）	负责建立健全生态环境基本制度，负责重大生态环境问题的统筹协调和监督管理等16项。					21个	478	1正4副	78	对外保留国家核安全局牌子，加挂国家消耗臭氧层物质进出口管理办公室牌子。生态环境部所属华北、华东、华南、西北、西南、东北区域督察局，承担所辖区域内的生态环境保护督察工作。
农业农村部（正部级）	统筹研究和组织实施"三农"工作的发展战略、中长期规划、重大政策，统筹推动发展农村社会事业、农村公共服务、农村文化、农村基础设施和乡村治理等16项。					20个	721	1正4副	90	
文化和旅游部（正部级）	贯彻落实党的文化工作方针政策，研究拟订文化和旅游政策措施，起草文化和旅游法律法规草案等13项。					13个	514	1正4副	54	

· 192 ·

部委	主要职责	职能转变				内设机构	人员编制			其他职责
		取消	下放	整合	加强		行政编制	领导配置	司局领导职数	
科学技术部（正部级）	拟订国家创新驱动发展战略方针以及科技发展、引进国外智力规划和政策并组织实施等17项。					15个	364	1正4副	67	对外保留国家外国专家局牌子。
水利部（正部级）	负责保障水资源的合理开发利用，负责生活、生产经营和生态环境用水的统筹和保障等16项。					20个	502	1正4副	88	长江水利委员会、黄河水利委员会、淮河水利委员会、海河水利委员会、珠江水利委员会、松辽水利委员会、太湖流域管理局为水利部派出的流域管理机构，在所管辖的范围内依法行使水行政管理职责
交通运输部（正部级）						13个	664		70	
应急管理部（正部级）	负责应急管理工作，指导各地区各部门应对安全生产类、自然灾害类等突发事件和综合防灾减灾救灾工作等20项。					20个	546	1正5副	96	
商务部（正部级）			1项	3项		26个	905		105	

续表

部委	主要职责	职能转变				内设机构	人员编制			其他职责
		取消	下放	整合	加强		行政编制	领导配置	司局领导职数	
住房和城乡建设部（正部级）			1项	1项	1项	15个	399		57	
工业和信息化部（正部级）				1项		不变	不变	不变	不变	
国务院办公厅（正部级）				1项		10个	593		59	
国家卫生健康委员会（正部级）	负责组织拟订国民健康政策，拟订卫生健康事业发展法律法规草案、政策、规划，制定部门规章和标准并组织实施等14项。					21个	525	1正4副	88	
国有资产监督管理委员（正部级）				2项		19个	636		87	
海关总署（正部级）	负责全国海关工作，组织推动口岸"大通关"建设，海关监管工作等15项。					19个	847	1正4副	100	

部委	主要职责	职能转变				内设机构	人员编制			其他职责
		取消	下放	整合	加强		行政编制	领导配置	司局领导职数	
国家市场监督管理总局（正部级）	负责市场综合监督管理，市场主体统一登记注册，组织和指导市场监管综合执法工作等19项。					27个	805	1正4副	120	对外保留国家认证认可监督管理委员会、国家标准化管理委员会牌子。
国家广播电视总局（正部级）	贯彻党的宣传方针政策，拟订广播电视、网络视听节目服务管理的政策措施，加强广播电视阵地管理，把握正确的舆论导向和创作导向等12项。					13个	263	1正4副	46	
国家煤矿安全监察局（副部级）				1项	1项	不变	不变	不变	不变	
中国地震局（副部级）				1项		7个	149		27	
国家能源局（副部级）				1项		12个	248		43	

续表

部委	主要职责	职能转变				内设机构	人员编制			其他职责
		取消	下放	整合	加强		行政编制	领导配置	司局领导职数	
国家医疗保障局（副部级）	负责拟订医疗保险、生育保险、医疗救助等医疗保障制度的法律法规草案、政策、规划和标准，制定部门规章并组织实施等11项。					6个	80	1正4副	21	
国家粮食和物资储备局（副部级）	负责起草全国粮食流通和物资储备管理的法律法规草案、部门规章，研究提出国家战略物资储备规划、国家储备品种目录的建议等10项。					9个	205	1正4副	38	
国家林业和草原局（副部级）	负责林业和草原及其生态保护修复的监督管理，组织林业和草原生态保护修复和造林绿化工作等15项。					15个	429	1正4副	62	加挂国家公园管理局牌子。

部委	主要职责	职能转变				内设机构	人员编制			其他职责
		取消	下放	整合	加强		行政编制	领导配置	司局领导职数	
国家知识产权局（副部级）	负责拟订和组织实施国家知识产权战略。保护知识产权。拟订严格保护商标、专利、原产地地理标志、集成电路布图设计等知识产权制度并组织实施等9项。					8个	143	1正4副	24	
国家药品监督管理局（副部级）	负责药品(含中药、民族药，下同)、医疗器械和化妆品安全监督管理，药品、医疗器械和化妆品标准管理等12项。					9个	216	1正4副	34	

三、2023 国务院调整部门"三定"方案

部委	主要职责	职能转变				内设机构	人员编制			其他职责
		取消	下放	整合	加强		行政编制	领导配置	司局领导职数	
民政部（正部级）	负责拟订民政事业发展法律法规草案、政策、规划，制定部门规章和标准并组织实施等13项。	5项	2项	2项	3项	11个	324	1正4副	47	管理并指导全国老龄工作委员会工作
国家金融监督管理总局（正部级）	依法对除证券业之外的金融业实行统一监督管理，强化机构监管、行为监管、功能监管、穿透式监管、持续监管，维护金融业合法、稳健运行等15项。		3项	3项	2项	27个	910	1正4副	114	继承原中国银行保险监督管理委员会的工作。
中国证券监督管理委员会（正部级）	依法对证券业实行统一监督管理，强化资本市场监管职责等16项。	1项		1项	1项	19个	572	1正4副	77	
国家消防救援局（副部级）	起草消防法律、行政法规、规章草案，指导编			1项	2项	9个	275	1正4副，配政治委	39	

部委	主要职责	职能转变				内设机构	人员编制			其他职责
		取消	下放	整合	加强		行政编制	领导配置	司局领导职数	
	制消防规划并监督实施等6项。							员与政治部主任各1名。		
应急管理部（正部级）	组织编制国家应急总体预案和规划，指导各地区各部门应对突发事件工作，推动应急预案体系建设和预案演练等6项。	1项	1项	1项		20个	558	1正4副	96	应急管理部国际合作和救援司加挂港澳台办公室牌子。
工业和信息化部（正部级）	提出新型工业化发展战略和政策，协调解决新型工业化进程中的重大问题，拟订并组织实施工业、通信业、信息化的发展规划，推进产业结构战略性调整和优化升级，推进信息化和工业化融合，推进军民结合、寓军于民的武器装备科研生产体系建设等15项。	1项	3项			23个	725	1正4副	110	

续表

部委	主要职责	职能转变				内设机构	人员编制			其他职责
		取消	下放	整合	加强		行政编制	领导配置	司局领导职数	
生态环境部（正部级）	负责建立健全生态环境基本制度；负责重大生态环境问题的统筹协调和监督管理等15项。	1项		1项	2项	21个	504	1正4副	79	生态环境部大气环境司不再加挂京津冀及周边地区大气环境管理局牌子。生态环境部的内设机构中央生态环境保护督察办公室更名为中央生态环境保护督察协调局。
国家卫生健康委员会（正部级）	组织拟订国民健康政策，拟订卫生健康事业发展法律法规草案、政策、规划，制定部门规章和标准并组织实施等12项。	1项	6项	1项	4项	19个	444	1正4副	81	
中国人民银行（正部级）	拟订金融业改革、开放和发展规划，承担综合研究并协调解决金融运行中的重大问题、促进金融业协调健康发展的责任。牵头国家金融安全工作协调机制，维护国家金融安全等19项。	3项			4项	20个	714	1正4副	87	将设在中国人民银行的国务院金融稳定发展委员会办公室秘书局，划入中央金融委员会办公室；中国人民银行不再保留金融消费权益保护局；宏观审慎管理局不再承担对金融控股公司等金融集团的日常监管职责。